호텔 케이터링
컨벤션 매니지먼트

Hotel Catering & Convention Management

호텔 케이터링
컨벤션 매니지먼트

Hotel Catering & Convention Management

머리말 preface

오늘날 연회행사의 경쟁력이 호텔경영의 중요한 원천이 되어가고 있으며, 이에 따라 연회행사의 경쟁력을 높이기 위한 제반 방법들이 강구되고 있는 것이 현실이다. 최근에 호텔이 회의·전시·스포츠 등 연회행사를 위한 적합한 장소로 등장하고 있는 것이 사실이다. 이러한 모임이나 회합 등이 연회행사로 연결되어 각 호텔들은 경영정책의 일환으로 연회장 시설을 확충·개선하고 행사에 필요한 다양한 요건을 갖추면서 연회행사 유치에 온 힘을 다하고 있다. 이에 따른 행사의 준비 및 진행과정도 행사의 세분화·전문화·대형화로 체계적·고객 지향적으로 준비하고 진행이 되어야 하며, 이에 따른 계획도 분야별로 고객과 함께 변화해야 경쟁력을 가질 수 있을 것이다. 또한 컨벤션은 전문기획사들과 주최자, 진행요원 및 관련 스태프들이 만들어내는 한편의 종합예술이다. 회의장 세팅을 시작으로 사전등록자 체크, 회의, 사교 프로그램으로 이어지는 그야말로 대형 행사가 이벤트로 호텔에서 펼쳐지는 단계이다.

이에 따라 본 저자는 이 분야의 관심이 전문적인 연회연출 기획력을 필요로 하고 있다는 점을 인식하고, 전반적인 연회·이벤트 기획에 대한 제반 사항들을 이 책을 통하여 다루고자 하였다.

이 책의 전반적인 내용은 이론과 실무를 적절하게 조화하여 각 분야별로 이해하기 쉽게 기술하였으며, 현장의 상황을 고려하여 실습을 할 수 있도록 대학의 관광관련 전공자들이 볼 수 있는 수준으로 구성하였다. 전체의 구성은 크게 15장으로 나누어 앞부분에는 연회관리에 관한 내용으로 연회의 개념과 이해, 연회의 분류 및 연회장 시설, 연회행사, 연회메뉴, 연회 운영의 효율화 방안, 연회예약, 가족행사, 연회서비스의 조직과 업무 그리고 뒷부분에서는 컨벤션 산업과 운영방안에 관한 내용으로 컨벤션과 컨벤션서비스 상품, 회의의 종류 및 파급효과, 컨벤션 산업의 현황, 국제회의의 유치 및 개최, 컨벤션 기획수립 및 계약체결, 국제회의 개최 준비 및 위원회 구성, 전시회의 개념 및 이해 등의 내용들로 정리하였다.

아무쪼록 학문적 뜻을 같이 하는 학계 교수님들과 연회·컨벤션 산업의 혁신을 주도하는 산업계 전문가 분들, 사랑하는 제자 및 본서를 탐독하고 미래를 설계하는 예비 호텔리어들에게 도움이 되기를 기대한다. 이 책을 집필하는데 성원해 주신 모든 분들께 감사드리며, 특히 최종 출판까지 애써주신 한올출판사 편집부 직원들에게도 감사를 드립니다.

2020년 1월
저자일동

PART I 연회관리

차 례 CONTENTS

차 례 CONTENTS

차 례 CONTENTS

차 례 CONTENTS

컨벤션

차 례 CONTENTS

차 례 CONTENTS

Hotel Catering&
Convention
Management

PART I 연회관리

Chapter 1 연회의 이해

제1절 연회의 개요

1 연회의 유래

브리테니카의 사전에 의하면 "사회공동체적 연회(communal banquets)의 관습은 러시아에서 유래되어 오늘날까지 행해지고 있다"고 설명하고 있다. 러시아인들의 주된 행사였던 '몰바(molba)'라는 연회는 '애원 혹은 간청(entreaty or supplication)'을 할 때의 행사이며, '카눈(kanun)'이라는 연회는 '짧은 종교적 행사 기간(a short religious service)'에 열리던 행사이며, 세르비아인들의 '슬라바(slava)'라는 연회는 '신의 영광(glorification)'으로 열리는 행사라는 뜻의 연회였으며, 불가리아인들은 '화합(assembly)'이라는 뜻의 연회 '소보르(sobor)'와 '신에게 바치는 제물(victim or prey)'이라는 뜻의 연회 '쿠르반(kurban)' 행사를 가졌다. 이전에도 폴란드와 북부 독일의 엘베 슬라브(elbe slavs)족은 전통적인 '폴랍(polabs)'이라는 연회 행사를 행해오고 있었으며, 이렇듯 연회(banquet)라는 행사가 러시아에서 시작되어 동유럽에 분포되어 있는 슬라브인들이 많은 영향을 받아 오늘날까지 보존되고 있다고 설명하고 있다.[1]

---

1) Britannica-7_PreviewRil.htm: The custom of communal Banquets has been preserved into modern times in Russia in the *bratchina*(from *brat*, "brother"), in the *mol'ba*("entreaty" or "sup-

또한 자주 쓰이는 단어로써 'function'이라는 말이 연회행사에 관련해서 사용되고 있는 데, 이는 'a formal public ceremony, an impressive and elaborate religious ceremony, an often formal public or social ceremony or gathering as a dinner of reception'이라 하여 '감명 깊고 정성들인 종교적인 의식, 자주 열리는 공식적이고 사회적인 의식, 만찬이나 환영회로서의 모임'을 뜻하고 있다. [2]

그 외 연회행사와 관련하여 'event'라는 단어 또한 연회(banquet)와 함께 자주 쓰이는 단어이다. 이 단어의 어원은 라틴어의 'e'(out; 밖으로)와 'venire'(to come; 오다)라는 뜻을 가진 'evenire'의 파생어인 'eventus'로써 '발생'(occurence)이나, '우발적 사건(happening)'과 같이 일상적인 상황의 흐름 중에서 특별하게 발생하는 일을 가리키는 말"[3] 이라고 해석하고 있다.

2 연회서비스의 일반적 개념

연회서비스란 연회장 및 기타 집회장소에서 이루어지는 각종 연회를 운영함에 따르는 모든 서비스를 말한다. 본래 연회는 70~80년 전까지만 해도 가정에서 개최해 왔던 것이 근래에 와서 호텔이나 레스토랑 혹은, 야외를 이용하여 연회를 보다 뜻깊게 하는 데에 그 의의가 있다. 연회서비스는 제공될 메뉴가 미리 정해

---

plication"), and in the *kanun*(a short religious service); in the Serbian *slava*("glorification"); and in the *sobor*(assembly") and *kurban*("victim" or "prey") of Bulgaria. Formerly, communal banquets were also held by the Poles and Polabs(Elbe Slavs) of Hanover.

2) 동아출판사 편집부, 「영-영사전」, 1983, p.473.

3) 한국문화예술진흥원, "도시문화 환경 개선방안 연구", 1992, p 66.

지고 인원수와 음식량이 거의 확정되기 때문에 식음료부 전체 매출에 대한 원가가 절감될 뿐 아니라 제공되어질 질적 서비스의 표준화가 가능하여 높은 수준의 서비스 제공을 원활하게 할 수 있다.

또한 상품임대에 있어서도 음식이나, 음료, 임대(rental) 등 단일상품에 의한 판매도 있지만 이것들을 일괄해서 판매하는 경우가 대부분이므로 수입성도 높은 특성을 지니고 있다.

그리고 연회행사는 개최하는 호텔이나 레스토랑을 선전하는 좋은 기회가 되므로 참석자 전원에게 좋은 인상이 형성될 수 있도록 정성이 담긴 접대를 하여 서비스의 우수성을 대외에 알려 장래 호텔 이미지 향상에 기여할 수 있다. 이에 따라 현대의 대규모화된 호텔에서는 다양한 연회장을 준비하여 다양한 성격에 적합한 연회행사를 유치하고 있으며, 특히 호텔의 기능이 점차 대중화 되면서 지역의 집회장소 또는 가족단위의 모임, 국가적 행사, 국제적 행사를 치를 수 있는 장소로 인식 받게 되었다.

③ 연회의 정의

호텔연회는 식음료 영업과 관련하여 단위 규모의 영업장으로서는 규모와 매출액에서 가장 큰 부분에 해당한다. 또한 연회는 식당에서의 식음료 서비스 영업과 같이 식탁과 의자가 준비되어 있는 고정된 공간에서의 서비스가 아니라 특정 장소에서 고객의 요구, 행사의 성격, 규모 등에 따라 각양각색의 행사를 수행하는 창조적 성격의 식음료 서비스 영업이다. 이와 같은 특성이 있는 연회정의에 대한 해석들을 보면 다음과 같다.

연회(banquet)의 어원은 라틴어에서 파생된 이탈리아어의 'banchetto'에서 유래되었는데, 'banchetto'는 당시 '판사의 자리'라는 뜻과 오늘날 의미의 '연회'라는 뜻으로 사용되었다. 이 단어가 오늘날의 영어 및 프랑스어의 'banquet'으로 되었다.

사전적 의미로는 '축제 혹은 향연'이란 뜻의 'a feast'와 같은 의미이며, 현대적 의미로서 '많은 사람들 혹은 어떤 한 사람에게 경의를 표하거나 연례적인 행사 혹은 축제를 기념하기 위해 정성을 들이고 격식을 갖춘 식사가 제공되면서 행해지는 행사'라 하고 있다. 또한 웹스터 사전에 의하면 「Webster defines a Banquet as an elaborate and often ceremonious meal attended by numerous people and often honoring person or making some incidents as an anniversary or reunion.」라고 정의하고 있다.

연회(宴會)에 대한 한글의 사전적 의미는 '잔치를 일컬으며, 축하, 위로, 석별 등의 일이 있을 때에 술과 음식을 차리고 손님을 청하여 즐기는 일'이라고 설명하고 있으며, 한국관광공사의 관광용어사전에서는 연회는 '별도의 공간에서, 필요한 서비스 인원과 예정된 양의 다양한 식음료 서비스를 대금을 지불하는 그룹에게 제공하는 호텔서비스의 한 부분'이라고 정의하고 있다.

4 연회의 특수성

미국에 있어서 20세기 초에서 중반에 이르는 기간 동안에는 대부분의 호텔 경영자들이 식음료 사업을 실제 필요악으로 간주하여 경시하는 경향이 있었다. 그리하여 식음료사업으로부터의 수익성은 배제하고 손실을 최소화하거나 손익

분기점에 달할 정도의 영업수준을 유지하는 것이 고작이었다. 그러다가 1950년대에 자동차 산업의 발달로 인해 모델과 모터호텔의 성장을 맞이하면서 위의 개념에 변화를 가져오기 시작했으며, 현대호텔 경영에 있어서는 식음료부문이 객실부문

과 함께 2대 수익발생부문으로 간주되어지고 그 중요성이 점차 증가되고 있다. 식음료사업의 발달은 자연히 연회를 새로운 형태의 영업으로 도입하게 되었으며 현대에는 일개 독립된 부서로 자리잡고 호텔영업의 중추적인 역할을 해내고 있다. 사실 연회부는 호텔의 이윤을 증대하는 경제적인 측면에서 볼 때 식음료부서 중최대의 매출을 차지하는 부문이다. 최근에는 정보화 시대를 맞이하여 국가간의 공통이익이나 상호협력 증진을 위한 국제교류를 추구하는 대규모 모임이 있게 되며 여가시간의 증대, 소득의 증대, 교통수단의 발달 등은 빈번한 모임이나 회합을 갖게 하는 요인으로 등장한다. 이러한 모임이나 회합이 연회행사로 연결되어 호텔은 경영정책의 일환으로 방켓시설을 확충, 개선하고 필요한 요건을 갖추면서 연회행사 유치에 총력을 다하고 있으며, 오늘날에 있어서 호텔은 회의, 전시, 스포츠 등 연회행사를 위한 적합한 장소로 등장하고 있다.

연회장 운영의 특징은 일반 식당 및 주장과는 달리 또 다른 독특한 특성을 포함하고 있다. 즉 연회장을 이용하는 고객들이 숙박과 기타 호텔서비스를 이용할 수도 있지만 연회장 상품측면에서는 호텔의 식음료 영업장과 엄연히 구분되어지고 있다. 연회고객은 클럽, 단체 및 기타조직으로 구성된 그룹이며 이렇게 구성된 그룹이 행사를 하고자 할 때 행사날짜에 앞서 몇 주 또는 며칠 전에 일자, 시간, 참석인원, 메뉴 그리고 각 행사에 요구되는 사항을 예약하게 되고 이러한 활동은 개별 연회장에서 진행된다. 또 레스토랑이나 바에서 서비스를 제공하는 종사원과는 조금 색다르게 종사원의 전천 후 서비스가 제공되고 있다.

이와 같은 연회의 특수성을 살펴보면 다음과 같다.

1) 호텔의 대중화와 호텔 홍보효과가 크다.

호텔에서 개최되는 연회는 불특정다수 고객을 표적시장으로 하고 있기 때문에 일부 한정된 사람들에 의해서만 이용이 가능한 다른 부문의 영업과는 달리 호텔의 대중화에 기여를 하게 된다. 또한 호텔에서 기획하여 개최되는 여러 종류의 문화행사는 호텔의 이미지를 개선하는데 상당한 효과가 있다.

연회행사는 홍보 효과면에 있어서도 개최되는 호텔이나 레스토랑을 선전하는 좋은 기회가 되므로 참석자 전원에게 인상에 남는 서비스를 제공하여 서비스의 우수성을 대외에 알려 장래 호텔의 이미지 향상에 기여할 수 있다. 이에 따라 현대의 대규모화된 호텔들은 다양한 연회장을 준비하고 이에 적합한 연회행사를 유치하고 있으며 특히 호텔의 기능이 점차 대중화되면서 지역의 집회장소 또는 가족단위 모임을 치를 수 있는 장소로 인식받게 되었다.

2) 매출액이 탄력적이다.

호텔의 객실영업은 아무리 매출액을 높이고자 하여도 정해진 요금과 객실수에 의해 한계가 있다. 하지만 연회부문은 객실에 비하면, 아주 작은 공간이지만 식음료의 종류에 따라서 매출액이 상당히 탄력적이며, 또한 연회장 회전율에 따라 효용을 극대화 시킬 수 있다. 특히 출장연회는 전혀 한계를 느끼지 않고 매출을 올릴 수 있다. 호텔영업에 있어서 객실, 식음료, 부대시설의 3요소가 주종을 이루고 있지만 객실의 경우는 공간^(객실수)이 한정되어 있고 고정자본의 투자비율이 식음료 부문보다 훨씬 높다. 반면에 식음료부문 중에서도 연회부문은 시장의 확장가능성이 매우 높으며 이들에 대한 적극적인 개발로 호텔이 추구하고자 매출증진의 효과를 가져올 수 있는 분야이다. 공간면에서 한정을 받기도 하지만 객실부문보다는 융통성이 크고 그 규모에 대한 연회장공간 조절에는 테이블 배치 등의 조절이 가능하며 호텔 내에서의 연회행사 외에 출장연회행사를 유치하여 장소 제한 없이 무한정으로 매출증진을 가져올 수 있는 분야이기 때문에 연회행사의 호텔유치에 대한 중요성이 제고되어 오고 있다.

3) 식음료 원가가 절감된다.

확정된 메뉴를 대량으로 생산하여 판매하고, 창고에 저장되어 있는 재고 식자재를 처분할 수 있기 때문에 원가가 절감되는 효과가 있다. 실제로 서울권 주요 호텔의 식음료부문 식재료 원가분석 현황에 의하면 일반 레스토랑의 식재료 원가율보다 연회부문의 식재료 원가율이 약 5% 정도 낮게 나타나고 있다. 즉, 원가가 적게 든다는 것은 그만큼의 매출이익률을 높인다는 것이고 결국은 호텔 식음료의 생산성을 극대화 시키는데 중요한 역할을 하는 것이 된다. 한편 확정된 메뉴를 대량으로 동시에 생산하고 서브하여 판매하기 때문에 노동생산성도 극대화하는 계기가 된다.

4) 호텔 외부판매가 가능하다.

출장연회를 통하여 호텔 내의 연회장이 아닌 다른 공간을 이용하여 연회매출을 올릴 수 있는 특징이 있다. 즉, 호텔영업은 모든 부문이 시간과 공간의 제약을 받는 호텔내부 판매만이 가능하나 출장 연회는 호텔 내의 연회장이라는 공간적 제약은 받지 않고 판매될 수 있는 특징이 있다. 출장연회에 대한 사항은 다음 장에서 자세히 다루기로 한다. 다만 출장연회는 연회매출의 무한성을 가능하게 하는 중요한 요인이라는 점을 강조하며 출장연회만을 전문적으로 취급하는 외식산업체가 급증하고 있다는 것은 이 부문의 매력성을 입증하는 것이라고 볼 수 있을 것이다.

5) 비수기 타계에 기여를 한다.

호텔상품은 계절성 상품이라는 특성을 지니고 있다. 계절성 상품이란 성수기와 비수기가 형성되고 성수기와 비수기 간의 영업매출 격차가 큰 상품이라는 뜻이다. 따라서 모든 관광상품이 그렇듯이 호텔도 비수기 타계가 주요 과제로 되고 있다. 호텔의 연회장은 비수기에 특별 이벤트(special event)를 기획하고 팩키지 상품을 개발하여 고객을 유인함으로써 호텔 비수기 타계에 상당한 기여를 하게 된다.

6) 일시에 대량으로 똑같은 메뉴와 동일한 서비스가 제공된다.

연회부문의 영업은 각기 다른 요리, 음료를 서비스하는 레스토랑 부문의 영업과는 그 형태가 다르다. 연회장에서는 일시에 대량으로 똑같은 메뉴의 식음료가 서비스되므로 동일한 서비스 방식이 취해진다. 연회행사는 단체로 치러지기 때문이다.

7) 타 영업부문의 매출증진에 파급효과가 크다.

연회행사의 유치는 연회매출 증진에만 기여하는 것이 아니다. 행사에 참석하는 고객들이 객실에 투숙하기도 하고, 호텔의 식음료 영업장을 이용하기도 하며, 각종 부대시설(사우나, 레저시설)을 이용하기도 하며 또한 호텔 내의 쇼핑센터에서 필요한 물건을 구매하기도 한다. 이처럼 연회행사의 개최는 호텔 내의 많은 영업장의 매출증진에 기여하는 바가 크다.

뿐만 아니라 컨벤션서비스, 운송, 관광문화 등 호텔 외적요인에 대한 파급효과도 상당히 크다고 할 수가 있다.

8) 예약을 통해서 준비되고 개최된다.

각종 컨벤션이나 연회는 예약에 의해 접수되고 견적서에 의해 계약이 성립되며 행사지시서(event order)에 의해서만 준비 - 진행 - 마감되는 시간과 공간적인 제약을 받는다. 연회가 예약에 의해 개최되고 그에 따라 준비가 이루어지기 때문에 주최자가 의도하는 대로 사전에 준비할 수 있다는 이점도 또한 있다.

9) 연회의 목적, 성격에 따라 장식을 달리할 수 있다.

연회상품이 갖는 최대의 장점이 바로 이 점이다. 연회장을 행사의 목적과 종류에 적합하게 분위기를 연출할 수 있기 때문에 이 점은 어떤 레스토랑에서도 흉내낼 수 없는 연회상품의 특성이다. 연회장의 분위기를 살리기 위해 연회장에 여러 가지 장치와 조명을 설치하게 되며 연회장의 세트도 연회의 성격과 기능에 따라 구별되어야 하고 이에 따른 테이블의 배치도 그때그때 다르게 장식할 수 있다.

10) 연회는 행사가 있을 때만 영업이 이루어진다.

일반 레스토랑은 개별고객이 수시로 이용하기 때문에 계속적으로 영업을 해나가고 있으나 연회는 예약에 의해서 개최되므로 레스토랑과 비교할 때 단기적이 되기 쉽다. 즉, 연회는 행사예약이 있을 때만 이루어지게 된다. 따라서 비영업 시간에는 다음 행사준비에 활용할 수 있으며, 비영업 시간에는 수도·광열비를 절약할 수 있는 이점이 있다. 그러나 연회장 활용도를 높이기 위해서는 연회영업이 끊임없이 회전되어야 할 것이다. 따라서 연회판촉팀과 연회예약팀의 분발을 요구한다.

11) 관련부서 간 긴밀한 협조관계가 필요하다.

연회행사는 행사의 규모 대소를 불문하고 특정 개인이나 부서 단독으로 수행 할 수는 없다. 행사를 유치하는 세일즈맨, 연회장의 예약담당자, 현장의 서비스담당자, 조리부서 및 음향.조명 등의 기술 담당부서, 기타 장식과 관련되는 꽃, 아이스카빙(얼음 조각) 담당자 등과 주차장, 시설부(전기 및 에어컨)에 이르기까지 모든 부서가 관련된다. 이처럼 연회행사는 관련부서들 간의 공조를 통해서만이 가능하다. 여기서 중요한 것은 연회와 직·간접으로 관련되는 제 부서간의 체계적인 협조체제를 구축하는 것이다. 어느 한 부서에서 실수를 범하면 행사 전체에 악영향을 미친다. 따라서 명확한 의사소통과 책임감 있는 업무수행 자세가 요망된다.

12) 연회상품의 가격은 가변적이다.

연회행사도 일반 레스토랑처럼 메뉴에 의거한 규정된 가격에 의해 연회상품이 판매되지만 연회예약 접수시 고객의 예산과 행사의 특성 및 중요도에 따라 특별한 메뉴를 요구할 경우 그에 따른 특별요금(별도의 요금)이 적용될 수도 있는 특성이 있다.

5 연회의 파급효과

연회장은 호텔 내의 하나의 영업장이지만 국제회의와 각종 대소연회를 개최하여 호텔내의 객실판매와 각 영업장 매출증진으로 이어지는 파급효과가 매우 크다. 여기서는 호텔 내의 파급효과에 국한하지 않고 호텔 외부로의 파급효과까지 보다 광범위하게 다루고자 한다.

1) 경제적인 측면

연회장은 국제회의 및 대규모 연회개최로 호텔산업의 중추적인 역할을 함으로써 숙박 및 음식에 대해 영향력이 크다. 이외에도 회의장의 임대료와 부수되는 장치료, 전신전화비, 일반관광객이 하지 않는 연회, 즉 환영. 환송파티 등의 부가수입이 있다. 호텔 외에도 외부 관광환경과도 연결되어 관광 및 쇼핑 등이 있으며 지역의 문화수준 향상과 고유의 효과, 세수입 확대도 기대될 수 있다. 특히 국제회의의 경우나 국제적인 인센티브그룹 유치는 계절적 변수가 적은 것으로 관광비수기때 유치함으로써 관광객의 계절적 수요편재를 해결할 수 있어 호텔뿐만 아니라 국가경제 및 지역개발을 통한 부와 자긍심을 불어넣어 줄 수 있다. 국제회의에 참석하는 관광객의 관광소비도 국가의 경제권에 유입되어 직업과 소득의 많은 부문이 직접적으로 창출되며 간접적인 경제적 유발효과도 가져온다. 즉, 국제회의가 많아지면 경제의 다른 부문에서 수요가 발생되며 관광사업에 관련된 연관산업 파급효과를 일어나게 한다.

2) 사회적인 측면

호텔에서 국제회의 및 연회를 개최함으로써 관련분야의 국제화 내지는 질적 향상을 가져와 일반국민의 자부심 및 의식수준의 향상을 꾀하고 아울러 각종 시설물의 정비, 교통망 확충, 환경 및 조경개선, 고용증대, 관광쇼핑의 개발 등 광범위한 효과가 발생된다. 또 주최국으로서 임원피선 및 의사결정 참여 등의 개최국의 권위신장 및 이익옹호가 가능하다.

3) 관광 문화적인 측면

연회장에서 이벤트를 통한 연회를 개최함으로써 관광객 유치와 더불어 한국의 문화. 풍습, 음악, 무용 등을 소개할 수 있는 관광 문화변수로 등장하게 되었다. 특히 국제회의에 참석하는 참가자들에게 자국의 문화소개는 필수적으로 되어 있으며, 이것이 호텔연회장에서 문화행사로 치러지고 있다. 또 자국인들에게 연회장을 개방함으로써 국민들에게 문화공간 활용의 장으로 이용되고 있으며, 지역주민들을 위해 꽃꽂이 강습회, 테이블 매너교실, 요리교실, 챠밍스쿨, 어린이행사 등 다양한 행사를 함으로써 관광 문화적인 역할을 수행하고 있다.

4) 호텔 경영 및 매출액 측면

호텔기업의 수입원은 객실, 식당, 연회, 주장 그리고 임대수입이다. 연회장에서 국제행사를 유치하거나 인센티브 연회, 세미나 및 학술대회를 유치할 경우는 객실에 투숙하게 되고 각 식당 및 주장을 포함한 부대영업장을 이용하게 됨으로써 연회장의 매출부문 이외의 호텔기업 수입에 미치는 영향이 지대하다. 그래서 호텔기업에서는 객실판매 다음으로 연회판매의 중요성을 인식하고 있다. 호텔기업이 연회매출액을 최대한 확보하기 위해서 연회부가가치상품을 개발하고 호텔경영방침을 연회부문으로 확대하는 경우가 점차적으로 많아지고 있다.

제2절 ▷ 연회의 이해

1 미래사회와 연회

　다가오는 21세기에는 라이프 스타일이 경제적 수입의 증가, 생활의 여유와 교육수준 및 의식수준의 향상 등으로 빠른 속도로 변하게 되어 특수계층의 전유물로 인식되어 왔던 호텔의 대중화가 가속화될 것이다. 또한 교통통신망의 혁

신적 발전으로 인하여 제 분야에 있어서 국가간의 교류가 확대될 것으로 예상되어 호텔 이용률이 높아질 것으로 예상되며, 특히 "인적 교류의 장"인 연회부문의 발전이 상당히 기대되고 있다. 한편, 소련 붕괴 이후 냉전체재 종식과 이데올로기 대립을 벗어난 새로운 형태의 세계질서가 전개되고 있으며, 국제사회의 새로운 이념으로 등장한 경제논리와 지구 가족화 현상은 국제간의 보다 긴밀한 교류를 요구하고 있다. 이 같은 국제사의 흐름은 호텔산업의 활용도 및 효용도가 증대될 것이며, 호텔산업 중에서도 특히 연회시장에 긍정적이고 발전적인 영향을 미치게 될 것으로 예상되고 있다. 즉 라이프 스타일에 변화를 가져온 요소들은 사람들로 하여금 각종 연회행사를 통한 사회적 소속감 고취, 자아실현의 욕구 충족을 가능하게 할 것이며, 새로운 형태의 세계질서는 각종 국제회의 및 연회행사를 통한 인적, 물적 교류를 활발히 진행시키게 될 것이다. 따라서 미래의 호텔 경영은 과거의 객실상품 위주의 1차원적인 운영방식에서 탈피한 다각적인 경영 노력이 절실히 요구되고

있다. 여기에 연회부문에 대한 기대가 한층 높아지게 될 것으로 보인다. 우리나라 호텔들도 80년 이후, 점차 블록화 되어 가고 있는 세계 경제 속에서 경제성장과 정보 교류를 유지하기 위한 여러 가지 행사를 유치하고, 개인의 사회문화 활동에 참여하는 기회가 많아짐에 따라 증가하는 연회수요를 충족시키기 위해 연회장의 시설확충에 앞장서고 있다. 연회상품의 판매가 호텔의 매출액에 지대한 공헌을 하고 호텔의 이미지와 프라이드를 나타내며 특히 객실 호텔상품 중 연회부문은 컨벤션과 연회라는 이름 하에 국가간의 경제, 정치, 도모와 자국민의 문화공간 역할장소로서 일익을 담당하고 있다. 이처럼 사회의 변화에 따라 사람들의 연회에 대한 관심과 연회행사의 필요성이 늘어나게 되어, 호텔에서 연회가 차지하는 비중이 증대되고 있는 것은 호텔을 경영하는 입장에서는 상당히 고무적인 현상으로 인지되어져야 하며, 연회부문을 활용한 신상품 개발로 다양화 되어 가고 있는 호텔 고객의 욕구를 수용할 태세를 갖추어야 되리라고 본다. 결론적으로 연회시장은 그 잠재력이 무궁무진하므로, 이 부문에 대한 개발 여하에 따라 수준 높은 연회행사를 유치할 수 있으며, 이를 통한 호텔 매출 증진을 꾀할 수 있으므로 연회부문에 대한 철저한 분석과 그 분석을 토대로 효율적인 연회 운영방안을 개발하는 데 보다 전력해야 할 것이다. 그리고 연회상품도 판매경쟁이 심화되어 가고 있으며, 호텔기업이 생존하기 위해서는 고객이 요구하는 수준의 서비스와 식음료 질의 한계를 뛰어 넘어 고정된 시설과 공간을 어떻게 연출하여 경쟁우위를 확보할 것인가에 대해서도 꾸준히 연구개발해야 될 것이다.

2 연회의 효용과 과제

소득의 증대, 여가시간의 증가, 의식수준의 향상 등으로 인하여, 일부 특수 계층의 전유물로 인식되어 왔던 호텔이 대중화 경향을 띠면서 호텔산업의 발전은 가속화 되고 있다. 그리고 호텔의 식음료 부서는 호텔 전체 면적 중 10%에 불과하며 객실 총면적의 1/3 이하의 면적을 차지하고 있으나, 거의 모든 호텔들에서 객실매출을 상회하고 있는 실정이다. 또한 객실의 매출은 생산성의 한계로 일정기준 이상으로 매출을 넘을 수 없으나 식음료 부문은 매출증가에 더 큰 가능성을 가지고 있으므로 현대 호텔경영에서는 식음료 매출을 증대시키기 위한 다각적인 방안을 모색하는, 이른바 식음료 위주의 경영을 하고 있는 추세이다.

특히 식음료 부서내의 연회부문의 영업매출은 빠른 속도로 증대되고 있는데, 그 이유로는 현대사회가 다양한 연회를 요구하고 있기 때문이다. 연회시장은 개발여하에 따라 잠재성이 무한하다고 볼 수 있으며, 앞으로 시대가 발전될수록 그 양은 늘어날 것으로 기대되고 있다.

호텔의 연회행사는 단순히 연회부문의 매출신장에 그치는 것이 아니라, 호텔의 객실 및 부대영업부문의 매출증진에 상당한 기여를 하게 되며, 연회영업의 일환으로 벌이는 기획행사는 호텔의 고객을 지속적으로 유지하게 하는 견인차 역할을 하게 되며, 연회서비스와 관련하여, 연회장에서 개최되는 각종의 문화행사는 호텔의 이미지 개선과 호텔산업의 대중화에 지대한 공헌을 한다고 볼 수 있다. 또한 오늘날의 연회는 사회가 복잡해지고 경제가 발전함에 따라 대형화되고 다양하게 이루

어지고 있다. 호텔 연회행사는 점차 방대하고 다각적으로 이루어지기 때문에 각 호텔은 그에 따른 대형 연회장을 완벽하게 갖추고 연회를 전담하는 부서를 조직화하여 연회유치에 심혈을 기울이고 있다. 현재의 연회시장은 아직도 연회발생 잠재력이 무궁무진하므로 개발 및 대응 여하에 따라 보다 많은 연회행사를 유치시킬 수 있는 매력적인 상품으로 등장할 것이다. 이처럼 호텔의 연회부문은 현재로서도 그 역할이 대단하다고 볼 수 있지만, 시대가 발전될수록 잠재시장은 그만큼 넓어질 수 있는 여지가 있다.

그러나 연회의 잠재수요가 많고 더욱 늘어나는 추세이지만 이 부문에 대한 전문인력 및 경영기술의 부족으로 연회부문의 효율적인 경영이 이루어지지 못하고 있는 실정이다. 연회의 성공여부는 핵심요소인 서비스, 식음료의 질(quality of food & beverage), 분위기 연출(atmosphere)을 어떻게 관리하느냐에 의해서 좌우된다고 볼 수 있다. 즉 합리적인 경영과 고객이 요구하는 고품질의 연회상품을 어떻게 판매하느냐 하는 측면의 끊임없는 연구를 통해 기업의 목표인 이윤극대를 달성할 수 있게 된다는 것이다. 고정된 시설에 변화를 추구하여 고급화와 개성화를 추구할 수 있는 연회상품 활성화를 강구해야 되리라고 보며, 또한, 이 부문의 중요성을 하루 빨리 인식하고, 문제점을 분석하여 연회부문의 개선방안과 활성화 방안을 모색해 나가야 될 것이다.

3 연회시장의 추세

연회시장을 구성하고 있는 요소는 수요자인 연회행사 주최자와 연회행사 서비스를 제공하는 호텔 또는 연회행사 전문대행업체 등이 있다. 이러한 연회행사 시장의 구성요소들의 향후 추세를 살펴봄으로써 변화하고 있는 시장환경여건에 능동적으로 대처해 나갈 수 있는 각종 준비가 가능할 것이고, 호텔매출증진과 연회시장 경쟁 우위에 설 수 있으며 나아가 연회시장이 요구하고 있는 진정한 상품과 서비스를 제공함으로써 고객의 욕구충족과 생활의 질적 수준 향상을 기대할 수 있을 것이다.

각종 국제적, 국내적인 경제문제 및 정치문제 등의 마이너스 요인들은 각 연회행사 주관업체간의 경쟁을 심화시킬 뿐만 아니라 매출액 감소의 원인이 될 수 있다. 그러나 호텔입장에서 연회행사의 중요성은 대단히 높기 때문에 방관만 할 것이 아니라 새로운 프로그램의 개발 등 다각적인 연회 패키지상품 개발이 시급하다. 국제사회는 동·서갈등의 시대에서 소련이 붕괴됨으로 인하여 국제적인 냉전체제가 종식되었으며, 교통 통신시설의 발전으로 인하여, 지구가족화가 진전되고 있으며, 국제사회의 새로운 이념으로 떠오른 경제문제, 그리고 문화 의식수준의 향상에 따른 다양한 욕구의 변화 등은 국제간의 교류를 확대시키는 결과를 낳고 있다. 또한 경제수준의 향상에 따른 개방화로 인하여 우리 나라에 진출하는 외국기업과 전문인들이 늘어나고 있는 추세이다. 따라서 지금까지는 외국인 부문의 연회행사 횟수가 그다지 많지 않았지만 여러 가지 상황을 종합해 볼 때 외국인 부문의 연회매출이 크게 신장하리라 생각되어지며 이에 따른 대책 마련이 뒤따라야 하겠다.

국내적으로는 대가족제도에서 점차 핵가족화 시대로 빠르게 진행되고 있고 생활수준의 향상 등으로 대규모의 가족모임 형태에서 점차 소규모 단위의 가족모임 행사 및 고급화 추세로 연회행사가 이루어질 것이다. 또한 노령인구의 증가에 따라 회갑연은 물론 고희연, 금혼식의 행사가 점차 증가하게 될 것이며, 여성의 사회 참여도가 높아짐에 따라 각종 가정모임(돌잔치, 집들이, 생일잔치 등)이 호텔의 연회장에서 이루어질 전망이다. 그간 과소비라는 미명 아래 금지되었던 호텔에서의 결혼식이 허용됨에 따라 약혼식은 물론 결혼식과 피로연 행사도 연회시장에 지대한 영향을 미칠 것으로 내다보고 있다. 연회전문 대행업체가 계속적인 증가로 호텔은 새로운 경쟁에 직면하고 있으며 이들과의 경쟁에서 앞서가기 위해서는 구태의연한 연회연출에서 탈피하여 연회행사 잠재고객의 발굴에서 시작하여 사후관리에 이르기까지 진보적인 인력구성에 새로운 변화가 있을 것으로 보인다. 최근 우리나라 호텔들의 경우, 연회행사 연출만 호텔이 담당하고 연회서비스 직원은 거의 아르바이트의 채용이 늘어가고 있는 추세이다. 이로써 서비스 질 저하가 우려되고 있어 관광사업 정책을 입안하고 담당하는 정부 관계부처, 관광공사, 관광협회 등의 종합적인 인력배출 계획마련도 요구되고 있다.

Chapter 2 연회의 분류 및 연회장 시설

제1절 연회의 분류

연회는 분류하는 기준에 따라서 다양한 분류를 할 수 있다.

1 기능별 분류

① 식사 판매를 목적으로 한 것: Breakfast, Brunch, Luncheon, Dinner, Supper Cocktail Reception, Buffet, Tea Reception,
② 장소 판매를 목적으로 한 것: Convention, Exhibition, Fashion show, Seminar, Meeting, Conference, Workshop, Symposium, Board meeting, General meeting, Press conference, 상품 설명회, 강연회, 간담회, 연주회, 신년 하례식, 망년회 및 각종 이벤트

2 장소별 분류

연회장 연회(in-house banquet), Outside catering, Garden banquet

3 주관기관(혹은 주최자)에 의한 분류

1) **가족모임**(Family Banquet): 약혼식, 피로
   연, 생일연회(돌잔치, 회갑연, 칠순연, 희수연, 팔
   순연, 미수연, 졸수연, 백수연), 결혼기념 연회
   및 각종 기념일 등.

2) **회사 행사:** 이·취임식 연회, 개점기념
   연회, 창립기념 연회, 신사옥 낙성연회,
   사옥이전 연회 등.

3) **학교 관계 연회:** 입학·졸업 연회, 사
   은회, 동창회, 동문회, 개교기념일, 교
   직원 워크숍, 신입생 오리엔테이션 등.

4) **정부 행사:** 국빈 행사, 정부 수립 기념연, 기타 행사 등.

5) **협회 및 학술단체:** 국제회의, Symposium, 정기총회, 이사회, 학술발표 등.

6) **기타:** 신년하례식, 망년회, 전시회, 국제회의, 기자회견, 간담회, 이벤트

4 요리별 분류

① 양식(western cuisine) 연회

② 중국식(chinese cuisine) 연회

③ 한식(korean cuisine) 연회

④ 일식(japanese cuisine) 연회

⑤ 다과회(tea reception)

⑥ 뷔페(buffet) 연회

⑦ 칵테일 연회(cocktail reception)

⑧ 바베큐(barbecue) 연회

5 시간별 분류

① Breakfast Banquet : 06:00~10:00

② Brunch Banquet : 10:00~12:00

③ Lunch Banquet : 12:00~15:00

④ Dinner Banquet : 17:00~22:00

⑤ Supper Banquet : 22:00~24:00

제2절 연회장 시설

1 연회장 설계의 기본 원칙

생산의 과정은 일반적으로 사람. 기계 및 자재의 배치로 부가가치가 부여되어 이루어지는데, 여기에는 세 가지 요소의 효율성을 강조한 경영의 개념이 도입되게 된다. 즉 경영(노동력*기계*자재) = 생산이라고 할 때 원활한 생산성을 위한 연회장의 설계는 장소제공의 중요한 위치를 차지하게 된다. 여기에는 다음의 5가지 사항을 준수하여 시설배치에 따른 설계를 시도하여야 한다.

- 최단거리 운반의 원칙(principle of minimum distance moved)
- 유통 원활의 원칙(principle flow)
- 종합적인 조화의 원칙(principle of over-all integration)

• 안전도와 만족감의 원칙(principle of satisfaction and safety)
• 융통성의 원칙(principle of flexibility)

따라서 연회장 배치는 회의 운영에 적합한 장소로 예상 참가수를 고려한 최적 수용인원을 고려하여, 회의실 크기와 수준, 이동상의 문제점을 분석하고 적절한 여흥 프로그램 시스템의 가능성을 배려하여야 한다.

2 연회장의 법률적 시설 규정

연회장은 법률적으로 인·허가되어야 하는 영업시설은 아니다. 따라서 연회장 시설에 대한 별도의 시설 규정은 없다. 단지 관광 호텔업 등록상 특1등급 호텔일 경우에 필수시설로 되어 있으며, 관광호텔등급평정기준에 의하면 연회시설부문 이 총 1,000점 만점의 1/10인 100점이 국제회의(연회장) 시설에 배점되어 있다. 이 와 같은 사실을 구체적으로 살펴보기로 한다.

1) 관광호텔업 등록기준상의 연회시설

관광진흥법의 제5조(등록기준) 및 관광진흥법시행규칙 제8조(등록기준)에 의한 관광 호텔업 등록의 공통기준사항에서 연회시설에 대한 사항은 국제회의시설(연회실을 포 함한다.): 특1등급의 경우 5개국어 이상의 동시통역이 가능한 시설을 설치할 수 있는 구조로 된 국제회의시설을 갖추되, 홀 면적이 330제곱미터 이상일 것이라고 규정 되어 있다.

2) 관광호텔 등급평정기준 상의 연회시설

관광호텔은 매 3년마다 등급심사를 실시하도록 되어 있으며 등급심사는 관광진 흥법 제 9조(관광숙박업의 등급), 관광진흥법시행령 제 15조(관광호텔업의 등급결정) 및 관광진

홍법시행규칙 제 15조^(관광호텔업의 등급결정 등)의 규정에 의한 위임사항은 문화체육부 장관이 정하여 고시한 "관광호텔등급평정기준표"에 의거 실시한다. 관광호텔등급 평정기준에 의하면 관광호텔의 연회장 시설부문은 총 1,000점이다. 연회장 시설 에 대한 배점 기준은 다음과 같다.

- **전용 국제회의장이 있는 경우**

    가. 국제회의장의 수용능력

    - 500명 이상   수^(40점)
    - 300명 이상   우^(34점)
    - 200명 이상   미^(28점)
    - 200명 미만   양^(22점)

    나. 보조시설

    A. 동시통역시설

    - 5개국어 이상   수^(20점)
- 4개국어 이상   우^(17점)
    - 3개국어 이상   미^(14점)
    - 2개국어 이상   양^(11점)
    - 2개국어 미만   가^(8점)

    B. Receiver

        국제회의장 수용능력에 적합한 수량 보유시 수^(20점)

        수용능력에는 부족하나 임대사용 가능시 양^(11점)

    C. Function Room 수~가^(20~8점)

- **전용 국제회의장이 없는 경우**

    연회장을 구비하고 보조시설을 임대할 경우 소규모 국제회의 개최가 가능한 경우^(40점)

    기타의 경우^(20점)

Chapter **3** 연회행사

연회행사는 크게 식음료연회와 임대연회로 구분할 수 있다. 식음료연회도 식탁에 앉아서 식음료의 제공순서에 의해 서비스를 받는 테이블 서비스연회와 셀프 서비스 형태의 연회로 나눌 수 있다. 일반적으로 이루어지고 있는 연회의 종류와 행사진행 방법에 대해 알아본다.

제**1**절 ▶ 연회행사의 종류별 개념

1 **테이블 서비스연회**^(디너연회)

연회행사 중 가장 격식을 갖춘 의식적인 연회로서 그 비용도 높을 뿐만 아니라 사교상 어떤 중요한 목적이 있을 때 개최한다. 초대장을 보낼 때 연회의 취지와 주빈의 성명을 기재한다. 초대장에 복장에 대해 명시를 해야 하며, 명시가 없으면 정장을 하는 것이 일반적인 상례이며, 유럽 쪽에서의 디너연회면으레 예복을 입고 참석한다.

연회가 결정되면 식순이 정해지고 참석자가 많을 경우는 연회장 입구에 테이블 플랜(배치도)을 놓아 참석자의 혼란을 피하도록 한다.

디너연회는 초청자와 주빈이 입구쪽에 일렬로 서서 손님으로 마중하는 소위 리시빙 라인(receiving line)을 이루어 손님을 맞이한다. 식사전 칵테일리셉션을 가지며 식당에의 입장은 호스트가 주빈 부인을 에스코트하여 선도하고 다음으로 주빈이 호스테스를, 그 이하는 남성이 여성에게 오른팔을 내어 잡도록 하여 좌석순에 따라 착석한다.

요리의 코스가 예정대로 진행되어 디저트 코스가 들어가면 주빈은 일어서서 간략하게 인사말을 한다. 식탁의 배열은 식당이나 연회장의 넓이와 참석자 수, 그리고 연회의 목적에 따라 여러 가지 스타일로 연출한다. 식순에 있어서는 연회의 성격, 사회적 지위나 연령층에 따라 상하가 구별되며 여기에 따라 주최자와 충분한 협의 후에 결정한다. 외국인의 경우 부인을 위주로 하며 대체로 그 방의 상석은 입구에서 가장 먼 내측이 상석이 된다.

2 칵테일 리셉션

칵테일 리셉션는 여러가지 주류와 음료를 주제로 하고 오드볼(hors d'oeuvre)을 곁들이면서 스텐딩(standing) 형식으로 행해지는 연회를 말한다. 식사 중간 특히 오후 저녁 식사 전에 베풀어지는 경우가 많다. 축하일이나 특정인의 영접 때에는 그 규모와 메뉴 등이 다양하고 서비스 방법도 공식적으로 차원 높게 베풀어지지 않으면 안되나 일반적으로 결혼, 생일, 귀국기념일 등에는 실용적인 입장에서 칵테일 리셉션이 이루어진다. 칵테일 리셉션을 준비함에 있어서 예산과 정확한 초대인원, 메뉴의 구성, 파티의 성격 등을 파악하여 놓지 않으면 안 된다. 특히 소요되는 주류를 얼마나 준비하여야 하는가 하는 문제는 매우 중요하다. 보통 한 사람당 3잔 정도 마시는 것으로 추정하는 것이 합리적이다. 칵테일 리셉션는 테이블서비스 연회나 디너 연회에 비하여 비용이 적게 들고 지위고하를 막론하고 자유로이 이동하면서 자연스럽게 담소할 수 있고 또한 참석자의 복장이나 시간도 별로 제약받지 않기 때문에 현대인에게 더욱 편리한 사교모임 연회이다. 고객들이 연회장 입구에서 주최자와 인사를 나눈 다음 입장을 하고 연회장내에 차려져 있는 바에서 좋아하는 칵테일이나 음료를 주문하여 받은 다음 격의 없이 손님들과 어울리게 된다. 서비스맨들이 특히 주의해야 할 점은 준비되어 있는 음식과 음료가 소비되어야 하므로 셀프서비스 형식이라도 고객사이를 자주 다니면서 재주문을 받도록 해야 한다. 특히 여성고객들은 오드볼 테이블에 자주 가지 않는 경향이 많으므로 오드볼 츄레이(tray)를 들고 고객사이를 다니면서 서비스하는 것을 잊지 말아야 한다.

3 뷔페연회

뷔페는 연회 때마다 아주 다양한 형태로 달리 준비될 수 있기 때문에 적절한 용어 해석이 없다. 단지 샌드위치류와 한입거리 음식(finger food)을 뜻할 수도 있고 정성들여 만든 여러 코스의 실속 있는 식사를 뜻하기도 한다. 찬 음식(cold meal)과 더운 음식(hot meal)을 같이 낼 수 있으며 음식을 연회직원이 서비스할 수도 있고 고객이 자기 양껏 기호대로 가져다 먹을 수도 있다. 그리고 뷔페도 디너식사 만큼 형식을 갖출 필요가 있다. 참석 인원수에 맞게 뷔페 테이블에 각종요리를 큰 쟁반이나 은반에 담아놓고 서비스 스푼과 또는 Tong을 준비하여 고객들이 적당량을 덜어서 식사할 수 있도록 하는 파티를 말하며 좌석순위나 격식이 크게 필요 없는 것이 장점이다. 연회직원은 음료서비스에 신경을 써야 하며 사용된 접시나 재떨이는 즉시 회수해 주어야 한다.

1) 스탠딩 뷔페연회(standing buffet banquet)

칵테일 연회에 식사 전 요소가 가미된 요리 중심의 식단이 작성되며 스탠싱 뷔페는 양식요리가 추가되며 중식, 일식, 한식요리 등이 함께 곁들여지는 것이 특징이므로 고객들의 취향에 맞는 요리와 음료를 마음껏 즐길 수 있

도록 때로는 연회장 벽 쪽으로 의자도 배열하여 고객의 편의를 제공하기도 한다. 이 뷔페는 "한 손에 접시를 들고 다른 한 손은 포크를 들고 서서하는 식사"라고 정의할 수 있는데 이러한 식사형태는 공간이 비좁아서 테이블과 의자를 배치할 수 없는 경우에 적합하다. Standing Buffet는 Sitting Buffert에 비해 비교적 형식에 구애를 덜 받지만 적게 먹는 경향이 있다. 이것은 식탁 없이 먹기가 용이하지 않기 때문이다.

2) 착석 뷔페연회(seated buffet banquet)

Seated Buffet Banquet는 음식이 식당에 차려지기 때문에 저녁식사나 점심식사와는 또 다른 주요리 식사이다. 이 음식을 차리려면 먼저 고객이 전부 앉을 만

한 테이블과 의자를 갖추어야 하고 접시와 잔(glass ware)과 포크, 나이프, 내프킨(napkin) 등을 구비하여 테이블에 정돈하여 놓아야 한다. 그리고 요리장이 갖은 솜씨로 장식하고 구색을 갖추어 꾸며낸 요리를 뷔페테이블에 가지런히 진열해 놓는다. 이때 고객의 접시에 음식을 효과적으로 서브할 수 있는 주방요원을 확보해 주는 것이 좋다. 이유는 고객이 직접 카빙(carving)을 요하는 음식을 썰어 담기가 힘들기 때문이다. 그리고 뷔페가 시작되면서 음식 전부를 내다 차리기보다는 일정량만을 내놓고 자주 음식을 바꾸어주는 것이 효과적이다.

3) 조식 뷔페연회(breakfast buffet banquet)

많은 호텔이 고객을 위하여 여러 가지 다양한 음식으로서 조식뷔페를 준비하는데 보통 고객이 직접 덜어먹는 셀프 서비스 방식을 채택하고 있다. 대개 버터와 치즈류, 마멀레이드와 함께 롤빵류를 내고 또 찬 육류와 어류를 석쇠에 구워 뜨거운 접시에 담아내기도 하며, 과일쥬스와 신선한 과일과 스튜한 과일 그리고 곡류 음식을 낸다. 호텔의 조식뷔페는 대개 셀프 서비스 방식을 채택하는 경우가 많은데 이것은 고객들이 식도락을 즐기도록 하기 위함보다 서비스의 신속성과 종업원 인건비 절감의 경제적 이유 때문이다. 따라서 이러한 조식뷔페는 사실 진정한 의미의 뷔페는 아니다.

4) Finger Buffet Banquet

뷔페 유형 중에서 가장 형식에 구애되지 않는 연회로서 Standing Buffet Banquet처럼 고객들이 서로간의 교제기회를 주최측에서 제공하고자 할 때 아주

적합하다. Wedding Reception
이 그 예이다. 이 연회는 고객
들이 실속있는 음식을 기대하
지 않는 낮 시간에 주로 하는
간이식사(snack meal)로서 포크나
나이프 없이도 식사할 수 있는
음식으로 차려야 하므로 한입

거리 크기(bite-sized pieces)로 준비한다. 물론 서서하는 스타일이지만 연로한 손님을
위해서 테이블과 의자를 몇 군데 배치하는 것이 바람직하다.

5) Table Buffet Banquet

뷔페연회는 연회행사에 참석하는 고객들의 입맛을 모두 고려할 수 있다는 장점
으로 가장 인기있는 메뉴로 등장했다. 그러나 행사인원이 많아질수록 연회 참석
객들에게 뷔페라인을 형성시켜 여러모로 불편을 초래하게 된다. 이와 같은 단점
을 극복하기 위해 새롭게 등장한 것이 테이블 뷔페연회이다. 테이블 뷔페연회는
뷔페음식 테이블을 별도로 두지 않고 메뉴에 따른 적정량의 음식을 작은 용기를
사용하여 종류별로 고객용 라운드 테이블에 직접 마련한 것이다. 때문에 일반 뷔
페행사와는 달리 고객들은 일어서서 음식을 가지러 갈 필요 없이 앉은 자리에서
식사할 수 있다. 결국 일반 뷔페행사보다 더 품위있고 조용하게 많은 인원의 손님
들에게 뷔페를 제공할 수 있는 방식이라고 볼 수 있다. 테이블 뷔페는 서울의 H호
텔에서 시행하고 있다. 이것은 마치 한정식을 차린 것과 비슷하나 한정식과는 메
뉴구성에서 차이가 난다.

6) Buffet in the House

개인집에서의 뷔페는 음식을 가정에서 만들거나 바깥에서 주문해 오든지 간에

관계없이 아주 색다르다. 가정집에서 식탁테이블을 꾸미고 뷔페를 차릴 만한 크기의 방이 거의 드물다. 따라서 제일 큰방에 한 개의 긴 식탁을 차리던가 아니면 작은 식탁 여러 개를 맞붙여서 배치하고 뷔페음식을 진열하여 손님이 직접, 기호에 맞게 양껏 집어들고 테이블과 의자가 배치된 인접한 방에 가서 식사할 수 있도록 한다.

4 리셉션 연회

리셉션은 중식과 석식으로 들어가기 전에 식사의 한 과정으로 베푸는 리셉션과 그 자체가 한 행사인 리셉션으로 나눠진다.

1) 식사 전 리셉션(pre-meal reception)

식사에 앞서 리셉션을 가지는 목적은 일정시간에 이르기까지 손님들이 서로 모여서 교제할 수 있도록 배려하는 데 있고 이것은 다과와 같이 한입에 먹을 수 있는 크기(one bite size)의 간단한 음식을 제공하는 것이 통례이다. 이때 제공되는 음식들은 구미를 돋구는 것이 되어야 한다. 여기에 따르는 음료들은 위스키와 소다, 진과 토닉, 그리고 과일 쥬스, 소프트 드링크 등이 통상적으로 사용된다. 리셉션 장소는 고객들이 서로 부대낌 없이 움직일 수 있는 충분한 공간을 요하는데 이상적으로 250명의 리셉션에는 약 15.5m*15.5m 크기의 공간이 필요하다. 그러나 불규칙한 모양의 홀이라면 좀 더 넓어야 할 것이다. 식사 전 리셉션은 보통 30분 동안 베풀어지므로 초대장에 "오후 6시 30분부터 7시 사이(6:00 for 7 pm)"라는 문구를 삽입하도록 한다. 때에 따라서 고객이 너무 일찍 오거나 귀빈이 너무 늦게 오는 경우 리셉션 시간이 더 늘어날 수 있지만 일반적으로 대부분의 사람들은 30분쯤 기다렸다가 함께 식사하러 들어가는 것이 좋다. 식사 전 리셉션에 내는 음식은 내용을 풍부하고 실속 있는 것들로 차려서는 안되고, 다만 고객의 식욕을 돋구는 작은 한

입 거리^(nibbles) 음식과 음료로 꾸며야 한다. 땅콩 류와 포테이토 칩, 올리브 류, 칵테일 오니온, 조그만 크기의 칵테일 비스켓 등이 보통 제공되는 품목이며 때때로 카나페와 세이보리^(savoury) 류가 제공되기도 한다. 이 때 주의해야 할 점은 이들 리셉션 음식들로 인해 오히려 식욕이 둔감되지 않도록 신경써야 하므로 음식들을 작은 크기로 준비할 것이며 구미를 돋구는 것들이어야 한다. 스위트품목^(sweet items)은 식사전에 결코 제공되어서는 안 된다.

2) 풀 리셉션^(full reception)

풀 리셉션은 말 그대로 리셉션만 베풀어지는 행사이므로 한번 제공된 음식들로만 채워지고 더 따라오거나 이어지는 음식이나 주류는 없고 보통 2시간 정도 진행된다. 제공되어지는 음식은 대체적으로 카나페, 샌드위치, 커틀렛, 치즈, 디프류, 작은 패티 등의 한입거리 음식^(finger food)으로 준비하며 식사 전 리셉션^(pre-meal recetion)의 음식보다는 내용이 더 실속이 있어야 하고 더운 음식^(hot meal)과 차가운 음식^(cold meal)으로 다양하게 내용을 구성하여야 한다. 주류로는 식사 전 리셉션에서는 독한 술^(hard liquor)이 어울렸지만 풀 리셉션에서는 디너와 뷔페에서와 같이 고객에게 와인류를 내어도 된다. 적포도주나 달콤한 백포도주, 드라이 백포도주와 로제 와인^(rose wines)류 등을 고객이 선택하여 들 수 있도록 준비하고 포도주의 질은 가격과 모임의 특성에 따라 결정하도록 한다.

5 티연회^(Tea Banquet)

일반적으로 브레이크타임에 간단하게 개최되는 것을 말한다. 칵테일 리셉션과 마찬가지로 입식^(standing style)으로 커피와 티를 겸한 음료와 과일, 샌드위치, 디저트류, 쿠키류 등을 곁들인다. 보통 회의시, 좌담회, 간담회, 발표회 등에서 많이 하는 연회의 일종이다. 또한 자녀중심의 입학, 졸업축하, 여성의 동창회, 생일연회 등의 간단한 연회에 적용되며 음식은 1인분씩 다과를 세트로 차려놓고 자유스럽게 먹는다.

6 특정목적의 연회

1) 모금연회(Fund Raising Banquet)

미국에서는 각종 선거가 가까워 오면 특정후보를 위하여 자금을 모금하기 위한 연회가 성행하게 되는데 모임은 정당주최, 개인주최 등 다양하다. 회비는 일인당 100불에서 1,000불까지 있다. 민간단체에서도 화이트 에레판트 세일(white elephant sale)이라고 부르는 연회가 있다. 화이트 에레판트는 흰코끼리의 뜻으로 이를 유지하는 데에는 비용이 많이 드는 무용의 거물이라는 뜻이다. 즉, 불용품 교환회(burdensome possession)가 이러한 모임의 일종이다. 술을 못 먹는 사람에게 위스키는 불용품이나, 다른사람에게는 가치 있는 사장품인 것이다. 헌 원피스, 커피, 악세사리 등 이런한 것들을 지참케 하여 일정한 장소에 모아 경매에 붙여서 그 판매대금을 모금하게 된다. 우리나라도 정치인들의 모금운동이 법적으로 보장되면서 이런 류(類)의 특정후보를 지원하기 위한 각종 모금행사가 선거 시기와 관계없이 개최되고 있다.

2) 포트럭 디너(Potluck Dinner)

미국인들이 고안해 낸 연회이다. 각자 일품요리를 지참하여 한자리에 모여 다같이 즐기는 연회로서 이를 코오퍼레이팅 연회(cooperating banquet)라고도 한다. 주최자가 음식목록을 작성하여 주요리, 셀러드, 디저트로 분류하고 참석자 들에게 그 중 한 가지의 음식을 지참케 하는 것이다. 이러한 연회는 주로 개인적 성격의 파티로서 서로의 친분이 두터운 것을 전제로 가능하다.

3) 샤워연회(Shower Banquet)

친한 친구끼리 모여 축하를 받을 사람을 중심으로 하여 그에 대한 환담으로 화제를 유도하며 참석자 전원이 선물을 하는 연회이다. 즉 우정이 비와 같이 쏟아진다는 "샤워(shower)"의 의미를 붙인 것이다. 이는 극히 개인적 파티이며 주로 여성들이 중심이 되어 개최하는 연회이다. 신혼부부에게 필요한 선물을 하는 결혼 축하연(bridal shower), 출산을 축하하는 출산 축하연(baby shower) 등이 있다.

4) 무도회와 댄스파티(Ball and Dance)

우리 나라에서는 무도회와 댄스파티를 분명히 구별하지 않는 경향이 있으나, 영어로는 이 양자를 구별한다. 즉, 댄스는 보통 일정한 연령에 달한 사람을 초대하지만 무도회에의 초대자는 연령에 관계없이 호스테스와 친한 관계 인사는 누구나 초대될 수 있다는 차이이다. 다시 말하면 무도회는 댄스파티보다 많은 사람이 출석하여 큰 규모의 댄스파티를 이룬다는 의미이다. 남성은 소개받은 여성에게 한번은 댄스를 프로포즈하는 것이 에티켓이다.

제2절 출장연회

1 출장연회

모든 연회가 다 음식을 장만하는 사람의 소유건물에서 베풀어지는 것은 아니다. 사실상 근래에 들어 연회 사업 중 가장 각광을 받고 크게 번창하는 분야가 바로 출장연회(out side catering)이다. 연회주최자 자신의 건물에서 연회를 베풀고자 하는 의도는 여러 가지가 있을 수 있다. 그리고 연회의 형태, 스타일, 규모도 다양하다. 소규모로서 가장 간단한 출장연회의 한 형태는 개인 가정집의 조촐한 오찬 및 만찬 파티이고, 가장 많이 베풀어지는 형태는 결혼피로연, 생신연, 기타 가족모임이다. 회사들은 귀빈의 방문이라든가 무역박람회 혹은 특별행사에 참석하는 손님들의 접대를 위해 출장 연회팀을 부르기 마련이다. 특히 근래에 들어 사무실 이전이라든가 사옥기공 및 준공에는 출장연회가 필수적인 요건이다. 따라서 이 연회를 요청 받으면 연회담당자가 제일 먼저 해야 할 일은 주방요원과 함께 연회현장에 가보는 일이다. 주방의 규모와 활용 가능한 설비에 따라 어떤 음식을 제공하여야 할 것인지를 결정하여야 하기 때문에 주최자와 메뉴를 상의하기 이전에 방문하여 둘러보아야 한다.

2 옥외연회

날로 증가하는 현대생활에 대한 압박감과 전원생활에 대한 향수로 인해 사람들은 옥외에서 즐기는 방법을 찾게 되었다. 옥외식사에는 기본재료를 사용해서 만든 간단하고 맛있는 음식이 적합하다. 옥외연회파티(entertaining in the open air)는 크게 다음과 같이 3종류로 나누어진다.

1) 바비큐 연회

바비큐란 낱말은 옥외용 숯불구이 석쇠를 뜻하지만 바비큐 연회(barbecues banquet)란 의미로 사용될 때에는 조리방법에 꼭 석쇠구이(grilling)로 한정시키지 않고 정원에 영구적으로 설치해 놓은 영구 석쇠틀, 휴대용 그릴, 캠프파이어 등도 의미한다. 바비큐에 쓰이는 불은 건조시킨 단단한 나무(떡갈나무ᆞ벗나무 등)나 잘라낸 포도나무 혹은 숯을 이용하며, 어떤 연료를 사용하든지 조리는 타오르는 불길(a blazing fire) 위에서가 아니고 뜨거운 잔화(the hot embers) 위에서 해야 한다. 바비큐의 메뉴로는 보통 찹류(chops), 스테이크 류, 소시지, 치킨 그리고 송어 등 단단한 살을 가진 생선 등이 이상적인 품목이다. 마리네이드 종류는 그릴링하기 전에 숯불에 마리네이드액이 떨어지지 않도록 물기를 털어 주고 조심스럽게 굽도록 할 것이며, 굽는 동안 마리네이드와 함께 버터를 발라 준다. 음식은 석쇠에 굽기 전에 미리 간을 하고 기름을 발라 준다. 송어나 단단한 살을 가진 생선은 알루미늄박지에 싸서 바비큐 조리를 한다. 가니쉬와 야채 등은 메인 품목과 함께 싸면 한 번에 전 코스를 그릴링 할 수 있다. 감자도 낱개로 알루미늄박지로 포장해서 숯불 가까이 두던지, 숯불 안에 넣든지 해서 구워 낼 수 있다. 돼지나 어린 양의 전체 몸통구이는 영국에서 자선사업 기금을 조성하는 데 가장 널리 쓰이는 방법이다. 그리고 때때로 개인파티에서도 이루어질 수 있는데 불 주위에 둘러 모여 서서, 숯불구이를 들면서 나무로 만든 큰 컵에 거품이 이는 맥주를 들이키는 기쁨을 서로 즐길 수 있기 때문이다.

2) 피크닉 연회

피크닉 연회(picnic banquet)는 말 그 자체대로 야외에 가서 하는 가족단위, 회사동료, 동기동창모임 등 다양하게 이루어지고 있는 연회를 말한다. 피크닉에서의 음식은 바비큐의 조리방법으로 서브될 수 있는 것이 많다. 통나무나 담요를 깔고 앉아 있는 손님들에게 바구니의 찬 음식을 서브한다. 그리고 더운 날씨에는 음식을 좀 선선하게 해서 서브해야 한다. 조류나 육류의 찬 로스트류(cold roast joint), 파이류, 무스(mousses) 류, 젤리와 가또(gateaux), 그리고 과일류, 차거운 수프, 과일샐러드, 빵 류, 소금과 후추, 드레싱 류 등이 대상품목이다. 아이스 박스(insulated boxes)에 음식을 넣으면 몇 시간 정도는 차게 유지할 수 있다. 그리고 차가운 과일 샐러드는 물에 한 번 씻어서 플라스틱 등에 담아 운반할 수 있다. 혼합샐러드(compounds salad)의 경우 그릇에 담아 갈 수 있지만, 토마토나 오이와 같이 물기가 있는 식품은 통째로 가져가서 목적지에 가서 첨가해 주는 것이 좋다. 포도주, 맥주, 생수 등은 아이스 박스에 담아와 가지고 계곡의 차가운 물이나 웅덩이 물에 담가두면 시원한 상태를 유지할 수 있다.

3) 가든연회(garden banquet)

쾌적하고 좋은 날씨를 택하여 정원이나 경치 좋은 야외에서 하는 연회를 말한다. 날씨가 변덕스럽기로 소문나 있는 영국이지만 가든 연회는 거의 관습처럼 베풀어지는데 영국 황실의 버킹검 궁정 뜰에서 베풀어지는 로얄가든 연회(royal banquet)는 세계적으로 유명하다. 그러나 부드럽게 깔린 넓고 푸른 잔디밭과 아름다운 정원을 갖추고 있는 장소이면 어떤 곳이든 가든 연회를 행할 수 있다. 연회는 다른 형식의 옥외연회와는 달리 평상복이 아니라 정장차림으로 참석해야 하는 모임이다. 음식은 한 입 크기로 준비하고 맛좋은 품목으로 훌륭한 접시(delicate plate) 위에 예쁘게 담아 내도록 한다. 가든연회는 보통 오후에 열리므로 관습적으로는 차(tea)와 함께 싱싱한 레몬이나 오렌지 스퀘시를 음료로 준비한다. 그러나 음료류에는 알코올이 함유되어 있지 않는 다른 차가운 음료도 포함시켜서 서브할 수 있다. 식탁이나 의자를 준비하지 않으므로, 연회는 스탠딩 뷔페에 해당되고 식단은 뷔페에 준하여 낸다. 그러나 가든연회에서는 싱싱한 과일샐러드와 아이스 크림 류도 낼 수 있으며, 딸기나 크림이 제철일 때는 거의 필수적으로 서브하지 않으면 안 된다. 그리고 테이블이나 의자를 준비하지 않으므로 연회는 Finger Buffet에 해당되고 메뉴는 뷔페에 준한다.

제3절 임대연회

식사위주의 행사가 아니라 호텔에서 볼 때 연회장 및 기타설비의 임대에 의미를 두는 연회를 말한다.

대표적인 것으로 전시회와 국제회의로 구분할 수 있는데, 전시회는 무역, 산업, 교육분야 혹은 상품 및 서비스판매업자들의 대규모 상품진열을 의미하는 것으로서 회의를 수반하는 경우도 있다. 전시회, Trade Show라고도 하며 유럽에서는 주로 Trade Fair 라는 용어를 사용한다.

국제회의는 회의분야에서 가장 일반적으로 쓰이는 용어로서

정보전달을 주목적으로 하는 정기집회에 많이 사용된다. 과거에는 각 기구나 단체에서 개최되는 연차총회의 의미로 쓰였으나 요즘은 총회, 휴회기간 중 개최되는 각종 소규모회의, 위원회 등을 포괄적으로 의미하는 용어로 사용된다.

그 외 문화, 예술, 공연, 체육행사, 패션쇼 등이 있다.

회의실 배치 및 테이블 배치

1 극장식 배치

1) 일반형(Conventional)

연사 또는 주빈석 쪽을 향해 정면으로 좌석을 배열하는 방법이다. 참가자수가 많은 경우 이러한 형태로 배치한다. 발표자를 중심으로 참가자의 좌석을 배치하기 때문에 주의를 집중시킬 수 있는 장점이 있으며, 설명회, 학술대회 등의 국제회의장에서 주로 사용하는 형태다. 교실 형과 유사한 형태로, 정숙한 분위기를 연출해 준다.

2) 반원형(Semicircular With Center Aisle, Senate Style)

의회의 회의장에 적합한 형태로 강연자 및 강연내용에 집중할 수 있는 분위기를 조성해주는 회의장 배열이다.

3) 반원 날개형(Semicircular With Center Block And Curved Wings)

계단식으로 배열되어 있는 한국의 국회의사당의 형태와 매우 흡사하며, 중앙을 중심으로 반원형으로 펼쳐 있어서 참가자들이 연사의 강연 내용에 집중할 수 있도록 해주는 장점이 있다.

4) V자형

반원형, 반원 날개형, V자형은 모두 주빈 석을 중심으로 참가자의 좌석이 배열되어 있다는 특징이 있어 참가자의 주의를 집중시켜주는 효과가 크다. 그러나 계단식이 아니고 평면에서 이와 같이 배열하는 것은 연설자에게 오히려 산만한 느낌을 줄 수도 있다.

5) Table Armchairs

팔을 편하게 놓을 수 있는 안락의자를 교실 형으로 배열한 것으로 참가자들의 신분이 높은 경우에 적합하지만, 이와 같은 의자의 비치되어 있는 전문회의장에 적합하며 호텔 중에서 이러한 의자가 비치되어 있는 호텔회의장은 많지 않아서 적합지 않다.

2 U자형

60명의 내외의 참가자에 적합한 국제회의장의 배열방식으로 좌석간격은 24인치가 적당하다. 안에 착석한 참가자들끼리 등을 보이고 있어야 한다는 단점이 있다.

3 E자형

내부에 착석하는 사람들의 출입이 자유롭도록 테이블을 배치한다. 다소 인원수가 많아 T자형으로 모두 수용할 수 없을 때 외부에 좌석을 배치하는 형태이다. 이 경우에는 안쪽에 있는 사람들이 서로 등을 맞대어야 하므

로 얼굴을 마주보고 이야기할 수 없다는 단점이 있다.

4 T자형

T자형으로 좌석을 배치하면 주빈 석을 구분시킬 수 있다는 장점이 있으며, 넓은 공간을 효율적으로 이용할 수 있다.

5 이사회형(Board Of Directors Style 혹은 타원형)

20명 내외의 소수가 참석하는 회의에 적합한 형태로 좌석간의 간격은 24인치로 배치하는 것이 적당하다.

6 링자 형(Hollow Square)

30명 내외의 참가규모에 적합한 형태로 U자형과 같으나 완전히 막혀 있으며, 외부 쪽에만 의자를 배열한다. 정사각형인 경우 회의장 분위기도 양호하고 참가자의 규율도 유지되고 특히 회의의 리더에게 진행상 비교적 편

리한 공간이다. 그러나 가운데 공간이 지나치게 넓으면 오히려 산만한 느낌이 들고 안정감을 잃게 된다. 따라서 어느 정도 적은 인원의 회의에 적합한 형이다.

7 말굽 형(Horseshoe)

U자형과 같으나 주빈석이 연결되는 모서리 부분을 둥근 책상으로 연결하여 참석자간의 차별의식을 줄일 수 있다는 장점이 있다.

8 고리 형(Hollow Circular)

타원형이라고도 하며 말굽 형과 같은 배열방법이나 모두 막혀 있는 것이 특징이며, 최근에 특히 많이 이용되고 있는 형태이다. 이는 원형과 정사각형을 합친 형으로 동등한 입장에서 회의를 진행할 수 있으며 원탁 테이블보다 많은 사람을 수용할 수 있기 때문에 유엔의 회의장에서 흔히 볼 수 있는 방식이기도 하다.

9 교실 형(Schoolroom/Classroom)

극장식과 유사한 형태로 회의실 중앙통로를 중심으로 양옆에 테이블 2~3개를 붙여 정면의 주빈 석과 마주보게 배열하고 테이블 당 좌석을 3개로

배치한다. 교실 형은 보편적인 형태의 회의장 배치 형으로 테이블에서 필요한 메모를 할 수 있기 때문에 학술세미나 등에 적합하다.

10 수직 교실형(Schoolroom Perpendicular)

주빈 석과 수직이 되도록 테이블을 배열하여 양쪽에 좌석을 배치한다.

11 V자교실형(Schoolroom, V-Shape)

중앙통로를 중심으로 30°각도의 V자형으로 테이블을 배치한다.

12 원탁테이블(Round Table)

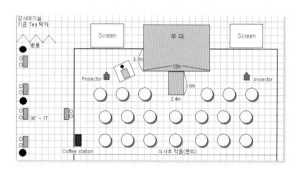

원탁테이블은 사회자와 토론자가 동등한 입장에서 회의를 진행할 수 있는 분위기를 조성해 준다. 일반적으로 원탁 테이블은 20명 내외의 소규모회의에 활용되며 동시통역시설을 설치하기가 어렵기 때문에 공용어를 이해할 수 있는 사람만이 참석할 수 있다는 단점도 있다. 총회 후 자리에서 그룹토의를 진행할 수 있고 오찬, 만찬 등의 행사 내용으로도 쓸 수 있다.

Chapter 4 연회의 메뉴

호텔연회장에서 제공하는 메뉴는 호텔 조리사들이 실력을 표현할 수 있는 맛의 연출이라 할 만큼 표현력이 매우 중요하다. 단순히 허기를 채우는 것이 아니라 모임을 더욱 즐겁고 풍성하게 해주는 역할을 한다. 연회기획가는 메뉴기획에 있어 그 분위기가 가장 적합한 메뉴로 주최고객과 참석고객에게 충분한 만족감을 줄 수 있도록 Planning 하여야 한다.

호텔고객은 연회장 음식의 맛과 정성은 기본이라고 생각하는 것이 일반적이기 때문에 호텔의 담당지배인 혹은 연회기획가는 그 연회의 성격에 가장 적합한 메뉴를 추천하고 준비하는 것이 바람직하다. 또한 정성껏 준비된 음식이 순서에 의해 정확히 전달될 수 있도록 적합한 인력을 배치해야 한다.

제1절 메뉴

1 메뉴의 개념

메뉴의 어원은 라틴어의 'Minutus' 와 영어의 'Minute'에서 온 말로 '작다'(small) 또는 '작은 목록'의 뜻과 '상세히 기록하다' 또는 '아주 작은 표'의 의미를 가지고 있다. 웹스터 사전 (webster's dictionary)에 의하면 'A detailed list of the foods served at a meal', 옥스퍼드 사전 (oxford dictionary)에서는 'A detailed list of the disheds to be served at banquet of meal',로 설명하고 있다.

개념으로는 고객에게 식사로 제공되는 요리의 품목, 명칭, 순서, 형태 등을 체계적으로 알기 쉽게 설명해놓은 상세한 목록표, 차림표 또는 식단표라고 한다.

2 연회메뉴의 개념

일반적으로 연회는 '축하나 위로 및 석별 등의 뜻을 위하여 여러 사람이 모여 주식(酒食)을 베풀고 가창무도(歌唱舞蹈) 등을 하는 일'로 정의한다. 따라서 연회메뉴는 그 연회에 제공되는 요리라고 할 수 있다. 연회는 고객의 장소 예약시간에서부터 행사에 대한 계약체결이 이루어지고 메뉴가 결정된다.

계약조건에 따라 요구되는 식재료를 구매하고 확정된 메뉴가 주최자와 함께 참석한 하객에게 동일하게 제공되는 특징을 가지고 있다. 이렇듯 연회메뉴는 연회가 이루어지기 전에 연회예약의 조건에 의하여 제공되는 메뉴가 결정됨을 알 수 있다.

이러한 계약 조건은 행사의 성격과 인원에 따라 메뉴의 종류와 제공되는 순서가 결정된다. 이와 같은 개념을 가지고 정의 내린다면, 연회메뉴란 "연회를 준비하는 고객에 의하여 결정되고 준비된 메뉴는 차림표의 순서대로 제공되어야 하며 참석자 모두에게 즐거움을 주어야 한다"라고 할 수 있다.

3 연회메뉴의 중요성

Renaghan과 key[(1987)]는 회의 기획가를 대상으로 연회장 선택의 주요요인에 관한 중요도 측정을 하였는데, 고려하는 우선순위로 음식의 질, 회의실 규모, 객실 수/크기, 요금 지불방법, 체크인, 아웃의 편리성 등의 순으로 나타났다. 이와 같은 조사결과는 호텔연회장을 선택하는 데 있어 음식의 질이 중요요인으로 작용한다는 것을 알 수 있다. 연회서비스에서 연회메뉴의 구성은 자체가 상품이자 판매도구이며 동시에 연회행사의 성공여부가 된다. 연회메뉴를 어떤 고객층에게 어떠한 요리 품목으로, 어떠한 분위기로 제공할지를 고민하는 것은 매우 중요한 과정이다.

성공적인 연회메뉴가 되기 위해서는 우선 상품을 판매하는 호텔기업에 기여도가 높아야 하며 연회메뉴의 내용과 모양이 고객으로 하여금 충족감을 주어야 한다. 연회장의 분위기와 서비스가 아무리 훌륭하다 할지라도 행사에 제공되는 메뉴의 맛과 질이 만족스럽지 못하면 호텔의 전체적인 이미지 Quality에 손상을 받을 수 있다.

제2절 연회메뉴의 분류

호텔 연회장의 메뉴는 serving방식에 따라 정찬(Dinner)과 뷔페(Buffet)로 구분되며 정찬은 제공되는 요리에 따라 구분된다. 또한 제공되는 시간에 따라 크게 Breakfast, Luncheon, Dinner로 구분하여 영업한다.

1 요리에 따른 분류

연회메뉴는 연회를 준비하는 고객에 의해 행사 전에 결정되고 연회 중에 제공되는 요리를 말하는 것으로 Dinner, Buffet Menu, Cocktail Reception, Tea Reception으로 나뉜다. 국내 호텔연회에서 제공하는 정찬메뉴는 요리의 종류에 따라 양식요리(Westen cuisine), 한정식요리(Korean cuisine), 중국식요리(Chiness cuisine)가 주로 제공되고, 때에 따라 일식요리(Japanese cuisine)와 퓨전요리(fusion cuisine), 스페셜요리(special cuisine)가 제공된다.

뷔페메뉴는 행사의 성격에 의해 좌식뷔페(seated buffet)와 입식뷔페(standing buffet)로 나뉜다. 칵테일파티에 제공되는 칵테일 메뉴(cocktail menu), 다과와 커피 혹은 차가 제공되는 다과메뉴(tea party menu), 야외에서 바비큐가 제공되는 바비큐메뉴(barbecue party menu)가 있다.

칵테일파티는 본 행사가 들어가기 전에 제공되는 식전리셉션(pre dinner reception)과 행사 자체를 Standing Buffet와 같이 처음부터 끝까지 서서 진행하는 풀 리셉션(full reception)이 있다.

Standing Buffet와의 차이점은 Standing Buffet의 요리가 식사에 비중을 두고 칵테일이나 음료가 제공되는 반면, Full Reception은 칵테일에 제공되는 안주가 주를 이루며, 일부 식사가 가능하게끔 요리가 준비된다. 최근 호텔의 칵테일 리셉션은 스탠딩뷔페와 혼용하여 자주 활용된다. 이는 식사시간 때 준비되는 경우가 많기 때문이다.

호텔에서 준비하는 연회메뉴를 정리하면 다음과 같다.
① 양식 파티메뉴(Western party menu)
② 중식 파티메뉴(Chinese party menu)
③ 한식 파티메뉴(Korean party menu)

④ 일식 파티메뉴(Japanese party menu)

⑤ 퓨전 파티메뉴(fusion party menu)

⑥ 뷔페 파티메뉴(buffet party menu)

⑦ 칵테일 파티메뉴(cocktail party menu)

⑧ 바비큐 파티메뉴(barbecue party menu)

⑨ 다과 파티메뉴(tea party menu)

2 시간에 따른 분류

연회메뉴는 요리에 따라 구분되기도 하지만 개최되는 시간에 따라 다르게 구성된다. 보통 아침에는 가벼운 메뉴로 구성되며 오찬은 주로 바쁜 오후 일정으로 인하여 상대적으로 시간의 제약을 받으므로 보통 1시간 이내에 제공될 수 있는 메뉴의 형태로 구성된다. 하지만 행사의 격식에 따라 디너와 같은 정찬으로도 제공될 수 있다. 디너와 같은 정찬은 대체로 식사시간이 길기 때문에 이러한 점들이 고려되어 메뉴가 구성되어야 한다.

1) 조찬(Breakfast)

조찬은 조찬간담회와 같은 간단한 행사나 미팅을 위한 것으로 아침에 제공되는 요리를 총칭한다. 국내 호텔에서 제공하는 메뉴는 주로 양식과 한식이며, 때에 따라 조식뷔페와 일식, 중식이 제공된다. 양식조찬에는 아메리칸 스타일(American style)과 콘티넨탈 스타일(Continental style)이 가장 일반적이다.

가) 미식 조찬(American breakfast)

미식 조찬은 토스트와 계란요리, 시리얼(cereal), 그리고 커피와 우유, 주스로 구성된다. 계란요리는 베이컨과 소시지가 곁들여 제공된다. 한국의 호텔에서는 종종 디저트로 싱싱한 과일과 신선한 계절 야채샐러드를 메뉴에 포함시키는 경우가 많다.

제공되는 순서는 아래와 같다.

Juice or Milk → Cereal → Egg → Toast Bread → Coffee or Tea

아메리칸 조찬

나) 대륙식 조찬(Continental breakfast)

대륙식 조찬은 일명 대륙식으로 지중해 지역의 유럽 국가들이 전통적으로 가볍게 먹는 아침식사에서 유래된다.

주로 신선한 빵과 함께 주스, 커피가 제공된다.

순서는 Juice or Milk → Toast Bread → Coffee or Tea이다.

이외에도 자주 제공되지는 않지만 영국식 조찬(England breakfast)과 비엔나식 조찬(Vienna breakfast)은 알아둘 필요가 있다. 영국식 조찬은 유럽대륙과의 아침식사와는 대조적으로 푸짐하다.

흔히 표현하는 말로 아침식사는 영국에서, 점심식사는 독일에서, 저녁식사는 프

Vienna Breakfast

랑스에서 하라는 유럽속담이 있을 정도이다. 영국식 조찬은 홍차에 밀크를 타먹는 영국식 밀크티로 식사를 마무리 한다.

비엔나식 조찬은 삶은 계란요리와 롤빵에 커피, 주스와 함께 제공되는 것이 특징이다.

다) 조식뷔페(Breakfast Buffet)

조식뷔페는 미국식 조찬에서 제공되는 다양한 음식을 서비스 방법만 뷔페식으로 바꾼 것이다. 그러나 우리나라를 포함한 아시아권에서는 그 나라의 음식이 포함된다. 한국에서는 한식 외에도 중식과 일식요리가 포함되어서 요리의 종류가 매우 많다는 것이 특징이다. 주로 호텔 내에 투숙하는 고객과 세미나에 참가하는 고객들을 위해 준비된다.

모든 식음료는 셀프서비스로 식사를 하나 커피나 차와 같이 뜨거운 음료는 호텔 종사원들이 서비스하는 경우가 많다고 한다. 한식조찬은 주로 한국인단체고객을 위한 것으로 주된 메뉴로는 갈비탕정식, 곰탕정식, 전복죽정식 등이 있으며 정중한 조식정찬은 밥과 국, 반찬을 중심으로 생선구이와 같은 특별메뉴가 준비된다.

서빙하는 방법에 있어 코스별로 제공하는 경우도 있지만 일식조찬과 같이 하나의 큰 쟁반에 담아서 개인별로 제공된다.

라) 일식 조찬(Japaness Breakfast)

일식 조찬은 주로 호텔에 투숙한 일본인단체 고객을 위해 제공되는 경우가 많다. 이외에도 양식조찬을 꺼리며 가벼운 식사를 원하는 정규적인 모임에 제공되는 사례도 많다.

밥과 된자국(미소시루)을 중심으로 절임요리, 삶은 요리, 김, 구이요리, 조림요리 등이 준비된다.

후식으로는 과일이나 차가 일반적이다. 특별한 경우가 아니면 하나의 쟁반에 담아 각 개인별로 제공한다.

2) 브런치(Brunch)

브런치는 아침과 점심 사이에 개최된 연회를 위해 만들어진 메뉴로 10시부터 12시 사이에 제공되며 브런치 메뉴는 기존 조식뷔페에 육류요리와 주방장 스페셜요리가 더해진다. 국내 호텔연회장에서 브런치가 제공되는 연회는 극히 드물다. 주로 호텔 내 양식당이나 그릴(grill)에서 주말에 호텔 투숙고객과 인근주민을 위해 제공되는 경우가 많다.

하얏트 호텔

3) 오찬(Luncheon)

정오를 기준으로 고객에게 제공되는 메뉴로 저녁에 제공되는 만찬식사보다는
시간의 제약을 받는다. 제공되는 메뉴의 코스도 만찬보다는 짧다. 호텔에서 제공
되는 오찬으로는 가벼운 정찬과 뷔페가 주종을 이룬다.

Table Setting에서 다음의 Informal Type을 취하는 경우가 많다. 그리고 인원
이 많은 대규모의 학술대회는 때에 따라 도시락(luncheon box)을 제공하는 사례가 많
다. 이는 식사장소를 별도로 제공할 수 없는 경우와 빠른 시간에 식사를 마치고 다
음 세미나에 참가할 수 있도록 하기 위함이다.

오찬   Luncheon Box

4) 만찬(Dinner)

만찬에 제공되는 메뉴는 요리의 내용 면에서도 다양할 뿐만 아니라, 양적인 면
에서도 오찬의 코스보다도 길고 많다. 보통 Table Setting에서 Formal Type을 취
하는 경우가 많다. 이는 오찬보다 연회의 시간이 길고 대체로 비중 있는 모임이 저
녁에 주로 개최되기 때문이다.

오찬이 주로 간담회, 회의, 컨퍼런스, 세미나 고객들을 위한 모임이 많은 반면,
만찬은 많은 VIP를 초대하는 격식 있는 행사가 개최되기 때문에 질과 양이 좋은
고급스러운 메뉴가 코스별로 제공된다.

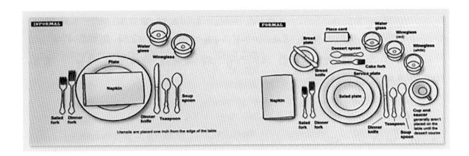

5) 심야메뉴(Supper)

심야메뉴는 보통 특별한 축제행사나 이벤트행사가 있는 늦은 저녁에 먹는 메뉴로 보통 2~3가지 순으로 구성되고 소화가 쉽고 질이 높은 것이 준비된다. 원래는 격식이 높은 정식이었으나 점차 변화하여 최근에는 가벼운 야식으로 변하였다.

제3절 | 정찬메뉴(Dinner, Table d'hote)

정찬은 연회의 종류 중 품위 있고 격식을 갖춘 행사로 주로 비즈니스 관계, 사교모임, 국제적인 공식행사 등 중요한 목적을 갖고 개최되는 행사에 제공되는 메뉴이다. 그 종류로는 양식코스가 주를 이루지만 시기와 행사의 성격에 따라 중국식, 한정식, 일본식, 퓨전식이 제공된다. 정찬에 제공되는 연회의 코스는 일반적으로 5코스에서 9코스가 제공되지만, 행사의 격에 따라 코스가 한두 가지 더 늘어날 수도 있다. 이것을 풀코스 정찬(full course dinner)이라 부르며 코스의 순서에 따라 차례로 제공된다.

이렇듯 정찬은 정해진 순서에 따라 제공되는 메뉴로서 고객은 그 메뉴 내용이 구성하고 있는 각각의 요리품목을 주문할 필요 없이 정해진 순서에 의해 제공되는 요리를 말한다.

연회정찬 메뉴별 주요 코스 비교표		
양식	한정식	중국식
애피타이저(appetizer)	찬요리 모듬	냉채
수프(soup)	죽, 탕, 전골	수프
생선(fish)	전유어, 찜	해산물요리
앙트레(entree)	구이, 찜, 적	육류요리와 식사류
샐러드(salad)	생채, 숙채	중국식 야채요리
후식(dessert)	떡, 과일류	과일, 리치두부
뜨거운 음료(hot beverage)	차, 화재	재스민, 오룡차

1 Western Course

정찬연회는 일반적으로 프랑스요리를 기반으로 구성되어 온 것이 일반적이다. 이러한 프랑스요리는 호텔산업의 발달과 함께 오늘날에 이르게 되었다. 오늘날 전 세계적으로 메뉴를 불어로 표기하는 이유는 프랑스요리가 세계적인 명성을 가지고 있기 때문이다. 국내외 특급호텔 연회장에서 가장 많이 제공되는 정찬메뉴는 양식코스이며 현재 국내호텔의 연회장에서 주로 제공되는 양식의 코스는 5~7코스가 일반적이다.

① 3- course menu

appetizer or soup or salad - entrée - dessert - coffee or tea

② 4- course menu

appetizer - soup - entrée - dessert - coffee or tea

③ 5- course menu

appetizer - soup - entrée - salad - dessert - coffee or tea

④ 6- course menu

appetizer - soup - fish entrée - sherbet - meat entrée - salad - dessert - coffee or tea & pralinés

⑤ 7- course menu

appetizer - soup - fish entrée - sherbet - meat entrée - salad - cheese - dessert - coffee or tea & pralinés

⑥ 8- course menu

cold appetizer - soup - hot appetizer - fish entrée - sherbet - meat entrée - salad - cheese - dessert - coffee or tea & pralinés

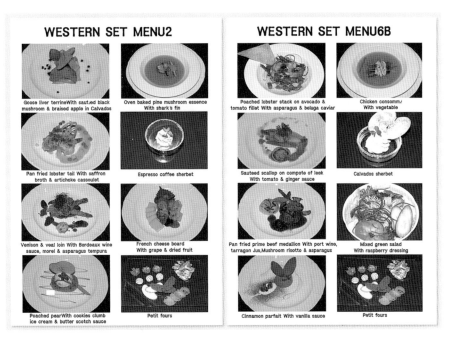

연회웨딩 풀코스사진

1) 제1코스 : 전채^(Appetizer, Hors d'Oeuvre)

식욕을 돋을 수 있는 재료로 구성되어 있고 코스 중 가장 먼저 제공되는 음식이다. 식욕 촉진제 역할을 하며 대체로 적은 양이 제공된다. 대개 짠맛, 신맛 ,매운맛 등의 독특한 풍미를 갖춘 음식으로서 그 종류로는 철갑상어알^(caviar), 훈제연어^(smoked salmon), 차새우^(shrimp), 전복^(abalone), 관자^(scallop), 식용달팽이^(escargot) 등이 있다.

대규모 연회에서 충분한 서빙인력이 확보되지 않은 경우 전채요리에서 주의할 점은 화려함과 신속함이다. 한번에 많은 음식을 준비해야 하기 때문에 소홀해질 수 있는 화려함을 잃지 말아야 하며 실용적으로 서빙하기 쉬운 메뉴로 구성하는 것이 바람직하다. 또한 음식의 색조와 맛의 식감이 적절히 조화로움이 좋다고 본다.

전채요리   전채요리(관자)

2) 제2코스 : 스프^(Soup, Potage)

수프^(soup)는 기본적으로 스톡^(stock)을 기본으로 맑은 수프와 크림^(cream)수프가 있

 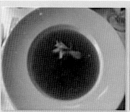 

다. 수프의 종류에 따라 그릇^(bowl)과 스푼의 모양도 다르게 준비된다. 맑은 수프는 둥근 그릇과 스푼이 제공되고 크림수프는 그릇의 바닥이 평평한 그릇과 길고 넓적한 스푼이 제공되고 뜨거운 수프는 뜨거운 볼에 제공되어야 하며 차가운 수프는 차가운 Bowl에 제공되어야 하며 수프 외의 다른 요리는 오른쪽에서 서빙이 이루어지는 반면 수프와 샐러드는 왼쪽에서 서빙이 이루어진다.

3) 제3코스 : 생선^(Fish, Poisson)

생선을 제공하는 순서로 White Wine이 준비되어 있다면 이를 먼저 서빙한 후에 제공한다. 생선코스는 육류요리가 나가기 전에 제공되는 요리로 가볍게 입맛을 돋울 수 있는 양으로 구성되며 부드러운 요리로 준비된다. 대체로 광어, 도미, 송어, 연어, 메로, 새우, 바닷가재, 가리비 등이 제공된다.

4) 제4코스 : 셔벗^(Sherbet, Sorbet)

생선을 먹고 난 다음에 메인 코스인 육류를 먹기 전에 제공되는 것으로 단맛이 적고 알코올 성분이 있는 얼음과자가 셔벗이다. 셔벗은 입안을 개운하게 하고 메인을

셔벗

먹기 위해 잠시 쉬어가는 코스이다.

주재료는 과일과 와인이 이용되며 과일로는 레몬이나 딸기, 키위, 메론, 오렌지, 인삼 등이 사용된다. 모든 정찬에 제공되는 것은 아니며 특히 많은 인원이 참석하는 대규모 연회에는 충분한 인력이 필요하다.

5) 제5코스: 육류(Main, Entrée)

메인코스는 주로 쇠고기 steak가 제공되며 뜨거운 야채인 가니쉬(garnish)가 한 접시에 장식된다.

메인코스의 Steak는 120g 정도 제공되며, 스테이크의 종류와 정찬의 코스에 따라 제공되는 양의 차이가 있다. 또한 Steak는 굽는 정도에 따라 Rare, Medium Rare, Medium, Medium Welldone, Welldone으로 구분된다. 주로 격식 있는 소규모 연회의 경우 고객들의 취향에 맞춰 일일이 굽기 주문을 받아 준비해야 하지만 대규모 연회의 경우 고객의 취향을 주문 받을 수 없기 때문에 한국에서는 주로 Medium Welldone으로 준비하는 것이 바람직하다.

메인코스요리

6) 제6코스: 샐러드(Salad, Salade)

샐러드가 제공되는 이유는 육류의 산성식품에 야채의 알칼리성의 조화를 이루는 영양학적인 의미도 있지만 생야채와 드레싱(dressing)이 미각을 돋워주기 때문이다. 소규모 연회의 경우 개인의 취향에 따라 각기 다른 드레싱이 제공되지만 대규모의 연회는 일일이 드레싱을 제공할 수 없기 때문에 샐러드에 가장 선호하는 드레싱을 얹어 제공한다. 연회메뉴의 대표적인 드레싱은 Thousand Island, French, Italian, Oil & Vinegar, Chef Special Dressing 등이 있다.

드레싱(Dressing)

샐러드나 야채, 생선, 고기요리 등에 얹는 소스를 일컫는 것으로 보통 차가운 소스를 가리킨다. 마치 드레스를 입히듯 음식을 감싸고 치장한다고 해서 드레싱 이라고도 하지만, 닭이나 칠면조를 구울 때 뱃속에 넣는 소스도 드레싱이라고 한다.

흔히 프렌치드레싱을 간단히 드레싱이라 부르는 경우가 많다. 식초와 식용유에 소금. 후추 등을 첨가한 프렌치드레싱은 분리되지 않도록 잘 흔들어서 사용한다.

카레가루, 파프리카, 겨자, 케첩 등을 첨가해 각각 인디언드레싱, 파프리카드레싱, 마스터드레싱, 사우전드 아일랜드드레싱 등이라 부른다.

7) 제7코스: 디저트(Dessert)

연회용 디저트는 메인코스를 마치고 입맛을 개운하게 하는 코스로 단맛과 풍미

디저트 요리

가 있는 식사의 마지막 단계이자 입안의 기름을 없애주고 소화를 돕는 역할을 한다. 또한 시각적으로 화려한 모양으로 만들어져 식사의 마지막 단계를 기분 좋게 마무리를 해준다.

주로 제공되는 연회용 디저트는 소규모의 경우는 신선함 계절과일이지만 대규모의 경우는 과일을 준비하는데 시간이 걸려 주로 풍미 있는 케이크와 아이스크림 등이 제공된다. 디저트를 서빙 할 때 유의할 점으로는 글라스와 디저트용 기물, 찻잔만 남기고 모두 치운 후에 제공되는 것이 바람직하다.

8) 제8코스: 커피와 차(Coffee & Tea)

커피와 차는 모든 식사가 마무리되는 디저트가 제공된 후 바로 서빙한다. 보통 커피가 가장 많이 제공되고 고객의 기호에 따라 홍차, 녹차, 인삼차 등이 요구될 수 있어 항시 준비해 놓아야 한다. 커피의 적정온도는 80°C이고 고객이 설탕과 생크림을 넣었을 때 60~65°C가 유지되어야 맛 좋은 커피 즐길 수 있다.

일반적인 정찬 디너코스의 경우 셔벗을 제외한 7코스에 의해 제공되지만, 귀빈을 모시는 정찬의 경우는 셔벗과 생과자가 추가되어 9코스로 제공된다. 이외에도 웨딩메뉴에서 소면이나 떡이 코스로 추가될 수 있다.

커피와 차

2 Chinese Course

연회에 있어 중국식 코스는 다른 정찬코스의 아메리칸 서빙방식(American style food service)과는 다르게 러시안 서비스(Russian service)방식으로 주로 제공된다. 일인용기로 준비된 요리(예: 디저트, 상어지느러미, 식사)를 제외한 모든 요리는 큰 플래터(platter)에 담아 고객에게 보여준 후 서빙포크와 스푼으로 덜어 고객에게 본디쉬(bone dish)와 같은 접시에 직접 제공하는 것이다.

이러한 서비스방식을 러시안 서비스라고 한다. 서빙하고 난 음식은 테이블 중앙의 턴테이블(turntable)에 올려놓는다. Turntable에 올려 진 요리는 손님들이 직접 순서대로 돌아가면서 음식을 Bone china에 덜어 먹기도 한다. 중국식요리는 냉채와 일부 디저트를 제외하고는 대체로 뜨거운 요리로 구성되어 있다. 뜨거운 불에 많은 기름을 사용하여 음식을 조리하기 때문에 홀에서는 식사시간을 잘 파악하여 신속한 서빙이 이루어지도록 주의해야 한다.

중국식 요리의 특징은 일본요리나 서양요리처럼 색채와 배합을 중요시하지 않아서 얼핏 보기에 화려하지는 못하나 미각의 만족에 그 초점을 두고 있다. 요리를 한 그릇에 수북이 담아서 풍성한 여유를 느끼게 하고 한 그릇의 것을 나누어 먹음으로써 친숙한 분위기를 만들며 인원수에 다소의 융통이 있어 편리하다. 이렇게 풍부하고 변화가 다양한 중국요리는 젊은 사람부터 노인에 이르기까지 좋아하기 때문에 동양의 호텔에서는 양식보다 인기가 있다. 하지만 많은 양의 음식을 준비하려면 기물과 노하우가 필요한 만큼 적절히 활용하는 것이 좋다.

중국은 5천년의 유구한 역사와 광대한 대륙을 가로질러 동서남북에 따라서 상이한 기후풍토와 생산물을 가진 각 지방에 특징 있는 요리가 발달되어 왔다. 지역적으로 크게 북경요리(北京料理), 남경요리(南京料理), 광동요리(廣東料理), 사천요리(四川料理)로 분류되며 그 지역의 특유한 풍미를 자랑하고 있다. 우리나라의 연회식에서는 중국 네 지역의 요리가 모두 포함되는 경우가 많다.

1) 북경요리(北京料理) : 징차이

① 지역: 북경을 중심으로 산동성, 타이위엔까지의 요리를 말한다.

② 기후: 한랭기후

③ 요리의 특징: 북경은 오랫동안에 중국의 수도로서 정치, 경제, 문화의 중심지 였고 고급요리가 발달하였다. 또한 호화스러운 장식을 한 요리가 발달한 것 도 하나의 특징이다.

④ 재료: 화북평야의 광대한 농경지에서 생산되는 농산물로서 소맥, 과물(果物) 등 의 풍부한 각종 농산물이 주재료였는데, 정치 및 권력의 중심지로서 지역의 희귀한 재료들이 집합되었다.

⑤ 조리법: 북방인 만큼 루매이라는 화력이 강한 석탄을 사용하여 짧은 시간에 조리하는 튀김요리 '짜차이'나 볶음요리 '챠오차이' 등 농후한 요리가 특히 발 달되었다.

북경요리

2) 남경요리(南京料理)

① 지역: 중국의 중심지대로서 장강(長江)에 임한 비옥한 곳으로 북경이 북부를 대 표한다면 남경은 중부를 대표하는 도시이다.

② 기후: 온대성 기후

③ 요리의 특징: 19세기부터 유럽 대륙의 침입으로 상하이가 중심이 되자 남경요

리는 구미풍^(歐美風)으로 발전하였다. 이후 동서양 사람들의 입에 맞도록 변화 및 발전하여 오늘날 이를 상해요리라고 칭하고 있다.

④ 재료: 이 지방은 비교적 바다가 가깝고, 양쯔강 하구 난징을 중심으로 하였기 때문에 해산물과 미곡이 풍부하다. 이를 바탕으로 한 요리가 중심이 되었다.

⑤ 조리법: 간장과 설탕을 많이 써서 달고 농후한 맛이 나며, 요리의 색상이 진하고 선명한 색채를 내는 화려한 것이 특징이다.

남경요리

3) 광동요리^(廣東料理)

① 지역: 중국 남부의 광주를 중심으로 한 요리를 총칭한다.

② 기후: 더운 열대성기후

③ 요리의 특징: 일찍부터 구미문화에 접한 관계로 그 영향을 받아 국제적인 요리관이 정착됨과 함께 독특한 특성을 만들었다.

④ 재료: 쇠고기, 서양채소, 토마토케첩 등 서양요리의 재료와 조미료를 바탕으로 발전하였다.

⑤ 조리법: 자연이 지니고 있는 맛을 살리기 위하여 살짝 익혔고 싱거우며 기름도 적게 사용한다.

⑥ 기타: 특수한 요리로는 뱀요리, 개요리 등이 있다.

광동요리

4) 사천요리(四川料理)

① 지역: 중국의 서방 양쯔강 상류의 산악지방과 사천을 중심으로 윈난, 구이저우 지방의 요리를 총칭한다.

② 기후: 여름에는 덥고, 겨울에는 추우며 낮과 밤의 기온 차가 크다.

③ 요리의 특징: 김치가 유명하며 전채로서 몇 종류의 김치를 내는 것이 특징이다. 토지가 비옥하여 채소가 풍부하고 바다가 멀어서 저장식품인 소금, 절인 생선을 많이 쓴다. 또한 습기가 많아서 매운 고추, 마늘, 생강, 파를 사용하여 자극적인 것이 특징이다.

④ 재료: 파, 마늘, 고추, 마른 해산물 및 소금에 절인 농산물이나 해산물, 작채, 암염(소금), 두부, 지방질이 많은 고기 등이 있다.

사천요리

⑤ 조리법: 주로 자극적인 조미료를 사용하며 강한 향기와 신맛, 톡 쏘는 매운맛을 낸다. 주로 고추와 마늘을 많이 사용한다.

3 Korean Course

오늘날 호텔 연회의 한정식 코스는 우리나라 전통의 한상차림과는 다르게 발전해 왔다. 이는 한상차림에서 발생하는 음식의 남용을 억제하고 찬 음식은 차게, 뜨거운 음식은 뜨겁게 바로 대접할 수 있도록 한국음식의 세계화를 위해 우리음식을 서양음식과 같이 코스로 바꾸어 놓은 것이다.

이러한 한정식코스의 순서는 대체로 입맛 돋우는 음식, 채소음식, 어패류나 육류가 주된 음식, 주식과 곡물 및 기본반찬, 후식과 음청류의 순으로 서빙한다. 이들 각각의 요리는 질리지 않고 음식 맛을 즐길 수 있는 메뉴들로 구성된 것이 특징이다.

가격과 질에 따라 요리가 5코스, 7코스, 9코스, 11코스로 제공되며 우리가 늘 접하는 요리라 쉽게 생각하는 경향이 있으나 재료 준비가 복잡하고 서빙하기 쉽지 않다. 특히 한정식 연회가 자주 있는 것이 아니기에 호텔에서는 비싸고 효율이 떨어진 한식기물을 구입하여 보관하려 들지 않는다.

현재 서울에 소재한 특급호텔 중 단 4곳만이 한식당을 운영하고 있고, 1990년대

한정식 메뉴

이후 오픈한 일부 호텔은 개관 초기부터 수익성이 낮은 한식당을 제외한 채 영업하고 있는 실정이다. 하지만 정부와 공익단체가 외빈을 초대하는 격식 있는 행사에 한식을 원하는 곳이 지속적으로 요구되는 추세에 있고, 최근 한식의 세계화로 인하여 궁중 한정식의 발전이 기대된다.

4 Japanese Course

호텔 연회에서 일식 코스는 거의 드물다. 왜냐하면 한정식 코스만큼이나 많은 기물과 조리사의 손길을 요구하기 때문이다. 이에 특급호텔은 중소규모의 행사에 제한적으로 주문을 받고 있다. 특급호텔은 일반적으로 일식당을 직영하기 때문에 제한적으로 주문을 받고 있다.

특급호텔은 일반적으로 일식당을 직영하기 때문에 자체 인력으로 충당하기도 하지만 규모가 큰 연회의 경우는 기물과 서빙인력이 턱없이 부족하여 기피하는 경향이 있다. 일식 코스요리는 주로 회석요리(會席料理)로 에도시대(1603~1866)부터 이용된 연회용 요리이며 일즙3채(一汁三采), 일즙5채(一汁五采), 이즙5채(二汁五采) 등이 있다.

위의 회석요리 외에도 무로마치시대(1338~1549)에 차를 즐기는 풍토가 유행하였는데 차를 마실 때 간단한 식사를 곁들여 공복감을 해소시킬 정도의 음식을 제공했던 회석요리와 국물요리 하나에 3가지 요리, 즉 일즙3채(一汁三), 일즙5채(一汁五采), 이즙7채(二汁七采) 등의 상차림으로 구성된 혼젠요리, 불교식 사찰요리로 동물성 식재료나 어패류를 사용하지 않고 야채, 해초, 두부, 곡류 등을 사용하여 조리하였으며 식물성 기름과 감자나 고구마 등의 전분을 많이 사용한 정진요리가 있다. 역사적으로 일본요리는 고대 중국으로부터 한반도를 통하여 전래되어 온 문물과 함께 시작되었다. 문화가 발달함에 다라 일본인의 기호와 지역적 특성에 맞는 색상, 향, 맛을 위주로 하면서 고유한 특징을 지닌 요리로 발전해 왔다. 이러한 일본요리는 지역별로 고유한 특성이 있어서 동경지방의 관동풍 요리와 오사카지방의 관서

풍 요리로 구분된다. 또한 일본요리는 상차림으로 구분하여 모모야마시대에서 에도시대로 내려오는 본선요리와 에도시대의 대명사처럼 불렸던 회석요리, 다도를 전문으로 하는 일가에서 전해 내려오는 차회석요리 등의 상차림이 있다. 이러한 조건 속에서 일본요리는 쌀을 주식으로, 농산물, 해산물을 부식으로 형성되었는데, 일반적으로 맛이 담백하고 색채와 모양이 아름다우며 풍미가 뛰어난 것이 특징이다.

일식요리

주요특징은 아래와 같다.

① 사계절감을 중요시한 재료의 선택

② 기물의 선택: 생김새, 색상, 계절

③ 메뉴는 조림, 구이, 튀김, 초회, 찜 요리 등의 다양한 조리법

④ 그릇에 담을 때는 공간미

⑤ 생선류는 주로 생식하기 때문에 주재료의 특성을 최대한 살림

⑥ 양의 조절과 섬세함

지역별 요리의 특징을 살펴보면 다음과 같다.

1) 관동요리의 특징

관동요리는 동경지방을 중심으로 발달한 요리로서 무가(武家) 및 사회적 지위가 높은 사람에게 제공하기 위한 의례요리이며 맛이 진하고 달며 짠맛이 특징이다.

당시에는 설탕이 귀했는데 설탕을 사용한 것으로 보아 그만큼 고급요리였다는 것을 보여준다. 니기리스시 등의 생선초밥과 튀김 민물장어 등 일품요리가 발달하였다.

관동요리

2) 관서요리

오사카, 교토, 나라지방 등을 중심으로 발달한 요리이다. 관서요리는 재료 자체의 맛을 살리면서 조리하는 것이 특징이다. 따라서 관서요리는 재료의 외형과 색상이 거의 유지되기 때문에 모양이 아름답다. 관서요리의 대표적인 것으로는 교토요리와 오사카요리가 있는데, 교토요리는 양질의 두부, 야채, 밀기울, 말린 청어, 대구포 등을 이용한 요리가 많으며 오사카요리는 양질의 생선, 조개류를 이용한 요리가 많다. 최근의 관서요리는 약식이 많으며 회석요리가 중심이 된 연한 맛이 특징이다.

일본요리의 기본조리법으로는 다음과 같은 특징이 있다.

① 오색(五色), 오미(五味), 오법(五法)을 기초로 하여 조리한다.

② 오색: 빨간색, 청색, 검은색, 흰색, 노란색

③ 오미: 쓴맛, 매운맛, 단맛, 짠맛, 신맛,

④ 오법: 구이, 찜, 튀김, 조림, 날것

요리를 그릇에 담을 때에는 다음과 같은 기준으로 한다.

① 기물의 선택과 무늬가 있을 시 전면이 어디인가를 구별한다.

② 한 마리의 생선일 경우에는 머리가 왼쪽, 배 쪽이 앞으로 오게 한다.

③ 몸통, 머리, 꼬리가 분류되어 있는 경우에는 야마모리를 하고 부재료로 마무리한다.

④ 종류가 다양할 때는 3, 5, 7, 9 등의 홀수로 담는다.

⑤ 일본요리의 기본인 계절감을 살려서 담는다.

⑥ 고객이 먹기 편하고 아름답게 장식하여 낸다.

⑦ 곁들임 요리는 3가지 정도를 사용함이 좋다.

⑧ 너무 화려한 기물은 주 요리를 어둡게 만들기 때문에 주 요리를 돋보이는 기물을 사용
   한다.

관서요리

제4절 뷔페메뉴

뷔페의 어원은 스웨덴의 Smorgasbord에서 비롯된 것으로 Smor란 빵과 버터를 의미하고 Gas는 가금류 구이를, 그리고 Bord는 영어의 Board를 의미한다. 8~10세기경, 스칸디나비아 반도의 해적단은 며칠씩 배를 타고 나가 도적질을 하고 나면 커다란 널빤지에 훔쳐온 술과 음식을 한꺼번에 올려놓고 식사를 하며 자축했다고 한다. 뷔페는 이러한 바이킹들의 식사방법에서 유래한 것으로 이 때문에 일본에서는 아직도 뷔페식당을 바이킹식당이라고 부른다.

뷔페는 정찬과 다르게 일정한 격식을 차리지 않고 간편하게 손님을 접대할 수 있는 음식이다. 초청하는 사람이나 초청받은 사람이나 모두 가벼운 기분으로 식사를 할 수 있고 자신이 직접 음식을 덜어다 먹기 때문에 자기가 선호하는 요리를 마음껏 먹을 수 있다는 장점을 가지고 있다. 최근 호텔 연회에서는 가족모임이나 송년회와 같은 가벼운 사교모임은 대체로 뷔페식으로 제공되는 경우가 많다. 뷔페는 형식에 따라 크게 착석뷔페(seated buffet : 테이블에 앉아서 식사)와 입식뷔페(standing buffet: 선 채로 식사), 칵테일뷔페(cocktail buffet: 식사 보다는 음료와 안주 위주의 간단한 뷔페)로 나뉜다.

※ 뷔페음식 먹는 요령

뷔페요리를 먹을 때는 우선 뷔페 테이블 위에 있는 접시를 들고 요리를 취향대로 담은 후 지정된 테이블로 간다. 일반적인 정찬코스처럼 전채, 수프, 생선, 육류, 디저트의 순으로 먹는 것이 좋으며 음식을 덜 때에는 시계도는 방향으로 나아가는 것이 바람직하다.

1 Seated Buffet

일반적으로 Seated Buffet는 고객이 개런티(지불보증인원)를 사전에 정해놓고 주문하는 양만큼만 제공하는 클로즈드 뷔페(closed buffet)와 상설 뷔페레스토랑처럼 먹는 인원수만큼 지불하는 오픈 뷔페(open buffet)가 있다. 주로 호텔 연회장에서는 Closed Buffet가 준비된다. 일부 호텔에서는 개런티를 설정해 놓고 추가로 지불하는 형태를 취하는 것으로 참석고객을 예측하기 어려운 생신연회나 결혼식연회에서 응용이 가능하다.

Seated Buffet는 고객이 전부 앉을 만한 테이블과 의자를 갖추어야 하고 접시와 잔(glass ware), 포크, 나이프, 냅킨 등을 테이블에 세팅해 놓아야 한다. 그리고 조리사들이 갖은 솜씨를 내어 장식하고 구색을 갖추어 꾸며낸 요리를 뷔페 테이블에 가지런히 진열해 놓는다. 이러한 뷔페테이블 외에도 스페셜메뉴를 제공하는 카빙(carving)요리와 일식요리사가 직접 생선초밥을 만들어 제공하는 스시(생선초밥)코너, 향긋한 디저트를 직접 조리하여 제공하는 즉석요리들이 메뉴의 가격과 행사의 성격에 따라 추가로 준비된다.

2 Standing Buffet

Standing Buffet가 참석자를 위한 테이블과 의자를 갖추고 접시와 잔, 포크, 나이프, 냅킨 등을 요구하는 반면에 Standing Buffet는 서서 먹기 때문에 식사테이블과 기물세팅을 필요로 하지 않는다. 따라서 서서 먹기에 편리한 음식과 기물로 구성되어 있어야 하며 음식의 구성은 Seated Buffet와 비슷하지만 초청객이 담소를 나누면서 음료와 함께 작은 접시에 덜어서 먹을 수 있도록 그 모양과 장식이 화려하면서 작게 구성되는 것이 특징이다. Food Table의 형태에서 칵테일 리셉션(cocktail reception)과 비슷하다. Cocktail Reception이 칵테일을 위한 안주형태에 가까운 메뉴형태를 갖추었다면 스탠딩 뷔페는 식사 위주의 메뉴로 구성되어 있다.

그랜드 힐튼 연회장

제5절 연회음료계획

각종 연회에서는 그 행사의 성격에 맞는 음료가 국가별·지역별·성격별로 추천
되어진다. 이러한 연회행사에 제공될 수 있는 음료는 그 종류만도 수없이 다양하
다. 그러나 한정된 시간 내에 많은 고객들에게 동시에 제공되어야 하기 때문에 식
전에 제공되는 음료(aperitif)는 대체로 칵테일과 와인 및 소프트음료를 포함한 10여
가지 종류 내에서 음료가 준비되어진다. 식사 중에는 주로 와인이 한 가지에서 많
게는 세 가지 이상의 종류가 각 코스별로 준비된다. 그리고 식후에는 커피와 차 종
류가 제공되지만, 경우에 따라서는 다양한 종류의 식후 주(digestive)가 고객들의 기
호에 맞추어 제공된다.

1 음료 서비스

알코올 · 무알코올 음료의 세심한 선택은 식음료행사의 성공요소에 포함될 수 있다. 컨벤션연회 행사에서 제공되는 음료로는 일반적으로 와인 · 양주 · 맥주 및 무알코올 음료 등이 있다. 음료의 경우 그 비용을 통제하는 것이 음식에 비해 까다로운데, 특히 칵테일 리셉션(cocktail reception) 등에 바(bar)가 설치되는 경우에는 더욱 그러하다.

1) 와인

음료계획에서는 일반적으로 와인이 전체 식음료비용의 20%를 초과하지 않게 한다. 보통 1인당 0.5병정도 소요를 계획한다. 참가자의 평균연령과 그 행사의 성격을 고려해야 한다. 젊은 층의 모임일수록 와인과 맥주를 많이 마시게 되며, 연령대가 높아질수록 알코올성분이 높은 술을 선호한다. 또한 음료 서비스계획 시 연회행사 장소와 계절을 고려하여야 하며, 특히 야외 파티에서는 차게 준비된 화이트 와인이 많이 소비되며, 반대로 겨울철에는 레드 와인을 더 선호한다.

750ml 와인 한 병으로 보통 5잔 정도 따를 수 있도록 서빙한다.

2) 양주와 맥주

양주에는 스탠다드급(standard brand)과 프리미엄급(premium brand)로 구분되며, 맥주는 국내산과 수입맥주로 나뉘는데, 해당 지역에서 유명한 것 또는 대중적인 브랜드를 선택한다. 맥주도 그 희소성과 종류 면에서 와인만큼 다양하다.

3) 무알코올 음료

술을 안 마시는 사람들이나 어린이를 위해 알코올이 없는 음료도 항상 준비해 놓아야 한다. 생수(mineral water), 다이어트(diet) · 무카페인 음료(non caffeinated drinks),

무알코올 맥주와 와인(non alcoholic beers & wine), 아이스티(ice tea), 과일주스(fruit juice) 등이 이에 해당된다.

4) 음료 바 세팅(Beverage Bar Setting)방식

바(bar)를 세팅하는 방식에는 캐시 바(cash bar)와 오픈 바(open bar)가 있다.

(1) 캐시 바(Cash Bar)

호스트 바(host bar) 다음으로 보편적인 경우는 현금 바(cash bar)이다. 참가자 본인이 마신 알코올음료에 대한 요금을 스스로 현금으로 지급하는 방식으로, 노 호스트바(no host bar)라고도 부른다.

대부분의 경우 바(bar)나 바텐더(bartender)당 소비해야 하는 최소금액을 지정하며, 판매액이 여기에 미치지 못할 경우 주최 측과 협의하여 바텐더의 최소 시간당 비용을 받을 수 있게 보증받는다.

(2) 오픈 바(Open Bar, Host Bar)

연회음료 서비스에 있어서 가장 전형적인 유형은 호스트 바(host bar)이다. 호스트 바에서는 고객이 자유롭게 음료를 마시고 난 후 행사 끝에 주최 측이 비용을 지불한다. 오픈 바(open bar)라고도 하며, 기업회의 기획자들이 자주 사용하는 방법이다. 호스트바를 운영할 경우 모든 종류의 술을 바에 준비해 놓고 바텐더를 배치한다. 호스트에서는 현금을 받지 않기 때문에 관리하기가 수월하다.

사람 수에 의한 계산방식에는 음료소모량과 상관없이 특정 행사에 대해 일정한 금액을 지불하거나 음료의 종류에 상관없이 일인당 또는 시간당 비용을 지불한다. 고객 일인 당 가격은 음료만 포함할 수도 있고 음료에 스낵과 오르되브르(hors d'oeuvre)까지 포함한 금액을 지불하기도 한다. 사전 개런티(guarantee) 숫자나 입구에서 받은 티켓(ticket) 수에 따라 계산하기도 한다.

잔당 가격으로 계산하는 경우 사전에 주최 측과 잔당 가격(price a glass)에 대한 협상이 가능하다. 그리고 주류의 종류에 상관없이 마개를 오픈한 병(opened bottle)의 숫자를 계산하여 지불하는 병당 계산방식이 있다. 행사 전에 병 숫자를 확인하고 행사가 끝난 후에 남아 있는 병 숫자를 세어 계산한다. 행사종료 후에 술이 남은 병들은 주최 측에서 가져갈 수 있다.

비용을 지불하게 되는 주최 측이 최대 음료예산비용을 미리 정해 놓았을 경우, 서비스를 제공하는 측에서 잔당 가격을 계산해 가면서 정해진 총금액에 도달하면 바를 종료하든가 캐시 바로 전환하던가에 대한 사항을 주최 측의 결정에 따라야 한다.

2 음료가격관리

연회행사에서 알코올음료에 대한 계산은 행사 주최 측으로부터 빈번한 불만상황이 발생하기 때문에 이에 대한 가격관리는 매우 중요하다. 대부분의 호텔에서는 표준적인 음료 브랜드 선택을 제시하지만, 주최 측의 요청에 따라 특별한 브랜드가 사용될 수도 있는데, 이런한 경우 사전에 가격을 주최 측에 공지해야 한다.

대부분의 경우 어떤 술을 얼마나 소비할지를 판정하는 것은 불가능하기 때문에 바에서는 예상소비량의 약 25%를 더 보유하는 것이 관례이며, 행사가 끝난 후 남은 주류는 다시 창고에서 보관하게 된다. 일반적으로 주류요금은 다음과 같이 시간 · 병 · 개인별로 계산한다.

1) 시간기준(Time-Based)

시간으로 계산하는 방법은 정해진 시간에 참석인원에 대해 고정요금을 부과한다. 일반적으로 고정요금은 정해진 시간의 칵테일파티(cocktail party)에 대해 부과하고, 추가적인 시간은 시간별로 부과한다. 또 경우에 따라 시간대별로만 요금을 부과하기도 한다.

2) 소비량기준(Consumption-Based)

알코올음료의 소비량에 근거하는 방식은 내용물이 소비되었는지에 관계없이 개봉된 모든 병에 대해 요금을 부과한다. 바텐더는 개봉된 병의 처리에 대한 합의

내용을 미리 알고 있어야 하며, 행사지시서(BEO)에 기록해야 한다. 호텔과 주최 측 양측에서 소비된 병수와 회수된 병수를 세어보고 기록하는 것은 필수적이다.

3) 개인별 지불(Individual Payment)

손님들은 바 이용시 현찰이나 미리 산 쿠폰(coupon)으로 지급하는 방식이다.

4) 반입

원칙적으로 외부음료의 반입(搬入)은 허용되지 않는다. 그러나 연회행사 주최자는 호텔이 부과하는 알코올음료(alcoholic drinks)에 대한 비용을 절감하기 위하여 호텔 측의 양해 하에 호텔 외부에서 알코올음료를 구입하여 반입하는 경우가 있다. 이와 같은 외부음료 반입의 경우에도 탄산음료(carbonated drinks), 생수(mineral water), 얼음(ice), 잔(glass) 등은 호텔 측에서 준비하게 된다. 이러한 서비스를 제공하는 대가로 호텔은 외부에서 반입된 주류에 대하여 병(bottle)당 일정 금액의 코키지차지(corkage charge)를 부과하게 된다.

제6절 ▶ 칵테일 리셉션(Cocktail Reception)

리셉션은 정찬을 앞두고 참석자끼리 담소를 나누며 가볍게 먹을 수 있는 음식과 음료로 구성된 Pre Dinner Reception과 그 자체가 하나의 행사인 Full Reception Meal로 구분된다. 후자의 경우는 Standing Buffet의 형태를 갖추고 있다. 앞에서도 언급했지만 Cocktail Reception은 칵테일 안주에 많은 비중을 두고 있다.

1 식전 리셉션 (Pre Dinner Reception)

정찬에 앞서 리셉션을 가지는 목적은 일정시간에 이르기까지 손님들이 서로 환담을 나눌 수 있도록 배려하는데 있다. 식전 리셉션은 메뉴로는 다과와 같이 한 입에 먹을 수 있는 크기(one bite size)의 간단하고 구미를 돋을 수 있는 음식이 준비되며 음료들은 식전 칵테일, 와인 그리고 소프트음료들이 준비된다.

주요 칵테일로는 위스키소다와 워터, 진토닉, 캄파리 오렌지와 소다, 버번 콕 등이 있고 과일주스와 소프트드링크 같은 음료가 제공된다. 리셉션 장소는 고객들이 서로 부대낌 없이 움직일 수 있는 충분한 공간을 필요하다. 리셉션의 시간은 보통 30분 정도가 적당하다.

2 풀 리셉션 (Full Reception Meal)

대규모 신제품 발표회와 후원회, 창립식의 경우 스탠딩으로 기념식과 식사를 하는 경우가 종종 있다. 이 같은 경우는 각계각층의 많은 주요 인사들을 만찬보다는 짧은 시간 내 행사에 초대하고자 할 때 주로 이용된다. 풀 리셉션은 이러한 경우에 가장 적합한 행사메뉴이다. Standing Buffet 형태를 취하고 담소를 나누면서 식사가 가능하게끔 메뉴가 구성된다.

풀 리셉션은 문구 그대로 리셉션만 베풀어지는 행사로 보통 2시간 이내에 끝난다. 제공되는 음식은 대체적으로 오드 블 카나페, 샌드위치, 커틀릿, 치즈, 쿠키 등 다양한 종류의 요리가 한입거리 음식(finger food)으로 준비되고, 식사가 가능한 스페셜 요리도 함께 준비된다. 식전 리셉션의 음식보다는 내용이 더 실속 있어야 하고 더운 음식(hot meal)과 차가운 음식(cold meal)으로 구성된다.

제7절 티파티 메뉴(Tea Party Menu)

티파티는 일명 '다과파티'라고도 불리며 컨퍼런스, 세미나, 학술대회 등 회의가 진행되는 중간의 휴식시간에 간단하게 제공되는 행사메뉴로 이른 오전시간이나 오후 3시 전후에 주로 제공된다. 티파티도 뷔페와 같이 착석(seated) 또는 입식(standing)으로도 진행된다.

제공되는 음료로는 커피와 티 그리고 소프트음료가 있고, 샌드위치, 케이크, 생과자, 과일 등이 함께 준비된다. 티파티는 오찬이나 만찬을 제공할 수 없는 시간과 공간의 제약으로 인한 소그룹회의, 간담회, 발표회 등의 행사에서 주로 활용된다. 참고로 오찬이나 만찬은 홀의 사용료를 대신할 만큼 비용이 청구되기 때문에 연회장사용료(room rental charge)가 부과되지 않지만 티파티는 음료와 다과만으로 판매기준치에 미달되기에 룸 사용료가 부과된다.

제8절 ▶ 종교적 금기음식

호텔의 연회장에서는 다양한 모임의 행사가 개최된다. 특히 무역을 하는 상사와 외국 국빈을 모시는 의전행사는 초대되는 국가에서 금기하는 음식을 내놓으면 큰 결례가 될 수 있으며 심지어는 어렵게 마련한 자리에서 비즈니스도 잃을 수 있는 실수를 범할 수 있다. 예를 들어 모르몬교 신자의 고객은 커피, 홍차 또는 술을 마시지 않는데 후식으로 커피와 홍차를 권하는 경우가 그렇다. 그리고 인도지역이라고 모두 육식을 금하지는 않는다.

북부에서는 이슬람교의 영향으로 육식을 하는 경우가 있기 때문이다.

호텔 연회기획가는 이러한 사정을 간파하고 이에 맞는 음식을 준비해야 한다. 주로 중동과 인도에서 오시는 분들의 모임에서 이와 같은 실수를 범할 수 있기 때문에 아래에서 다루어 보겠다.

1 아랍과 이슬람교

중동은 주요 유일신 종교인 기독교, 유대교, 이슬람교의 탄생지이다. 그래서 수세기 동안 문화와 종교, 그리고 그것을 추구하는 사람들 사이의 전통이 충돌, 융화

되면서 독특한 음식문화를 갖게 되었다. 이슬람교는 중동에서도 가장 우세했다. 그래서 관습과 전통, 음식문화에 가장 큰 영향력을 갖게 되었다. 코란(koran)은 모하메드가 알라신으로부터 받은 계명을 모아놓은 것으로 먹어야 할 음식과 먹지 말아야 할 음식이 명시되어 있어 회교도의 음식문화의 기본이 되었다.

고기의 도살과 제조, 알코올 금지에 대한 제한이 특히 중요한데, 코란에서는 죽은 짐승의 고기와 피, 돼지고기의 섭취를 금하고 있다. 회교법에 따라 금기로 되어 있는 돼지고기와 돼지고기를 넣어서 만든 음식이나 제품(햄, 베이컨, 소시지등), 그리고 비늘 없는 생선, 조개, 굴, 바닷가재 등은 모슬렘 교인들에게 서브하지 않도록 해야 한다.

술도 교법에 엄격히 금지되어 있으나 술을 마시는 회교도 국가들이 있다. 예를 들어 사우디아라비아 사람들은 정통파에 속하기 때문에 술을 마시지 않는다. 파키스탄 사람들은 비교적 덜 엄격하여 흔히 술을 마신다. 회교를 믿는 주요한 나라로는 모로코, 튀니지, 리비아, 이집트, 시리아, 요르단, 터키, 이라크, 이란, 사우디아라비아, 쿠웨이트, 아프카니스탄, 말레이시아, 인도네시아와 이 밖에 인도와 파키스탄에도 회교도가 많다.

1) 아랍음식의 특징

중동요리는 대략 아랍, 이란, 북아프리카, 터키 음식으로 분류된다. 아랍음식이란 중동의 레바론, 요르단, 시리아, 팔레스타인과 북아프리카의 이집트, 모로코 등지의 음식을 말한다. 아랍음식은 우리에게는 잘 알려지지 않아 생소하고 낯선 음식이다. 그러나 미국과 유럽에서는 상큼한 신비의 맛을 지닌 아랍음식이 건강에 유익한 허브종류를 다양하게 사용하고 색소나 인공조미료를 거의 쓰지 않아 재료 원래의 맛을 살리는 조리법을 사용하고 있어 건강식으로 주목받고 있다.

척박한 땅이어서 식재료가 다양하지 않을 것이라는 통념과는 달리 아랍의 음식문화는 발달해 있다. 중동은 지리학적으로 지극히 다양하다. 이집트와 비옥한 초

생달 지역 국가들인 이라크, 시리아, 레바논, 요르단, 팔레스타인은 아랍에서 으뜸
가는 농산물 생산 국가들이다. 아랍요리의 조리는 매우 감각적인 것으로 허브, 스
파이스, 방향물질이 들어간다. 숯불 위에 꼬치에 끼워 익히는 조리법이나 약한 불
에서 뚜껑을 덮어 오랫동안 부글부글 끓이는 조리법을 거의 모든 지역에서 사용한
다. 쌀과 밀 요리를 먹고 종이처럼 얇은 페이스트리에 야채나 고기를 넣어 파이처
럼 만 것, 미트볼, 두툼한 오믈렛, 오일을 뿌린 차가운 야채, 향기 나는 쌀 푸딩류,
너트로 채운 페이스트리, 시럽에 담근 과일튀김 등이 중동전역 모든 나라의 요리
이다. 더운 날씨 탓에 절이거나 발효시킨 음식도 발달했다. 피망, 양파, 가지, 순무
등 각종야채를 피클로 만들어 먹고, 요구르트도 자주 곁들인다.

전채요리 다음으로 양고기나 닭고기 등을 주 요리로 먹는다. 터키음식으로 알
려진 케밥은 오스만제국이 아랍권을 지배할 당시 전래되었던 것으로 이 두 재료를
응용한 요리로 종류도 상당히 많다. 터키 케밥은 꼬치나 고기만 끼워서 굽지만 아
랍에서는 각종 야채를 함께 구워내는 것이 특징이다. 아랍음식은 올리브유 등을
많이 쓰기 때문에 식후에는 단맛이 많은 디저트를 먹고 차를 많이 마신다. 참고로
중동인들이 일상적으로 즐기는 기본이 되는 음식에는 빵, 커피, 차, 요구르트, 치
즈, 올리브, 피클 등이 있다. 회교도 국가에서 온 고객을 대접하는 연회에서 주의
할 점은 회교도에서 금기하는 음식을 피해서 준비해야 하는 것이다. 간혹 베이컨
이 들어 있는 샐러드와 고가의 바닷가재를 코스로 제공하는 경우가 있는데, 이러
한 일은 없도록 해야 한다.

2) 아랍의 대표음식

대표 음식으로는 후무스(hummus), **바바간누즈**(가지를 빻아 마늘, 소금, 레몬 등을 넣어 만든 전채),
팔라펠, 양 케밥, 치킨 케밥, 쿠스쿠스, 몰식 쇠고기 스튜인 타진비프, 쌀과 가지를
넣은 닭고기, 양고기에 병아리콩과 토마토, 양파 등을 함께 요리한 술탄램이 있다.

2 인도와 힌두교(Hinduism)

인도에서 온 고객을 상대로 준비해야 할 연회가 들어오면 주방에서는 대체로 당황스럽다. 주로 채식을 준비해야 하는데 채식의 요리법이 이들 국가에서 온 사람들의 식사를 만족스럽게 준비하기 어렵기 때문이다. 인도도 지역마다 특색이 있기 때문에 자세히 다루어보기로 하겠다.

세계적으로 무굴식이라고 알려진 인도음식들은 지금의 지도로는 파키스탄 지역에서 유래한 음식이다. 인도전역을 지배했던 무굴제국의 음식은 남부의 타밀식과 더불어 대표적인 인도음식의 모습을 보여주고 있다. 인도의 식문화는 인도의 사회적, 정치적, 종교적인 변화 과정을 그대로 반영하고 있으며 전통적으로 인도의 향신료들은 단순히 음식재료가 아니라 의학적인 면에서 높은 부가가치를 가지고 있다.

보통 호텔 연회장에서는 이들 국가에서 오는 고객을 대상으로 음식을 준비하다 보면 육류를 먹지 않는 나라로만 생각하는 경우가 많다. 이에 이들 국가의 음식의 특징을 알고 연회를 준비하는 것은 매우 중요하다.

일반적으로 힌두교법에 따라 쇠고기, 돼지고기와 그 제품을 먹지 않는 것으로 알려져 있다. 양고기, 생선 등은 법으로 금하고 있지 않으나 채식만 하는 힌두교도들이 많은 편이다. 인도, 네팔, 스리랑카 등이 대표적인 힌두교국이다. 대표적인 인도음식을 중심으로 알아보겠다.

1) 인도음식의 사회, 문화적 배경

기원전 1100년경 중앙아시아의 아리아인들이 펀잡 지역을 정복한 뒤 남하하면서 갠지스강 유역으로 퍼져 인도의 기본 종족이 되었다. 아리아인들은 소와 양을 몰고 다니는 유목민으로 주식은 양고기와 소고기, 우유와 유제품인 치즈, 요구르트 및 기(ghee)라고 불리는 정제버터였다. 그러나 인도 대륙으로 남하하면서 익숙지 않은 기후조건에 소의 부족현상이 나타나 초기에는 더 많은 유제품을 생산할 수 있는 소의 도축을 금지하였다.

아리아인의 종교서인 베다에는 음식으로서 양과 염소, 말과 버팔로는 먹을 수 있으나 새끼를 낳을 수 있는 소를 먹는 것은 조상을 모욕하는 행위을 명시하여 쇠고기 섭취에 종교적인 금제를 걸었다. 이후 인도 남방지역까지 브라만교가 세력을 확장하면서 송아지를 낳을 수 없는 소조차 도축을 금지하였다.

기원전 7세기경부터 기원전 1세기경까지 불교가 퍼지면서 인도의 식생활은 소뿐만 아니라 모든 육식이 자연스럽게 인도 전역으로 채식위주의 식생활로 바뀌어 발달하게 되었다. 야채만으로 맛있게 음식을 요리하기 위해서 자연히 식물의 씨나 뿌리, 열매에서 각종 자극적인 향신료들을 채취하여 이용하게 되었고 우유 및 유제품은 여전히 신성한 식음료로 귀하게 사용되었다.

4세기경 브라만교와 불교, 그리고 인도의 토착종교가 결합된 힌두교가 굽타왕조의 국교가 되면서 정결한 식품과 부정한 식품이 엄격하게 구분되었다. 비록 육식을 금지한 것은 아니지만 여전히 불교가 식생활에 미치는 영향이 강하여 고귀한 계층일수록 채식을 선호하였다. 8세기 후반에 인도 서북쪽에서 이슬람교도가 침범하여 이슬람계 왕국인 무굴 계국을 세움으로써 현재까지 무굴식이라고 알려진 새로운 음식문화가 형성되었다.

무굴식은 이슬람의 음식문화와 힌두교의 음식이 혼합된 것으로 새로 유입된 이슬람인들의 주식은 육류로서 양과 쇠고기를 먹었지만 소보다는 양고기의 섭취가 주축을 이루어 힌두교의 기존교리와는 크게 마찰을 빚지 않으면서 정착하였다. 이슬람경전에 명시된 부정한 식품인 돼지고기의 섭식을 금지하여 인도북부지역에서는 돼지고기를 제외한 닭, 양, 염소 같은 육류의 섭취가 일반화되었다.

17세기에 들어 유럽인들이 향료를 찾아 인도로 밀려들어 오면서 인도의 식생활은 다시 한 번 큰 변화의 바람을 맞았다. 유럽인들은 인도에 이스트를 이용한 빵을 도입하게 하였고, 그때까지 없었던 식재료인 고추, 토마토, 감자, 옥수수, 커피와 차를 가져와 오늘날의 식문화로 정착하게 되었다.

2) 인도음식의 지역적 특성

(1) 북부 인도와 파키스탄^(무굴식 요리)

파키스탄을 포함하는 북부 인도는 오랜 기간 이슬람의 지배하에 있어서 이슬람 음식의 영향을 강하게 받았다. 식사 내 고기요리의 비율이 높고 기^(ghee)와 요구르트, 크림과 견과류를 많이 사용하는 음식이 많다.

육류는 돼지고기를 제외하고 다양하게 사용되는데 주로 향신료를 넣어 걸쭉하게 끓이거나 강한 불로 약간의 소스와 함께 재빨리 볶아내어 촉촉하게 요리하거나 소스에 절인 고기를 땅에 반쯤 묻은 탄두리 오븐이나 숯을 넣은 화로에서 건식으로 훈제 가열하는 식으로 요리한다.

탄수화물 급원은 주로 난^(naan)이나 로티^(roti), 자파티^(chapati)와 같은 밀로 만든 빵이지만 바스마티 쌀의 주산지이기도 하여 밥을 육류에 곁들이기도 한다. 북부요리는 맛이 비교적 농후하고 부드러워 세계적으로 널리 퍼져 있다.

(2) 남부 인도^(타밀식 요리)

전통적으로 힌두교가 많은 남부지역은 쇠고기를 먹지 않을 뿐만 아니라 불교^(buddhism)의 영향으로 육류의 섭취가 적다. 특히 카스트가 높을수록 채식위주의 생활을 하므로 다양한 야채요리가 개발되어 왔다. 중부의 대평원지대에서는 쌀농사가 잘되어 주식은 빵보다는 쌀이 되었다. 밥에 곁들이는 다른 음식들은 콩과 야채로서 특히 맵고 짠 강한 맛을 가지며 향신료들이 다양하게 사용되어 자극적이다. 특히 마늘, 타마린드, 터메릭 등은 음식의 부패를 막는 방부효과가 있을 뿐 아니라 더운 지방에서 요리한 음식들이 변질되어 나는 나쁜 냄새를 가려주는 역할을 하였다. 타밀지역은 인도전역에서 가장 매운 커리 요리를 만드는 지역으로 향신료가 듬뿍 들어간 매콤한 야채 커리가 대표적이다.

(3) 해안지역

인도는 동부, 남부, 서부가 인도양을 바라보고 있어 다양한 어종의 생선과 조개류가 난다. 이슬람은 생선 먹는 것을 허용하기 때문에 많은 생선요리가 있지만 더운 열대 날씨에 해산물들이 쉽게 상하여 강이 흐르는 습지를 제외한 내륙지방에서는 거의 생선을 먹지 않는다.

해안지역은 여러 무역선들이 드나드는 포구로 개방되어 다양한 음식문화의 영향을 받았다. 특히 중동과 유럽의 배들이 드나드는 서부해안과 인도차이나 반도나 중국으로 향한 무역선이 주로 드나드는 동부해안 곳곳에는 무역 대상국에 의한 음식문화의 변화가 나타나 있다. 예를 들어 포르투갈이 100여 년간 지배한 서부해안의 고야에는 포르투갈과 인도음식이 섞인 빈달루^(vindaloo)요리가 유명하다.

3) 인도의 대표음식

(1) 쌀과 빵

인도의 주식은 쌀과 빵이다. 다른 음식은 쌀과 빵을 맛있게 먹기 위한 반찬의 역할을 한다고 할 정도의 주식의 비율이 높다. 남부에서는 주로 쌀을 먹고 북부에서는 빵을 많이 먹는다.

쌀은 맨밥으로도 먹지만 대개 밥을 할 때 향료들을 넣어 맛을 낸다. 평상시에는 커민^(cumin)씨를 넣어 만든 커민라이스^(cumin rice)를 먹지만 결혼식 때는 쌀에 사프란과 같은 고급 향신료를 넣고 만든 비리야니^(biryani)와 같은 화려한 음식이 나온다.

밀농사가 많은 북부에서는 쌀보다 빵을 많이 먹는다. 인도식 빵으로 유명한 난^(naan)과 짜파티^(chapati)가 있다. 이 빵에 커리 소스를 찍어 먹거나 콩을 삶아 만든 달^(dal)소스와 함께 먹는다.

(2) 커리

인도에 커리 라이스라는 요리는 없다. 원리 커리^(curry)라는 말은 남부 타밀지역에서 인도인들이 채소와 고기를 여러 향신료에 배합하여 매콤하게 오래 끓이는 요리인 카리(kari)에서 유래되었다. 영국인들이 인도에 주둔할 때 인도의 향신료가 들어간 음식을 모두 curry라고 부르고 영국에 돌아가서도 즉석으로 만들 수 있도록 향신료와 농후제 섞은 것을 커리 파우더라고 부른 것에서 유래되었다.

인도 가정에서 curry라는 이름은 자극적인 향신료를 배합한 고기나 야채 음식을 의미한다. 인도인에게 curry는 일품요리라기보다는 밥이나 빵을 풍미 있게 만드는 소스나 국, 반찬이라는 개념이 좀 더 정확하다.

(3) 탄두리 치킨

닭에 미리 양념을 하여 하루 정도 절여 두었다가 탄두리 오븐이나 숯불화로에 구워내는 인도 북부요리이다. 탄두리 양념은 맵고 자극적인 맛이 강하고 특징적으로 주황색 색소를 넣어 붉은빛이 나게 하는 것이 특징이다. 인도에서 주황색은 결혼식과 같은 경사로운 일이 있을 때 먹는 음식에 주로 첨가는 색소이다.

인도에서 닭을 쓸 때는 항상 껍질을 모두 제거한 후 사용한다. 한국에서의 닭고기 조리법과는 확연히 차이가 있으니 주의하기 바란다. 탄두리 양념으로는 닭 이외에 생선이나 새우 등에도 발라 재워 구울 수 있으니 음식을 준비하는데 응용하면 좋다.

3 이스라엘과 유대교(Judaism)

성경에서는 이스라엘을 일컬어 '젖과 꿀이 흐르는 땅'이라고 하듯이 이스라엘은 중동의 교통 요지에 위치하고 있다. 3000년 이상의 오랜 역사를 거쳐 유럽의 정복자들, 교역자들, 식민지 관리자들이 여러 대륙과 제국으로부터 각종 음식문화와 맛을 이스라엘의 음식문화가 형성된 배경은 구약시대에서 신약시대, 그리고 십자군, 회교도, 유럽 열강들의 영향으로 유대교, 회교사원, 기독교 교회 등의 건축물과 함께 역사를 통해 현재까지도 음식문화로 남아 있다.

유대인이 어느 지역에 살건 어떤 공동체에 속해 그들이 그 전통을 따라야 하건 관계없이 음식은 카쉬루트 규례에 따른다. 이 규례는 모세를 통해서 하나님으로부터 전해진 613개의 계명에 기초를 두고 레위기에 기록되어 있다. 여기에는 금해야 하는 동물들, 물고기, 새들의 목록이 있다. 특별한 일부 규칙들은 동물들의 도살과 사체의 정밀검사에도 적용되며 흠 없는 것이어야만 한다.

성경에서 나온 규례로 우유가 담긴 그릇에 그 우유를 품고 있던 소의 고기를 함께 섞거나 피를 마시는 것을 두 번이나 반복해서 금지하는 명령이 있다. 이스라엘에서는 식품회사들이 코셔(kosher)유대율법에 따라 요리된 정결한 음식물 제품임을 알리는 라벨을 소비자가 알아보도록 표기하고 있다. 동그라미 안에 U표시와 K표시가 널리 인정되는 마크이다. 정통적인 유대교인들은 돼지고기, 조개류, 쇠고기의 한 부분을 먹지 않는다. 쇠고기는 소를 잡기 전에 기도를 드려야 하며 우유와 같이 먹지 않는다.

※ 유대율법에 따라 요리된 정결한 고기

유대율법에서 정한 깨끗한 동물은 발굽이 갈라지고 새김질하는 동물들로 쇠고기, 어린 송아지, 양, 염소가 코셔에 속하고 돼지고기와 토끼는 부정한 동물로 본다. 가금류로는 닭, 칠면조, 오리, 콘월(cornwall)지방의 암탉이 유대율법에 따라 정한 고기이다. 이들 고기는 조리하기 전에 준비단계가 필요하다. 우선 자격 있는 코셔 도살자에 의해 도살과정을 지키는 율법에 따른다.

예를 들어, 총이 아닌 칼이 사용되어야 하고 총으로 잡은 동물이나 새는 허용되지 않는다. 사슴고기는 적절하게 도살된다면 코셔로 인정된다. 고기나 가금류에 코셔 라벨이 있다면 위 단계를 거친 것으로 인정된다. 고기도 단지 앞쪽 사분의 일만이 코셔이다. 동물의 뒷다리부분에서 잘라낸 고깃덩어리가 코셔가 되기 위해서는 좌골신경을 제거해야 한다.

그 다음으로 고기와 가금류는 가능한 한 많은 피를 제거해야 한다. 이는 피는 코셔가 아니기 때문이다. 또한 사용되는 소금은 거친 소금이고 코셔 염으로 알려진 것이어야 한다.

생선은 비늘과 지느러미를 가진 것이어야 하며, 모든 조개류, 비늘 없는 생선이나 뱀장어도 정한 것이 아니다. 하지만 스시^(생선회)로 제공하는 것은 특별한 규칙이 없다.

Chapter 5 연회운영의 효율화 방안

제1절 ▶ 연회행사에 영향을 미치는 제반요인

연회행사를 유치하는 시점에서부터 진행, 종료, 재유치에 이르기까지에 영향을 미치는 제반요인들을 분석해 봄으로써 연회매출 증진을 꾀할 수 있는 주요사항을 산출해낼 수가 있다. 따라서 실제상황에 적용해 나감으로써 호텔서비스 개선은 물론이고 연회이용 고객들의 만족도 증진에 기여하게 될 것이다. 연회행사에 영향을 미치는 요인으로는 환경요인과 인적요인, 물적요인과 서비스요인 등이 있다. 환경요인은 마케팅시스템에 영향을 끼치는 환경의 변화가 있고, 인적요인으로는 행사를 진행하는 호텔직원이 있다. 물적요인으로는 시설, 위치, 메뉴, 광고 등이 있고 서비스요인으로는 행사진행 시 제공되는 각종 프로그램의 다양화 및 차별화가 있다.

1 환경요인

마케팅 시스템에 대한 외부요인들은 일반적으로 기업에 의해 통제될 수 없으며 이들 요인들은 인구통계적 환경, 경제적 환경, 사회문화적 환경, 정치적 환경, 기술적 환경, 경쟁적 환경으로 구성되어 있다. 연회시장도 이들 통제 불가능한 환경들의 영향을 많이 받고 있는데 그 환경들은 우리사회의 핵가족화, 노인층의 증가,

평균수명 연장, 교육수준의 향상, 신속한 교통수단의 발달, 기본적 욕구에서 탈피하여 생활의 질을 높이고 삶을 풍요하게 하려는 추세로의 인간의 경제적 가치추구의 변화 등이다.

2 인적요인

연회행사가 개최되는 것은 각종목적이 있겠지만 그 행사가 어느 호텔에서 치러질 것인가에 대해서는 인적요인의 영향력이 매우 크다고 할 수 있다. 행사를 주관하는 주최측의 의사결정자가 누구이며 어느 위치에 있으며, 이떠한 인맥과 학연으로 구성되어 있는지에 따라 행사개최지의 결정이 좌우되기 때문이다. 또한 연회를 유치하고 예약을 접수 받는 연회예약요원, 연회판촉요원의 자질과 태도, 대고객 접근 노력 및 능력차이, 연회진행 중 연회장에서 서비스를 담당하고 있는 연회서비스요원의 서비스 정도 등이 연회행사에 영향을 미치는 인적요인이다. 또한 연회행사에 참석하는 모든 사람들도 인적요인이다. 물론 단순히 개인적인 목적을 달성하기 위해 연회행사에 참석했지만 차후 이와 비슷한 행사를 계획한다면 당시의 기억에 의해 호텔을 선택하게 되기 때문이다.

3 물적요인

연회행사를 유치하는 데에는 인적자원이 매우 중요하지만 원초적으로 물적자원의 구성요건이 양호해야 하는데 물적자원의 구성요소는 호텔내의 연회장 및 부대시설, 주차장, 각종집기, 사무기기 등이다.

1) 연회장 설비 및 시설

연회장은 크기와 시설에 있어서 다양해야 하고 연회장 크기를 때에 따라서 조절하여 사용할 수 있도록 구성해야 한다. 각 호텔의 연회장은 연회형태 및 규모에 따라서 조절가능한 연회장과 고정된 연회장이 있다.

2) 주차장 시설

80년대 후반 이후 우리 나라에도 마이카 붐이 일기 시작하여 현대에는 모터라이제이션 시대에 돌입했다. 따라서 모든 부분에서 편리한 주차장 확보가 사업 성패의 큰 요소의 하나로 등장했다. 비즈니스 사교의 매개장소인 호텔은 주차장의 필요성이 더욱 높아져 가고 있으며, 주차의 편리성 및 용이성이 현대 연회행사에 미치는 영향은 크다.

3) 각종 집기·비품·기자재

호텔에서 행하는 서비스도 시대변화의 조류에 편승하여 보다 합리적·과학적이며 전체적으로 보다 효과적이고 종합적인 서비스를 제공해야 한다. 다시 말해서 연회장에서 사용하는 테이블, 의자 및 각종 식기류, 연회행사에 필요한 기자재 등은 날로 다양화되고 있는 연회행사의 특성에 부합되어야 하며 구비된 각종 집기, 비품, 기자재들은 청결하고도 손상되지 않게 잘 관리도 잘 이루어져야 한다. 이를 위하여 각 호텔에서는 기물관리과를 별도로 운영하고 있다.

4) 기타

꽃, 아이스 카빙, 사진촬영 등이 있는데 이들은 연회행사 유치에 결정적인 영향을 미치지는 않지만 연회행사 성공여부에 부가적인 요소로 작용하는 것으로서 연회의 분위기 쇄신 및 잠재고객 즉 연회행사 참가자와 연회행사 내용을 사진으로 보는 사람들에게 그 호텔 연회행사 이미지구축에 영향을 미치는 것이다.

4 메뉴요인

연회행사 주최자에게 연회행사의 격을 좌지우지 할 수 있는 요인이 바로 메뉴요인이고 호텔의 입장에서는 연회매출액을 어느 정도 올릴 수 있을 것인가 하는 문제의 열쇠가 바로 이 메뉴요인에 달려 있는 만큼 연회행사에 있어 중요한 요인 중의 하나이다.

5 광고 매체 요인

광고매체의 종류는 아주 다양하지만 호텔연회에서 주로 쓰이는 방법은 브로서(brochure)에 의한 방법이다. 각 연회행사 종류에 대한 브로서를 준비하여 잠재고객에게 직접 전달하거나 잠재고객의 방문상담 시 직접 보여주어 판촉활동을 하거나 직접우편 수단을 이용하는 방법 등이 있다. 혹은 호텔내부의 브로서 스탠드에 비치하는 방법을 통하여 잠재고객이나 유효고객, 단골고객에게 연회행사정보를 알리고 이들에게 접근하는 수단으로 활용한다.

제2절 ▶ 연회운영의 문제점

1 연회시설의 문제점

다양한 성격의 모임 및 행사규모에 맞는 연회장 시설이 각 호텔에 구비되어 있으나 1,000명 이상이 대규모 연회를 수용할 수 있는 연회장이나 국제회의를 개최할 수 있는 시설을 갖춘 호텔은 많지 않다.

시대적 요청에 의해 해를 거듭할수록 개인연회행사, 가족모임, 회갑연, 고희연 등의 규모도 과거 50~100명 수준에서 현재는 500명을 상회하는 행사가 늘고 있는 추세이다.

장기적인 측면에서 다양한 성격의 대소연회 및 국제행사를 치를 수 있는 연회위주의 호텔이나 시설을 고려해 봄직하다. 현재 대형음식점에서 치르고 있는 각종 개인연회를 호텔에서 유치할 수 있는 방안을 모색해야 하리라고 본다.

1) 연회장 시설

종합적인 기능을 갖춘 다양한 연회장 및 각종회의를 개최할 수 있는 시설을 갖춘 대·소규모의 회의실 전용 연회장이 요구된다.

각종 연회 및 회의장비 즉 7개 국어 이상의 동시통역시설, 컴퓨터시설, 칼라조명시설, 각종 시청각 교재, 오디오시설 등 최첨단 과학 설비가 요구된다. 물론 여기에 부대되는 준비실, 텔렉스실, 비즈니스센타, 항공 및 개인연회장비도 필수적이다.

2) 주차시설

지속적인 경제성장과 소득수준의 향상은 국민의 생활패턴을 변화시켜 자동차가 하나의 생활필수품으로 자리를 굳혀 가고 있어서, 앞으로도 자동차 보유대수는 꾸준히 증가될 것으로 예측되고 있다. 호텔영업 특히 연회행사는 넓은 주차공간을 필요로 한다. 모터라이제이션시대에 들어선 우리 나라에서는 주차수용능력이 호텔전체 영업에 지대한 영향을 미치고 있으며, 연회행사는 짧은 시간에 많은 차량의 동시주차를 필수적으로 요구하고 있다. 때문에 주차장 확보와 연회 행사량 증대는 정비례한다고 볼 수 있다. 해를 거듭할수록 호텔인근의 교통소통문제뿐만 아니라 호텔주차시설은 더욱 어려움을 겪게 될 것이다. 이러한 문제는 대부분의 호텔들이 직접적인 수익공간에 대한 투자에만 주력할 뿐 간접적인 수익공간의 하나인 주차시설에는 소극적인 투자를 하기 때문이며, 주차문제와 관련한 장기적인 예측에 대한 노력이 부족했기 때문이다. 그러나 주차시설이 고객의 주요한 호텔선택요인으로 등장하고 실제 주차시설이 호텔의 영업에 상당한 영향을 미치므로 비수익 부문인 주차시설에 대한 과감한 투자가 호텔 수익성에 직결될 것으로 생각된다.

2 연회 전문인력의 문제점

연회행사의 유치는 호텔의 지명도(知名度)에 따라서 결정되는 경우도 있고 행사주최자의 정략적 결정에 의해서 유치되기도 하지만 호텔 내부적으로 보유하고 있는 인력자원의 활동 및 근무태도, 대고객 접근방법, 서비스 태도에 의해서 결정되는 경우가 대부분이다. 그 이유로는 호텔의 지명도란 고객들이 인지하고 있는 호텔 수준인데 이것은 호텔위치 및 시설이라는 하드웨어(hard ware)에 인적자원의 뒷받침으로 이루어지는 것이며 연회행사 주최자가 연회행사 계획을 가지고 있다는 자체만으로 연회행사가 유치되고 진행되는 것은 아니기 때문이다. 이들은 필연적으로 연회판촉사원을 만나든지 연회예약 담당사원을 통해서 연회행사계획을 알리고 연회행사를 접수시켜 모든 거래종류를 확장함으로써 비로소 연회행사를 진행할 수 있으며 연회행사장에서의 연회서비스요원들의 각종활동을 통해 행사가 마무리될 수 있는 것이다. 이와 같은 이유로 호텔직원들도 연회행사에 영향을 주는 요인 중의 하나이다. 연회행사는 규모의 크고 작음에 관계없이 각 업무가 세분화되어 직무 및 기능이 다르다. 특히 전문인 즉 회의 기획가, 통역사, 속기사, 조명, 음향기술자, 연회행사 연출가 등은 전문기관에서 전문교육을 이수해야 하므로 현재 몇 개의 이벤트학원이 개설 운영되고 있는 중이다. 그러나 대부분의 호텔에서는 연회예약 및 운영 담당자가 각종행사를 기획 진행하고 있는 것이 현 실정이다. 때문에 그 수준이 항상 제 자리 걸음만 하고 있다. 한국관광협회 그리고 대학의 관광 관련학과에서도 제도적인 지원 하에 각종 연회의 전문인력을 교육 훈련시키는데 뒷받침을 하겠고 호텔의 최고경영자도 이러한 실정을 파악하여 새로운 연회행사를 창조할 전문인력을 양성하는데 교육 및 훈련 그리고 투자를 아끼지 말아야 할 것이다. 그리고, 연회행사요원의 관리적인 측면에서도 많은 문제점이 노출되고 있다. 한 예로 유수 외국 호텔 경영자들은 숙박부문과 식음료부문 그리고 조리부문에 유능한 요원을 확보 유지하기 위해 서로 경쟁이 치열하나, 한국 호텔 기업은 이러한 부문보다 후방 지원부서를 관리부서라 지칭하고 관리부문을 우선하는 경향이 많다. 이것은 영업이 호텔기업의 기본목표라는 점을 망각한 처사이며, 영업 우선주의 경영에 정면으로 대치되는 것이다. 따라서 영업부문 종사원들의 근무의욕상실, 자기개발의 소홀로 서비스개선에 큰 차질을 빚고 있다. 특히 연회요원들의 과중한 육체적인 업무, 그리고 일정치 않는 근무시간으로 최고의 인적 서비스를 창조하지 못하고 있다. 그러므로 특별한 처우개선과 관심있는 관리 그리고 초기의 집중적인 교육훈련으로 그 역할수행에 차질이 없게 해야 하고 그 생산성 또한 최고로 유지될 수 있도록 해야 할 것이다. 연구결과에 의하면 일정동안 교육프로그램에 의하여 훈련을 받은 Trainees와 전혀 교육훈련을 받지 않는 Beginners의 상관관계를 보여주고 있다. 연구에서 보면 이전에 교육훈련 경험이 전혀 없는 Beginners 사원은 처음에 일정수준까지의 능률이 오르다 그 수준 이상의 능률이 진전이나 발전이 없음을 보여 주고 있다. 반면 이전에 교육훈련 경험이 있으면서 그 분야에 종사하게된 Trainees 사원은 날이 갈수록 능률이 향상되고 있음을 알 수 있다. 이 연구의 결과는 사전 교육훈련이 얼마나 중요한지를 보여준다. 따라서 연회전문인력 양성에 필요한 적극적인 교육훈련의 시행이 요구된다.

③ 연회행사시 관련부서와의 문제점

연회행사는 행사의 규모 대소를 불문하고 특정 개인이나 부서 단독으로 수행할 수는 없다. 행사를 유치하는 세일즈맨, 연회장의 예약담당자, 현장의 서비스담당자, 조리부서 및 음향, 조명 등의 기술 담당부서, 기타 장식과 관련되는 꽃, 아이스카빙 담당자 등과 주차장과 시설부(전기 및 에어컨)에 이르기까지 모든 부서가 관련된다. 연회행사는 관련부서들 간의 공조를 통해서만이 가능하다. 연회행사는 연회부서의 노력만으로는 불가능하기 때문에 이러한 부서들의 협조체제가 연회행사의 성공여부를 결정하게 되는 것이다.

1) 조리부와의 관계

연회행사에 수반되는 음식에 관한 담당부서로서 훌륭한 음식을 제공하여 연회행사의 개성과 분위기를 창조해야 하며 일시에 대량으로 서브해야 하는 점을 고려하여 충분한 공간을 확보하며 신속한 서비스를 하도록 하여야 한다. 그러기 위해서는 연회 전용주방이 요구되어지는데 대부분의 호텔에서는 이 부분이 충실하지 못한 실정이다. 연회고객들에게 보다 질 좋고 신선도가 넘치는 음식을 제공하기 위해서는 이 부분에 대한 투자도 아끼지 말아야 하리라고 보며, 각 주방도 연회행사의 더 좋은 식단을 위해 더욱 밀접한 유대관계가 유지해야 한다.

2) 시설(영선)부와의 관계

연회장 전체시설 설비를 담당하는 부서로서 수익활동에 불편이나 지장이 없도록 지원하는 업무를 수행한다. 주요업무는 시청각 기자재, 전기, 전화, 마이크로폰, 냉온방설비, 기타 조명시설을 원활히 작동하는 것이다. 대체로 행사를 진행하다 보면 행사 예약시보다 요구사항이 더 늘어나게 되는데 이러한 요구는 급하게 필요할 때 요청되어지는 것이다. 즉 호텔 이미지향상 뿐만 아니라 연회행사 전체에 영향을 주기 때문에 연회장 직원들과 시설부 직원들 간에 원만한 인간관계 내지는 업무 협조체계가 구축되어야 한다.

4 연회부서 직원 근무환경

연회장에 근무하는 종사원은 기타 부대업장과 비교했을 때 근무시간이 일정치가 않다. 즉 행사를 분류해 보면 조찬, 오찬, 만찬, 기타 출장연회 등 다양한 형태로 구분된다. 물론 각각의 행사에 적합한 테이블배치(lay-out)도 다양하게 변하게 되고 행사시간에 맞추어 준비를 완료해야 한다는 심리적 부담도 가지게 된다. 그리고 자신의 개인생활을 계획적으로 설계하는데도 어려움을 느끼고 있다. 이와 같은 근무조건하에서 대부분의 연회장 직원들은 타업장으로의 이동근무를 원하고 있다.

제3절 연회 활성화 방안

1 연회판매촉진 측면의 개선점

1) 연회상품계획의 개선

연회상품계획은 비수기나 특정기간은 물론 성수기에도 지속적이고, 계획적인 상품화계획이 이루어져야 하며 고객의 욕구를 만족시켜줄 수 있는 다각적인 상품의 개발이 행해져야 함은 물론 여러계층을 겨냥한 종합적인 상품개발과 계획이 이루어져야 한다. 예를 들면 주말의 가족연, 주중의 회사회의나 세미나, 비수기 기간 중 연회장 임대 등 다양한 판매가 이루어져야 하겠다.

2) 연회가격책정의 개선

현재 호텔은 대중화가 이루어지고 있는 추세이며 더불어 여러 계층의 행사가 호텔연회장에서 치러질 전망이다. 호텔연회의 큰 문제점의 하나인 가격할인과 무료제공품목의 개선을 위해서는 그 요인을 제거해야 한다. 대표적인 요인은 업체간의 과다경쟁인데 호텔도 기업의 목표인 영리추구를 위해 여러 상품을 판매하는데 있어 과감하게 가격할인 및 무료제공을 시행하고 있다는 것이다. 이와 같은 사항의 개선책은 호텔의 연회책임자 회의를 통하여 가격카르텔을 형성하여 가격하한선 및 무료제공품목의

한도를 정함으로써 과다경쟁을 배제할 수 있을 것으로 본다. 물론 각 호텔에서의 개선책으로서는 서비스의 향상을 기하여 고객의 만족을 유도하여 고객이 지불한 댓가 이상의 서비스를 받았다는 인식을 주도록 하여야 한다. 그렇게 함으로써 다수의 잠재고객을 확보할 수 있을 것이다.

3) 연회판매촉진 조직의 개선

대부분의 연회판매촉진 부서는 적정인원을 보유하지 못하고 있는데 소수의 인원으로 많은 양의 업무수행은 비효율적인 요인이므로 적정판매촉진 인원의 확보가 선결문제이다. 연회판매촉진부서의 주요업무는 인적판매이며 인적판매의 효율성을 기하기 위해서는 개개인의 능력을 최대한 활용할 수 있는 조직이 되어야 하며 특히 중복된 판매촉진은 경비의 상승요인이 되므로 최대한 중복을 피하는 조직이 되어야 한다. 그리고 연회판매촉진 요원의 고객면담시 숙지사항은 다음과 같다.

- 경쟁업체의 정보
- 자사의 시설 및 서비스
- 식사에 대한 완벽한 묘사

- 먼저 고객에게 말할 기회를 제공하고 연회의 종류 및 식사의 계획을 정확히 판매해야 하는 질문은 서슴없이 해야 한다.
- 식사에 대한 일반적인 지식은 기본적인 사항이며 접객의 방법도 알아야 한다.
- 고가품 판매위주여야 하는데 고객에게 서비스를 제공하는 웨이터 수는 일정하므로 인건비의 절감효과가 있기 때문이다.
- 연회의 담당자에게 정성들인 식사를 접대하여 기억에 남게 함은 계약의 결정요인이 될 수 있다.
- 보다 많은 주류의 판매 및 식사의 판매를 유도하여 비교 설명에 의한 고객의 이익을 강조할 수 있어야 한다.
- 연회장의 천연색 사진은 필수적이다.

판매촉진요원은 위의 사항 이외에도 연회의 종류에 따른 테이블 레이아웃 및 연회의 형식에 대한 지식이 있어야 한다.

4) 연회예약제도의 개선

연회행사의 예약은 전화, 방문예약, 판매촉진요원의 방문 등에 의해 주로 이루어지며 첨단장비의 이용에 의한 방법은 소수에 불과하다. 연회판매를 증진시키는 방안으로 잠재고객에게 전화선을 이용한 개인용 컴퓨터를 통해 1개 이상의 연회장 예약현황, 여러 종류의 메뉴와 가격의 정보 등을 제공함으로써 호기심 유발 및 정보제공의 효율성을 기할 수 있다.

5) 연회판촉 매체의 효율적 활용

인적판매는 가장 중요한 판매촉진 수단인 바 판촉요원에 대한 적극적인 자극책을 이용하여, 판촉활동 의욕을 고취시키는 것이 중요하다. 또한 판매촉진예산규모를 고려하여 광고와 협의의 판촉매체들을 잘 활용할 수 있도록 매체계획과 매체 선정에 관한 계속적인 연구개발이 필요하다. 아울러 호텔의 이미지 개선과 매출 증대를 위하여 뉴스릴리스 등을 통한 홍보활동을 적극적으로 전개해야 한다.

2 연회행사의 판매 매출 증진요소의 개선점

1) 훌륭한 연회장

연회장의 위치, 시설 그리고 분위기가 훌륭한 환경을 조성하는 요인이 된다. 연회장의 위치는 호텔내 2-4층 이내의 하층부가 바람직하다. 많은 연회참가고객들이 고객용 엘리베이터를 이용하는 복잡함을 초래할 우려를 방지하고 무리함을 주지 않고 쉽게 걸어서 닿을 수 있는 2층 정도가 가장 바람직하다. 또 연회자의 설비, 실내장치, 메뉴, 연회요원의 유니폼, 식사에 필요한 은기, 도기, 유리그릇, 접시와 린넨류 및 종사원의 서비스가 잘 조화되어야 한다. 그 외에 주차장시설과 조명시설, 그리고 고객 및 자동차의 안전이 보장되어야 한다.

2) 신속하고 품위있는 친절한 서비스

연회요원의 신속한 업무처리와 친절한 서비스는 성공적인 연회행사의 포인트라 할 수 있다. 이것은 지배인과 같은 경영자의 태도와 역량에 좌우된다. 따라서 연회요원을 위한 교육과 훈련이 필요하며 교육 및 훈련 담당자나 지배인은 각종 교육프로그램의 자료를 이용하여 연회부서에 적합한 서비스 매뉴얼을 만들어 활용할 수 있어야 한다. 다시 말해 연회요원들은 고객의 중요성을 재인식하고 훌륭하고 친절한 서비스를 할 수 있도록 교육훈련이 되어야 한다.

3) 훌륭한 식사와 음료

성공적인 연회행사의 사례로 나타난 통계는 행사의 음식 맛이 훌륭했다는 점이다. 훌륭한 식사는 맛있고 보기에 좋으며 고객이 식사에 만족을 하면 곧 좋은 음식이 되는 것이다. 따라서 훌륭한 식사와 음료가 준비되고 연회요원의 친절하고 훌륭한 서비스가 수반될 때 결과적으로 그 연회행사는 성공적이고 훌륭했다는 호평을 받게 되는 것이다.

4) 훌륭한 가치

고객이 연회행사를 종료하고 요금을 지불한 이후에 그 고객이 만족했는지의 여부는 다시 찾아오는가에 있다. 즉, 고객의 재방문은 이미 치른 연회행사에 훌륭한 가치를 고객이 두고 있다는 것이다. 즉, 연회행사의 전체요원들이 고객에게 훌륭한 가치를 제공했다는 것을 의미하는 것이다. 연회행사의 가치를 형성하는 요소로서는 음식의 질, 양, 맛 그리고 경쟁업체와의 비교요금, 연회장시설, 연회장 내·외부의 청결과 환경, 주차시설과 교통문제 등에 의해 결정된다.

5) 훌륭한 운영관리 체제

연회행사의 훌륭한 관리는 필요한 조직과 회계제도, 내부통제체제가 수립되어야 한다. 연회운영관리의 내용은 적절한 요금의 결정, 도입된 식재료의 정확한 검수 및 입고, 재료의 적절한 보관이며 이러한 통제기능을 통해 호텔영업수익을 정확히 계산하고 합리적인 경영관리를 실현할 수 있다.

3 연회요원의 근무조건 개선점

1) 충분한 인원의 배치

연회장 규모에 맞게 직원을 배치하여야 한다. 즉, 최대 최소로 운영되는 인원을 파악하여 적정한 인원을 유지하도록 한다. 식음료부서 전체인원을 최대한 활용하여 연말 같은 시기의 과다한 업무수행 시에는 파견근무제 및 파트 타임제를 적극 시행하도록 한다.

2) 처우개선

대고객 서비스의 질을 높이기 위해서는 직원들의 사기앙양 및 처우개선이 필요하다. 힘들고 어려운 부서에서의 업무수행도 호텔경영수익을 위한 노력의 일환으로 보아야 하므로 타부서와의 정기적인 인사이동 및 진급시 우선권을 주어 연회요원들의 근무조건에 대한 차후개선이 필요하다.

4 연회운영의 관리적 측면에 있어서의 개선점

1) 최고경영자의 혁신적인 경영변화 추구

호텔은 처음 영업개시 후 3년이 지나야 겨우 이익을 내게 되는데 이것은 고정자산의 비중이 크기 때문인 것으로 알려져 있다. 그렇기 때문에 영업수입부문에 치중하여 매출액을 극대화하고자 하는 것이다. 우리 나라의 호텔경영자들은 이러한 호텔경영상의 문제점을 인식하면서도 단기간 내에 이익을 기대하고 있으며 특히 일시적인 매출액이 높은 연회행사 유치 및 그와 관련된 판촉활동을 벌이고 있다. 현재 호텔 최고 경영자들은 일반 대중을 타켓트로 마케팅활동을 벌이고 각종 연회행사를 유치하여 호텔의 매출액 증대를 가져올 수 있다. 그러므로 저렴한 가격과 호텔의 개방으로 고객들의 인식 변화를 가져올 혁신적이고 대중적인 상품기획을 시도해야만 한다.

2) 연회 잠재고객의 인식변화 유도

호텔경영진에서도 대중적이고 일반화된 호텔경영을 추구하여 여기에 걸맞는 고객의 인식변화를 유도하여야 하겠다. 과거 일부 특권층의 사교장으로만 인식되어 단순히 부정적인 시각에서만 인식되어오던 호텔에서의 연회행사가 최근 TV 및 각종 매체의 보급, 경제성장에 따른 국민소득 증대 등으로 대중화 성격을 띠게 되었다. 하지만 호텔업계는 아직도 부정적인 측면 및 과소비의 상징으로 인식되어지기 때문에 호텔 대중화를 위한 다양한 프로그램의 개발로 잠재고객들의 인식변화를 유도하는 것이 호텔경영 수지상 상당한 요인으로 작용할 것이다.

3) 출장연회의 적극적인 지원

출장연회는 전체 연회매출에서 상당한 비중을 차지하고 있고 앞으로 그 비중은 더 늘어날 것이다. 그러나 상당수의 출장연회전문업체가 저렴한 가격으로 호텔과 유사한 상품 및 서비스로 영역을 넓혀 가고 있으며, 지방 도시에서도 많은 외식산업체가 도시락 및 출장연회시장을 잠식해 가고 있는 중이다. 때문에 호텔의 출장연회는 그 이미지가 손상되지 않는 범위 내에서 상품개발, 가격책정 및 별도의 출장연회 전담반 구성 등 꾸준한 노력이 요구되어진다. 출장연회를 치르기 위해서는 호텔의 사용기물 및 음식을 이동하여야 되기 때문에 더욱 세심한 업무수행이 뒤따라야 하고 호텔경영진 차원에서의 지원이 요구되어진다.

4) 가족모임의 활성화

대부분의 호텔에서 가족모임은 전체 연회매출의 반 이상을 차지할 만큼 관심을 가지고 관리해야 될 거래선이다. 특히 대표적인 가족모임으로서는 회갑연이나 약혼식을 들 수 있는데 이것은 거의 연중 관계 없이 주말에 발생하므로 수익면에서도 상당히 효과적이다. 가족모임을 상품으로 정착시키기 위해서는 인적 서비스의 확충 및 개선, 음식의 질에 대한 재고, 무료제공 품목의 개발, 장식개선과 아울러 홍보 그리고 가족모임 전용 브로셔의 제작 및 배포가 있어야 하겠다. 최근에는 호텔에서의 결혼식이 법적으로 허용되었으며, 여러 가지 사회적 여건에 따라 가족연은 계속 늘어날 전망이다. 따라서 대부분의 호텔에서 가족모임을 전사적인 차원에서 홍보유치하여 음식 및 음료 매출의 극대화를 꾀하고 있다.

5) 체계적인 고객관리와 정보시스템 운영

호텔에서의 고객관리는 하나의 생명으로 간주되고 있다. 따라서 컴퓨터를 도입한 고객관리 시스템이 운영되고 있으나, 아직까지는 객실고객 위주이며, 연회부문의 고객관리는 대부분이 수동적으로 하고 있는 실정이며, 행사 후 감사의 편지나 행사를 담당하는 주관자에게 선물을 증정하는 정도로 끝나고 있다. 여기서의 고객관리와 정보관리는 고객뱅크시스템으로 행사를 치른 고객의 고객관리카드에는 고객의 성명, 생년월일, 주소, 회사 전화번호, 행사시 메뉴, 가격, 선호음식, 불편 (complain) 사항 등을 상세히 기록하여 차후의 행사를 보다 만족스럽게 제공하는 자료로 활용하여, 고객의 재방문과 신규고객창출에 적극 활용하도록 해야 한다. 대개의 경우, 연회행사는 분기별, 계절별, 연례적으로 정기적 행사가 되기 때문에 특별행사기간 중 우대가격 제공과 정기적인 DM발송으로 관리하여야 한다. 그리고 결혼적령기, 회갑 및 칠순잔치 적령기 고객에게는 약혼 및 결혼, 회갑연 및 칠순잔치 안내문을 발송하며, 기업체의 창립기념일과 행사를 위한 날짜에 앞당겨 안내서를 발송하여 잠재 고객확보 및 신규고객 창출에 노력하여야 한다.

5 새로운 연회상품의 개발

1) 새로운 연회상품 개발의 목적

호텔의 대중화, 일반화 추세에 따라 연회고객의 유형 또한 다양해지고 있다. 그렇기 때문에 기존의 연회상품만으로는 고객의 요구에 부응하지 못하므로 의도적인 기획상품을 만들어 고객에게 상품의 매력 및 만족을 제공하고자 하는 노력이 필요해지고 있다. 즉, 장기적이고 지속적인 차원에서 새로운 연회상품은 그 성격과 종류에

따라 다양한 고객의 욕구를 고려해야만 한
다. 이와 같은 기획상품은 다음과 같다.

- 새로운 고객을 창출하여 일정수준의
  고객을 확보한다.
- 새로운 상품의 개발로 대외적인 홍보
  효과를 추구한다.
- 연회행사에 활력소 및 생동감을 부여한다.
- 호텔 전체적인 차원에서 볼 때 목표달성은 부수적인 매출을 창출한다.
- 기존고객에 대해 새로운 상품개발로 서비스를 제공한다.

2) 연회상품의 개발

(1) 가족연회상품

가족연회는 호텔연회부문 매출에 상당한 비중을 차지하는 상품으로서 그 종류
또한 다양하기 때문에 특별한 관심의 초점이 되고 있다. 현재는 결혼연, 돌모임이
호텔연회장에서 행해지고, 결혼25주년의 은혼식, 결혼50주년의 금혼식, 칠순잔
치, 팔순잔치 등의 연회가 점차 증대되고 있는 추세이다. 특히 결혼연이 94년 7월
1일부터 특2급 이하의 호텔에서 전면 허용되었으며, 99년 7월부터 특1급 호텔에
서도 허용되어 이 부분의 영업신장에 크게 기여하고 있다.

(2) 각종 이벤트의 기획

디너쇼, 패션쇼, 콘서트, 전시회, 싸인회, 어린이날 및 크리스마스 행사, 국경일
행사, 훼스티발, 스포츠행사 등 각종 이벤트행사를 개최함으로써 신규고객을 개척
하고, 비수기를 타개하는 매출액도 증진시키며, 더 나아가 호텔의 이미지 개선에
도 상당한 역할을 수행할 수 있을 것이다.

(3) 연회주제파티의 개발

연회주제파티는 행사를 하고자 하는 고객의 요청에 의
해 그 행사 성격에 부합되는 분위기 연출 등을 총망라한
연회행사 계획서를 제출하여 행사 주최자와 행사계약을
체결하게 되고 호텔은 그 행사의 성격을 나타낼 수 있는
이미지와 분위기 창출로 행사장을 준비하여 참석한 고객
들의 만족도를 극대화시키는 것이다. 이때 행사를 주최
하는 측에서 모든 경비를 부담하게 되고 행사주최자로부
터 초청된 고객에 한해 입장이 가능하게 된다. 행사를 주

최하는 측에서는 연회행사를 통해 그 기업의 이미지와 판촉(PR)을 강화할 수 있는
장점을 가지고 있다. 이와 같은 행사는 기업의 창립기념 행사, 사장의 이·취임식,
신제품 발표회 등에서 그 예를 찾을 수 있다. 주제파티의 지속적인 개발과 홍보는
호텔기업에서 실시하여 파급시키는 방안이 바람직하다. 시험 연회주제파티를 기
획 연출하는 것으로써 예약된 연회행사중 한 두건을 선정하여야 하며 선정기준은
VIP행사, 홍보 가능한 행사, 호텔자체 이벤트행사 등에 국한시켜 그 행사에 참석
하는 고객들이 구전을 통해 홍보를 하도록 하는 방법이 효과적이다. 특히 국제회
의를 겸한 연회는 TV나 신문 등에 홍보가 가능하기 때문에 호텔기업에서 자체의
경비를 사용하더라도 연회주제파티화한 시험연회 개최가 중요하다.

그리고 연회예약을 하러 오는 고객에게 연회주체파티를 적극적으로 홍보하여
행사를 하고자 하는 고객들에게 연회주제파티를 할 경우 위험부담을 최소화하도
록 호텔신뢰도를 구축해야 한다. 그러기 위해서는 호텔기업은 부단히 연회주제파
티개발을 위해 시설, 기물, 장치물 등에 아이디어를 창출하고 전문 코오디네이너
를 육성하여야 한다. 결과적으로 고객들에게 행사의 가치인식을 유도할 수 있고
행사 후에 만족도를 극대화 시킬 수 있었다면 연회주제파티의 개발과 홍보가 성공
했다고 볼 수 있다.

Chapter 6 연회예약

제1절 연회예약의 개념과 흐름

1 연회예약의 개념

연회예약이란 연회행사를 주최하고자 하는 고객의 최초의 의사 표시로 호텔 내 각종 연회는 예약에 의해서 접수되고, 제안견적서에 의해 준비, 진행, 마감되는 절차를 따르고 있다. 이러한 연회예약이 이루어지는 곳을 연회예약실이라고 하며 호텔의 객실 프런트와 마찬가지로 그 호텔 연회장의 얼굴이라고 할 수 있다.

연회예약실은 조용한 분위기에서 상담하기에 편안하고 연회장과의 접근이 좋은 위치에 있는 것이 바람직하며 신뢰를 줄 수 있는 내부 인테리어와 원만한 상담이 자연스럽게 연출되기 위한 상담 자료와 상품이 디스플레이 되어 있으면 더욱 좋다.

연회예약은 연회예약실과 판촉팀에서 이루어진다. 보통 결혼식을 포함한 가족모임은 연회예약실에서 전담하고 일반 기업체 행사의 경우는 판촉팀에서 맡는다. 하지만 운영 스타일은 호텔마다 다르지만 연회예약실의 예약지배인과 판촉팀의 판촉지배인은 행사고객의 유형에 따라 전담파트가 있고, 특히 다양한 분야의 고객을 접촉하고 있는 판촉지배인은 관리고객이 산업 군으로 구분하여 관리하는 것이 일반적이다.

2 연회예약의 의의

호텔의 연회행사는 예약에서 시작된다. 호텔 연회서비스는 일반식당 서비스와 다르게 연회고객과 예약담당자에 의해 연회행사와 인원 수에 적합한 가격대의 연회메뉴와 음료, 그리고 기타 연출비용이 결정된다. 예약담당자의 판매스킬에 의해 매출이 좌우되기 때문에 상품에 대한 충분한 지식과 훌륭한 상담스킬이 요구된다. 과거 호텔의 호황기에는 넘쳐나는 고객으로 예약만으로도 영업이 잘 된 시절이 있었다. 호텔의 등급도 일반호텔과 특급호텔로 구분되던 시기에서 2020년을 바라본 호텔의 위치는 명품호텔이 만들어지고 있다. 연회행사를 진행하는 오늘날의 호텔은 그 호텔의 품격에 맞추어 서비스가 연출된다. 호텔에서 개최되고 진행된 고급 연회행사는 특급을 선망하는 사람들의 동경의 대상이다.

연회예약은 연회행사를 진행하는 최초 고객의 의사표시이며 행사진행을 위한 준비과정에서 가장 핵심적인 역할을 담당한다. 연회예약에서 결정되고 조정된 내용은 반드시 준비되고 제공되어야 한다. 고객과의 약속을 지키기 위해 예산에 맞는 수행계약서를 작성하며 차후에 분쟁되는 요소를 분명하게 명시할 필요가 있다. 또한 고객의 연회행사를 기획하는 연회기획가로서 연회연출의 감독이 되어야 한다.

국민 4000만 명이 인터넷을 사용하는 시기에 연회 고객은 다양한 채널을 통해 호텔 연회장에 관한 정보를 수시로 제공받고 행사의 참여를 통해 경험하고 있다. 호텔에서는 변덕이 심한 고객의 취향을 맞추는데 마케팅 전략을 세워 연회장에서의 적절한 대응이 필요함은 물론이다. 호텔 예약담당자와 판촉지배인은 고객과 밀접한 관계를 유지해야 하며 적극적인 판촉활동을 통하여 고객확보와 신규고객 창출을 위해 노력해야 한다.

3 연회예약의 흐름

최근 인터넷의 발달과 IT활용기술의 발달로 호텔 인터넷 홈페이지의 웹마스터에게 행사를 직접 문의하고 관련된 정보를 요구할 수 있다. 대다수의 호텔에서는 고객이 호텔의 공식 홈페이지를 이용하여 연회행사와 관련된 정보를 파악할 수 있도록 설계하고 연회예약의 개최장소로 의사결정에 도움이 될 수 있는 정보를 제공

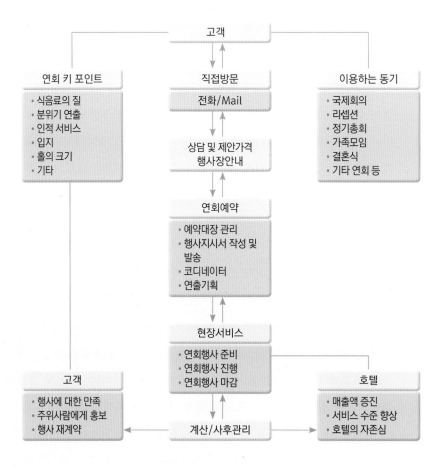

그림 1 그랜드 힐튼 연회장

해 준다. 그리고 필요에 따라서는 연회상담 지배인에게 바로 문의할 수 있는 게시판과 심지어는 바로 행사비용을 뽑아볼 수 있는 서비스를 제공하고 있다.

IT기술의 발달은 호텔 내의 인트라넷을 통해 호텔 내 관련 직원이라면 누구든지 쉽고 빠르게 확인할 수 있는 시스템을 구축했다. 과거의 예약실에서 다루었던 룸 컨트롤 차트를 대신하여 모든 예약의 절차는 진화된 전산프로그램에 의해 운영되고 있다. 대다수의 호텔들은 모니터 하나로 시간과 공간을 벗어난 상담체계는 물론 연회 지시서를 관련부서에서 열람할 수 있으며 출력 또한 가능하다. 그리고 판촉사원이 외부에서 휴대폰 혹은 태블릿PC를 통해 인터넷에 접속하여 판매 가능한

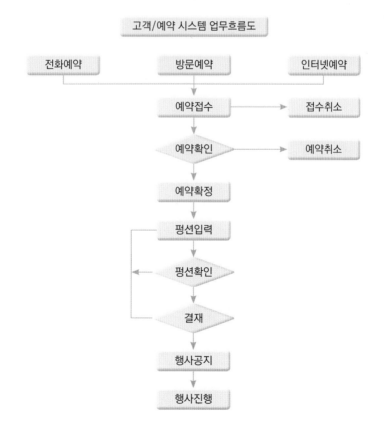

그림 2 고객예약 시스템에 의한 연회업무절차

111

룸을 조회하고 고객 앞에서 즉시 예약을 할 수도 있다.

연회의 흐름은 1차적으로 고객이 예약하고자 하는 일자에 수용가능한 장소가 있는지를 확인하고 2차적으로 행사의 내용과 성격에 따른 세부상담이 이루어진다. 좀 더 구체적인 절차의 흐름은 이와 같다. 기본적으로 대부분의 호텔이 다음과 같은 고객예약시스템에 의한 절차를 밟고 있다. 하지만 호텔의 영업환경에 따라 외주 발주의 범위와 고객관리의 시스템에서 차이가 있다. 예를 들면, 시스템의 경우 과거 호텔에서 기본적으로 보유하고 있던 고가장비는 새로운 연출시스템 기술의 발달로 그 성능과 편리성이 날로 발전하여 호텔에서 그 운영비용을 감당하고 구입하는 것보다는 전문용역업체에 위탁시키는 경우 효응이 높기 때문에 용역사의 범주는 연회흐름에 있어 차이가 날 수 있다.

4 연회예약전표(Reservation Sheet)

예약전표란 고객이 예약하고자 하는 행위의 표시를 부서장에게 결재를 득하여 계약에 앞서 이루어지는 문서이다. 전표의 내용은 행사의 일시와 장소(연회장 명), 고객정보(고객 명, 연락처), 행사유형, 담당지배인명과 부킹담당자명, 부킹날짜와 같은 비교적 확정적인 사항과 예상매출사항(연회메뉴의 가격과 인원), 기타 행사를 진행하는데 필요한 사항(음료 주문사항, 좌석배치도 등)과 같은 비교적 환경에 따라 변할 수 있는 가변적인 요소로 구성된다.

1) 예약전표의 확정적 요소

예약전표는 확정적인 요소와 가변적인 요소로 구성되어 있다. 확정적인 요소로는 행사일(date), 시간(time), 장소(venue), 주최 및 주최자명(organization & organizer), 고객연락처(tel, fax, address, e-mail), 행사유형(type of function), 담당지배인명(name of manager), 주문예상인원(No. of person), 부킹담당자명(controller signature) 등이 있으며 이는 이용객

의 정보로서 고객관리와 다음 행사진행을 준비하는 데 유용하게 활용된다.

2) 예약전표의 가변적인 요소

가변적인 요소로는 행사를 준비하는 와중에 변경될 수 있는 것으로 연회 메뉴의 종류(kind of food), 음료(beverage), 홀 사용료(room charge), 꽃 장식(flower decoration), 얼음조각(ice-carving), 현수막(banner), 방명록(guest book), 사회자(entertainment), 프로젝트(projector), 사진(photograph), 좌석 배치도(table layout), 기타 외주 발주 물과 행사와 관련된 전달사항들이 기재된다.

식사의 계약인원은 보증인원(guarantee: 음식준비를 위한 지불보증인원)에 따라 준비하게 되는데 보증인원보다 보통10% 정도 많게 준비한다. 추가된 인원은 추가분만큼 더 받는다. 상담지배인은 참석인원이 10%를 넘지 않는 범위에서 계약을 유도해야 하고 이와 같은 범위를 넘어섰을 경우 참석고객의 불편이 초래되어 행사의 목적을 달성하는 데 지장이 있음을 공지해야 한다. 계약 시 확정된 보증인원(guarantee)은 행사를 준비하는 연회서비스팀과 연회주방의 스태프들에게 행사인력과 식사재 구매를 위한 중요한 정보이다. 또한 연회의 단위당 매출을 추정할 수 있는 중요한 단서가 된다.

연회예약전표

5 연회행사지시서(Function sheet/ Event order)

행사지시서는 연회행사가 완벽하게 이루어지도록 고객과의 계약사항을 준비하는 각 부서로 전달하는 알림장 같은 역할을 하며 이 지시서는 연회장, 음향실, 메인 주방 등 행사와 관련 있는 모든 부서에 전달된다.

1) 행사일자(Date)

행사가 이루어지는 연월시를 말한다. 행사 지시서에는 본 행사가 시작되는 시간을 표기하지만 준비되는 시간과 준비 고객이 당도하는 시간, 본 행사가 진행되는 시간, 식사시간도 함께 표기하는 것이 바람직하다. 무대작업이 수반되는 작업과 같이 준비시간을 많이 필요로 하는 행사의 작업시간과 시작시간을 별도로 표기해야 행사를 준비하는 연회 서비스팀에서 근무스케줄을 계획하는 데 많은 도움이 된다.

2) 장소(Venue)

행사가 이루어지는 장소를 말하는 것으로 개최되는 연회장명을 기재한다. 행사장도 마찬가지겠지만 VIP실을 별도로 사용할 경우에는 다른 고객과 겹치지 않는지 확인하고 표기해야 한다. 특히 그 행사장을 이용하는 고객과 바로 이어지는 다음 고객 간에 충분한 시간이 필요함을 인지하고 부킹을 해야 한다. 컨벤션이나 국제학술대회와 같이 여러 홀과 PDR(private dining room)룸을 쓸 경우에는 용도에 맞게 사용하는 룸을 모두 기재해야 한다.

PDR

3) 주최와 주최자(Organization & Organizer)

주최는 주관보다 상위개념으로 사용된다. 그리고 주최와 주최자는 사용되는 목적의 개념에 따라 다르게 적용되지만 일반적으로 행사 지시서에 의한 주최는 행사를 예약하는 소속기관을 의미하며 주최자는 그 행사를 담당하는 사람을 일컫는다. 간혹 주최(organnization)에 주최와 주최자를 표기할 경우 주최자(organizer)란에 주관 또는 주관자를 기재하는 경우도 있다.

4) 고객 정보(Address, Telephone, Fax, Email 등)

고객에게 연락 가능한 정보를 기입하는 것으로 대표전화번호, 휴대폰번호, 주소, 팩스번호, 이메일 등을 기재한다. 이는 연회서비스팀에서 그 행사의 담당자가 누구인지를 사전에 알게 하여 고객 대응력을 높이고, 행사 후에는 호텔 고객관리의 중요한 수단이 된다.

5) 행사명과 행사의 타입(Type of Function)

행사의 성격을 알면 그 행사에 적합한 연회스타일을 알 수 있다. 보통 행사의 성격은 행사명으로 요약되어 나타나게 되며 행사명만으로도 그 행사에 가장 바람직한 연회타입을 제안할 수 있다. 일반적으로 고객의 요청에 의해 행사의 타입 이 결정되겠지만 고객의 요청보다는 그 호텔의 연회수준에 의해 서비스 방식이 달라질 가능성이 높다.

6) 참석인원과 계약인원(Expected & Guaranteed)

행사의 계약인원이 잘못 설정되어 개런티 인원보다 훨씬 많은 인원이 참석한 경우 연회서비스를 제공하는 호텔 측에서는 서비스 부재현상이 일어날 수밖에 없다. 행사담당자는 예상치 못한 불필요한 수고를 감수할 수밖에 없으며 참석하신 손님의 불평을 예약하신 고객의 탓으로 돌릴 수도 없는 난처한 상황이 벌어진다. 연회를 기획하는 상담지배인은 이러한 일이 발생할 수 있음을 고객에게 고지하는 것은 당연하며 사전에 대처할 수 있는 안목을 가지고 대응해야 한다.

　보통 행사의 성격과 고객의 특성에 따라 계약인원과 참석인원의 오차가 크게 날 수밖에 없다. 계약인원을 잘못 판단할 경우 고객 불평이 발생할 수 있기 때문에 상담지배인은 고객에게 합리적인 계약인원을 유도해야 한다.

7) 식료(Food)

　호텔 연회 매출에서 가장 많은 영향을 미치는 것은 행사당일 제공되는 음식의 종류에 따른 메뉴 가격이다. 물론 메뉴의 수량과 제공되는 메뉴 가격이 전체 행사비용에서 가장 많은 비중을 차지하고 있지만 일반적으로 메뉴의 종류가 결정되면 메뉴에 대한 항목으로 더 이상의 매출을 향상시키는데 한계가 있다. 특히 메뉴가격은 그 호텔의 연회수준을 가늠할 수 있고 상담지배인의 판매스케일로 종종 평가된다.

　행사 지시서 메뉴의 또 다른 기능은 식사가 제공되는 시간을 표기하여 주방에서 제때에 요리를 준비할 수 있도록 하는 것이다. 또한 특이사항으로 고객의 음식기호와 성격에 대한 내용을 기록하는 센스가 필요하다. 이외 식전행사의 진행 여부와 제공되는 커피의 다과류 주문 여부와 종류 등이 반드시 챙겨야 할 부분이다.

8) 음료(Beverage)

　음료는 판매되는 메뉴 다음으로 추가적인 매출을 올릴 수 있는 중요한 매출방법이다. 식료원가보다 비교적 저렴하고 보관이 용이하기 때문에 호텔 연회매출의 순이익에 대한 기여도가 비교적 높다.

　이렇듯 음료는 연회매출에 미치는 영향이 대단히 크므로 주최고객을 설득하여 연회메뉴와 적합한 주류를 판매하도록 노력해야 할 것이다. 때때로 일부 고객은 음료를 반입하는 조건으로 계약을 하고자 한다. 이럴 경우 가급적 음료의 반입을 지양(止揚)해야 하나 연회팀장의 사전협의 후 고객과 합당한 계약을 유도하는 센스가 필요하다고 본다. 부득이 음료 반입이 이루어질 경우 음료 반입료(corkage Charge)를 부과해야 하며, 음료 반입료는 해당음료를 호텔 판매요금의 30% 정도로 부과하는 것이 일반적이다. 반입료의 근거로는 주류잔 준비와 사용료 및 서빙하는 인건비로 이해시키는 것이 가장 합리적이다.

9) 기타 준비사항(Miscellaneous Items)

행사 준비를 위한 식음료 항목이 완료되면 행사와 관련된 중요한 품목들이 있다. 이러한 품목은 연회의 성격에 따라 고객과 협의하여 요청되고 준비된다. 이러한 품목은 연회 성격에 따라 고객과 협의하여 요청되고 준비된다.

대표적인 것으로는 룸 사용료(room charge), 꽃 장식(flower decoration), 음료 반입 비(corkage), 얼음조각(ice carving), 현수막(banner), 방명록(guest book), 사회자(MC), 실내악 또는 밴드(musician & band), 사진(photograph), 출장비(catering charge), 기타 장치장식물 등이 있다.

① 룸 사용료(Room Charge)

호텔이나 전문연회시설에서는 수용 가능한 룸이나 홀을 예약하고 적절한 매출이 기대되는 행사에 한하여 식음료 비용만으로도 룸 사용료 이용가능. 보통 룸 사용료가 부가되는 경우는 해당되는 룸이 판매기준에 맞지 않을 때 특히 식사장소와 세미나 장소가 달라서 식사장소 외 추가로 사용하는 경우에 호텔이 정하는 사용료에 의거하여 부과된다. 식음료 매출 없이 행사장만 이용할 경우에는 행사장 사용료(rental charge)만 부가하면 된다.

행사장 사용료는 이용시간과 규모에 따라 호텔의 정하는 정책에 따라 요금이 적용된다. 또한 호텔의 영업상황과 성수기·비수기에 따른 계절성에 따라 적용되는 가격이 영업정책에 따라 변경될 수 있는 가변성을 가지고 있다.

② 꽃(Flower Decoration)

일반적으로 세미나 혹은 컨퍼런스와 같은 행사에는 꽃에 대한 사용이 제한적 이다. 세미나 혹은 컨퍼런스와 같은 행사에는 꽃 사용이 제한적이며 이러한 행사를 제외하고는 모든 연회에는 꽃이 분위기 연출도구로 사용된다. 결혼식과 같이 화려함과 경건함을 나타내는 행사에는 꽃의 연출력으로 평가 받으며 그 장식비용도 식음료 매출 대비 적지 않은 비중을 차지하고 있다. 일부 특급호텔은 해외 유명아트스쿨과 업무제휴를 맺어 호텔연회장의 브랜드파워를 높이고 있다.

그랜드힐튼호텔 웨딩플라워 스타일링

③ 얼음조각(Ice Carving)

얼음 조각사(ice carver)는 주로 대형호텔의 메인 주방에 소속되어 호텔 내 제공되는 차가운 요리를 장식에 큰 도움을 주는 역할 또한 각종 연회에 행사장의 성격에 맞는 얼음조각을 장식, 행사장 분위기 연출로 방문고객에게 즐거움 선사한다. 얼음조각은 특히 칵테일 리셉션이나 스탠딩 뷔페의 행사장에서 큰 역할을 한다. 보통 행사장 가운데 세팅되며, 화려한 조명과 함께 연회의 분위기를 한층 높인다.

오늘날 호텔마다 인건비 비중을 낮추기 위해 얼음조각사를 위탁으로 운영하는 사례가 늘고 있다. 과거에는 호텔의 뷔페파티에 무료로 제공되는 경우가 많았는데 최근에는 비용을 별도로 청구하여 고객으로부터 선택하여 주문할 수 있도록 관리하며 대규모 행사의 경우나 특별히 고객이 특이한 형상을 요구할 경우 비용이 부과될 수 있다. 그리고 얼음조각을 세팅할 경우에 조명과 꽃장식이 뒤따르는 것이 효과적이다.

아이스카빙

④ 현수막(Banner & Placard)

결혼식과 같은 일부 가족모임을 제외한 거의 모든 연회행사에는 공식 행사명이 기재된 현수막이 무대에 올라온다. 이 현수막의 용도는 행사장 무대 외에도 행사장 입구, 행사장 내의 장식 밖의 호텔외벽, 행사장 안내(거치대 배너)용으로 그 활용의 범위와 세련미가 변화되고 있다. 현수막의 문안은 크게 그 행사의 타이틀명과 주최(자) 주관(자) 후원, 협찬, 일시, 장소가 주요 구성요소 행사명을 중심으로 2배열, 3배열로 보통 표기한다. 또한 2배열로 할 경우 행사명을 1배열로 하고 2배열에는 주최(자), 주관(자), 후원, 협찬, 일시, 장소 순으로 기재한다.

현수막

⑤ 등록대(Reception Desk) & 방명록(Guest Book)

등록대는 일명 접수대라고 한다. 행사장입구에 설치되며 그 행사에 참석하는 분들을 맞이하는 곳에서 등록 절차는 밟는 곳이다. 등록대는 보통 접이식 홀딩테이블(folding table)이 사용되며 그린클로스(green cloth)로 장식한다. 최근 호텔들은 리셉션 전용 테이블을 만들거나 다목적으로 활용할 수 있는 테이블을 제작하여 다양한 리셉션 및 사이드 테이블로도 장식할 수 있도록 한다. 등록대에서 제공되는 방명록은 보통 권당 100명 이상 이용할 수 있도록 제작되어 있다.

고객은 필요한 수량을 행사의 규모에 맞춰 요구 하지만 필요이상의 수량을 무리하게 요구하는 경우에는 비용을 청구함으로써 적정수량을 협의 방명록은 사인펜이나 붓펜이 함께 제공된다. 등록대에는 방명록 외에도 네임카드 기념품 코사지 등이 함께 놓인다.

⑥ 사회자(MC)와 여흥(Entertainment)

호텔에서 열리는 규모가 큰 연회의 경우 인기 연예인이 공식행사의 사회자로 종종 섭외되어 진행을 맡는다. 연예인은 많은 사람들에게 알려진 공인으로 참석자에게 기대감과 안정감을 주는 효과가 있다. 연회행사는 공식적인 행사와 식사 여흥 순으로 구성된다.

1부 사회는 비교적 무게감 있는 사회자가 행사의 경건함을 주고 3부 여흥은 다 함께 즐기기 위한 시간으로 유쾌한 사회자가 일반적 여흥의 사회자는 주로 개그맨이나 전문 레크레이션 강사가 맡게 된다. 이렇게 호텔의 연회에서는 행사별로 요구되는 사회자와 여흥진행자를 요구할 때가 많기 때문에 연회상담자는 연회의 추가적인 매출을 올릴 수 있는 상품이면서 고객만족을 시킬 수 있는 다양한 연예기획사와 협력관계를 유지하는 것이 좋다.

최근 특급호텔이나 전문연회시설에서는 여흥 사회를 보는 연회직원을 양성하여 고객서비스의 질을 높이는 곳도 있다. 이외에도 마술연출이나 저명인사의 건강특강과 같은 새로운 형태의 여흥 문화를 요구하고 있다. 이에 다양한 채널을 통해 호텔의 부가적인 상품을 팔 수 있는 상품을 개발하도록 해야 한다.

⑦ 실내악과 밴드(chamber music & band)

공식행사 포함한 정찬파티와 칵테일파티에 음악 연출이 중요한 부분을 차지하며 보통 실내악이 무대의 한 공간을 자리 잡고 그 행사의 성격에 맞춰 배경음악을 구성하여 연출한다. 실내악의 경우 보통 피아노, 현악이 어울려 3중주 5중주 준비하지만 행사의 성격에 따라 다양한 밴드가 분위기를 연출하며, 밴드는 장수연과 같은 가족모임 송년회 같은 모임에서 여흥을 즐기기 위해 준비되며, 회갑연의 경우 밴드와 함께 종종 국악인이 그 행사의 주인공을 위해 창을 부르고 여흥을 이끈다.

⑧ 프로젝터(Projector)

요즘 세미나에는 일명 LED(액정) 프로젝터를 사용하는데 제품의 밝기와 조도에 따라 임대 가격이 천차만별이다. 기술의 발달로 크기는 작아지고 밝기는 더 뛰어난 기능을 가진 제품이 지속적으로 출시되고 있다.

호텔의 경우 연회장에 기본적으로 장착돼 있지만 해상도가 뛰어난 제품의 출시로 용역을 주어 관리되기도 한다. 프로젝터는 다양한 용도로 쓰이며 가장 많이 사용되는 것을 노트북과 연결하여 설명회를 할 때와 카메라와 연결하여 현장에서 생중계를 할 때이다.

⑨ 동시통역부스와 리시버

국제회의와 같이 외국인 초청인사가 강연을 할 때, 혹은 내국인이 외국인에게 설

통역부스

명을 동시에 해결하고자 할 때 참석자 모두의 이해를 돕기 위해 준비된 기구가 동시 통역이다. 통역사가 통역만을 하도록 만든 일시적인 공간을 통역부스라 하며 리시버는 통역사에 의해 송신된 말을 들을 수 있도록 하는 장치로 귀에 걸게끔 되어 있다.

ⓞ 음향장비

보통 마이크(microphone)는 호텔 음향실의 스태프(staff)에 의해 강연대용, 사회자용, 질의응답자용으로 준비된다. 그리고 때에 따라 포럼이나 심포지엄과 같이 발언자가 많을 경우 연회장 내에 음향채널이 가능한 수량만큼 준비할 수 있다. 때에 따라 특수한 목적을 갖고 준비되는 화상회의나 국제회의와 같이 호텔의 마이크로 준비가 어려울 경우 전문가의 기기를 이용하는 것도 방법이다.

특히 마이크를 많이 사용하는 국제회의의 경우 홀에서 사용 가능한 수량을 파악하는 것은 중요한 체크사항이다.

⑪ 사진(Photo)

사진의 주문은 원판(cut)과 스냅(snap)으로 나뉘고 결혼식이나 약혼식, 회갑연의 경우 앨범으로 제작의뢰를 받기도 한다. 고객이 외부에서 직접 섭외하기가 불편하므로 호텔이 위탁하는 곳에서 준비하는 경우가 많다. 사진은 행사고객이 오랫동안 기념하기 위한 기록물이다. 이에 중요성을 갖고 고객이 가장 편안하고 여유있는 시간 때인 행사 전에 촬영을 유도하는 것이 좋다.

⑫ 사인보드(Signboard)

사인보드는 호텔 내 연회장에 초청된 고객들이 쉽게 찾아올 수 있도록 들어오는 입구나 주차장, 에스컬레이터 초입, 내 외에 설치된다.

보통 LED 모니터나 스테인리스로 제작된 기구에 당일 행사명이 룸마다 기재되며 연회장의 책임자와 연회코디네이터는 잘못된 것이 없는지 항상 점검한다.

⑬ 네임카드(Name Card/ Place Card)

네임카드(name card)는 명찰용, 정찬용, 회의용으로 구분된다. 행사의 성격에 따라 리셉션은 가슴에 착용하는 명찰로 쓰이며 상대방의 이름을 인지할 수 있는 크기로 제작 정찬용은 작은 종이재질의 명패로 제작 식사하는 동안 상대의 소속과 이름을 인지할 수 있도록 제작한다.

회의용 명패는 참석자 모두 알아볼 수 있도록 큰 글씨의 명패로 준비하고 주의할 점은 주최 고객으로부터 제작해야 할 명패 명단을 미리 받아 행사 이전까지 네임카드 작성을 완료하는 것이다. 고객의 이름이 잘못 쓰여 있는지의 여부를 주최자와 최종 점검하여야 한다.

⑭ 메뉴카드(Menu Card)

정찬 연회에 초청된 고객은 메뉴가 궁금하다. 따라서 고객이 쉽게 알 수 있도록 정찬 테이블이나 개인의 플레이트(show plate) 앞에 인쇄하여 올려놓는 것이 메뉴카드이다. 인쇄를 의뢰의 경우 일정 비용을 받고 제공되며 메뉴 외에도 공식 행사명과 참석객에 대한 환영문구 및 행사 프로그램이 표기되면 좋다.

⑮ 기타(Other) 품목

행사지시서의 주요항목은 식음료 품목과 기타 품목으로 구성되며 이외에도 호텔에서 준비하기 어려운 장비품목들이 발주항목으로 되어 있다. 호텔의 규모와 영업정착에 따라 차이가 있으며 이에 따라 호텔과의 외부용역관계가 요구될 수 있다. 대표적인 것은 무대장식, 음향장비, 조명장비, 특수효과시스템, 기자 장치 장식물 등이 있다.

⑯ 프로그램(Program)

행사 진행에 필요한 전달사항으로 그 행사의 진행 프로그램이다. 각 프로그램에 따른 준비사항과 주의사항은 행사의 완성도에 영향을 미친다. 주로 연회장 책임자에게 전달되는 내용으로 그 행사를 준비하는데 꼭 숙지해야 할 것들이다. 예로 학술대회는 식음료 상품 외에도 별도의 전시공간의 연회장 판매가 이루어지기 때문이다.

⑰ 테이블 플랜(Table Plan)

행사의 성격에 따른 테이블 플랜은 디너식(dinner type), 뷔페식(buffet type), 극장식(theater type) 회의식(class type), 리셉션식(reception type)을 구분된다. 테이블 플랜은 연회서비스팀에서 행사를 준비해야 하기 때문에 자세하고 정확한 배치도가 요구된다. 테이블 당 인원, 레이아웃, 강연대와 사회자석의 위치 등이다.

⑱ 결재라인(Approval)

최근 호텔은 전산결재라인 시스템을 이용한다. 행사 지시서에는 담당자의 전자서명 후 연회팀장의 결재, 총지배인의 결재 순으로 이어진다. 결재된 행사지시서는 각 부서로 전달되어 부서의 총무 담당자가 받았다는 수신 확인이 가능하도록 시스템화 되어 있다.

⑲ 대금 지불 방법 (Payment)

행사가 종료될 무렵 행사 지시서에 주문 품목에 의한 실질 계산이 이루어진다. 계산은 담당지배인이 고객에게 청구된 비용을 확인시킨 후 수납을 한다. 혹 서면

계약에 의한 후불이 발생될 경우 보고서의 양식에 후불 명세서를 작성하고 고객으로부터 납입기일과 서명을 받는다.

⑳ 예약금(Deposit)

모든 행사는 가예약이라는 과정을 통해 예약차트에 부킹이 된다. 그리고 예약금과 계약서에 의해 가예약이 확정예약으로 바뀌는데 예약금은 고객이 계약을 하고자 하는 의지를 금전적으로 표시하는 행위로 행사의 규모에 따라 다르게 책정된다.

보통 행사금액의 10~20%가 일반적 예약금 영수증은 보통 3매로 구성되어 고객용, 예약실 보관용, 경리담당자용으로 사용된다. 영수증의 일련번호는 대금결제시 자동 공제될 수 있는 기능을 한다. 간혹 행사담당지배인은 선수금을 공제하지 않고 대금을 모두 수납하여 이중으로 고객의 수고를 요구하는 경우도 있다.

㉑ 참석 VIP

행사의 참석하는 VIP 명단은 그 행사의 규모를 알 수 있게 하는 것이다. 이 명단을 기재함으로써 행사를 준비하는 협력부서의 협조를 구하는데 도움이 된다. 또한 VIP의 참석은 별도의 보고서양식에 의해 관련부서장에게 보고가 이루어져 고객을 맞이할 준비를 하게 한다. 이에 주최고객으로부터 VIP 참석여부를 확인하고 확정된 명단을 보고서에 의해 작성하여 관련 부서로 전달한다. 이렇듯 행사지시서는 행사진행을 위한 관계부처 간의 협력이 원활히 이루어지도록 하기 위한 것이다.

10) 변경지시서(Adjustment)

행사지시서 혹은 예약전표의 내용이 변경될 경우 종종 발생하는 전표가 변경지시서이다. 변경지시서 내용은 고객의 주문사항이나 일정의 변경인데, 주로 예약전표(reservation sheet)에서는 가 예약에서 확정예약이나 취소로의 변경 혹은 확정예약에서 취소될 경우에 해당된다. 행사 지시서의 경우는 계약된 사항 중 주문사항이 변경될 경우에 쓰인다. 보통 개런티 인원의 증감 주문내용의 추가항목 혹은 취소항목이 전부이다.

11) 연회계약서

행사를 준비하는 고객(갑)과 장소와 서비스를 제공하는 호텔(을) 측이 상호 합의하여 연 월시와 장소, 메뉴, 음료, 대금지불방법, 계약해제에 따른 손해배상 기타 부분이 기재된 서명양식이다. 즉 쌍방 간에 서로 이행하겠다는 계약서 신뢰를 바탕으로 '갑'과 '을'을 설정하여 날인 후 법적인 효력을 갖는다. 때에 따라 계약의 주최가 '갑'과 '을'을 넘어서 '병', '정'이 설정될 수 있다.

12) 기타 협조사항

행사지시서(function sheet)의 주요내용 외에도 행사를 성공적으로 끝내기를 위해서는 관련부서의 협조 절실하다. 협조사항이나 통보사항을 호텔의 양식에 따라 상이하겠지만 다음과 같은 사항이 주로 요청된다.

(1) 주차협조

연회의 규모에 따라 고객들이 이용하는 차량은 다양하다. 대부분의 고객이 차를 가지고 오기 때문에, 주차안내에 대한 서비스는 당연한 연회서비스의 경쟁력을 향상시키는 방법이기도 하다. 특히 VIP가 참석하는 행사의 경우 충분한 의전이 가능한 주차공간을 최단거리에 확보해야 하겠고, 한 번에 많은 차량이 몰리기 때문에 충분한 주차요원이 배치되어야 한다. 연회행사가 시작하는데 매우 중요한 사항 담당지배인은 사전에 관련부서의 협조를 구해야 한다. VIP 공간 주최자 공간(혼례의 경우 웨딩 카), 대형버스 공간 등의 주차지역을 미리 확보해야 한다.

(2) 작업신청

패션쇼나 디너쇼 혹은 별도의 무대작업을 필요로 하는 행사는 연화를 진행하는 시간보다 준비하는 시간이 더 필요하다. 각 부문별 충분한 작업시간과 리허설 시간이 소요된다. 기존의 연회시간보다 초과하여 사용할 경우 고객은 작업시간과 리허설 시간 동안 그에 해당하는 별도의 비용을 지불해야 한다. 하지만 특급호텔의 그랜드 볼룸에서는 다음 스케줄의 행사가 연이어 이루어지고 일 사용료가 수천만 원에 때문에 행사 전일 야간작업을 하는 경우가 많다. 이럴 경우 고객이나 행사 대행사는 호텔 측에게 출입증을 발부 받아야 한다.

(3) 차량신청

호텔에서는 특정 고객 혹은 단체고객을 위해 다양한 차종의 리무진을 보유하고 있다. 행사담당지배인은 차량의 사용가능 여부를 확인 후 고객의 요청을 받아들일지 협의하여야 한다. 고객의 요청에 의해 차량서비스는 행사장까지 초청된 고객을 모셔오는 픽업(pick-up) 서비스 혹은 다시 목적지까지 모셔다 드리는 왕복(return) 서비스가 있다.

제2절 ▶ 연회예약부서 구성원의 업무

1 인원구성

- 연회부장
- 연회판촉(차장, 과장, 계장, 주임, 사원)
- 연회예약(차장, 과장, 계장, 주임, 사원)
- Conference Coordinator
- Catering Office Clerk(행정업무 요원)

- 연회서비스(manager, captains, waiters, waitresses, receptionists, cashiers, etc..)
- 기물관리(steward dept.)
- 디자인실(artists, designers, ice carvers, etc.)
- 음향, 조명, 통신실(sounds, lightings, audio and visuals dept.)

호텔 연회예약부서의 직무분담은 예약직원의 자질향상과 예약담당의 조직을 강화하여 슈퍼 엑설런트(super excellent)한 예약업무로 고객의 재창출 및 매출액 증대에 기여하기 때문에 효율적인 업무분담으로 나뉘어져야 한다. 대규모 호텔 연회예약부서의 직무부문은 거의 대동소이한 것으로 나타났다. 연회예약이 호텔 기능상 중요한 위치에 점하게 된 것은 국제회의, 연회, 가족모임 등이 대중화되어 호텔을 이용하면서부터였다.

연회예약부서의 기본적인 운영방침은 대략 다음과 같다.

- 대고객 서비스의 평등화
- 고객의 재창출 및 매출액 증대
- 연예판촉 조직구성원과 협조체계 강화를 통한 업무 효율화
- 고가격, 고품질 상품 및 고품질 서비스화
- 예약직원의 대고객 서비스의 자질향상
- 경쟁호텔 우위 확보

연회예약부서는 조직이 크게 연회예약담당지배인, 코오디네이터, 예약사무원으로 3등분해서 살펴볼 수 있다.

2 연회예약 지배인의 업무

1) 직무개요

연회행사를 판매하며, 각종 연회행사, 컨벤션, 미팅, 기타 행사를 조정하는 업무를 담당한다. 그리고 판매문의에 대한 사내 판매의 대표자이며 행사 예약장부의 컨트롤에 대한 최종 책임자이다. 또한 연회행사가 원만히 준비되고 진행될 수 있도록 모든 연회장 준비에 대한 조정을 담당한다. 그리고 연회예약 부서 구성원들의 지휘·감독업무와 타 관려부서의 업무상 협의에 대한 책임을 진다. 연회예약지배인은 고객으로부터의 예약을 접수하여 연회를 창출하는 업무를 책임지고 있는 직책으로서 예약을 받을 때 파티의 종류, 인원, 날짜, 메뉴를 정하고 연회에 필요한 시설과 장소를 고객에게 상세하게 설명해 주어야 한다. 식음료에 관한 지식을 완벽하게 습득하여 방켓 수익의 산출능력을 갖추고 고객에 대한 사내판매의 대표자, 행사예약장부의 컨트롤 및 모든 연회장의 준비에 대한 조정을 담당하는 직무를 가지고 있다. 연회예약지배인은 고객의 요구에 대한 즉각적인 답변을 할 수 있는 능력을 소유하고 있어야 되며 차질 없는 연회행사의 진행을 위해 각 부서와 유기적인 관계를 유지할 수 있는 원만한 성격의 소유자여야 한다. 연회예약지배인의 구체적인 직무는 다음과 같다.

2) 구체적 직무와 책임

① 연회예약과 관련된 모든 업무에 대한 총괄적인 지휘 감독 관리 업무
② 타 부서와의 협조관계
③ 연회예약의 메뉴 및 가격결정
④ 연회예약 접수에 따른 관리 및 결재
⑤ 연회예약대장의 관리
⑥ 직원의 교육 및 근태 관리 등 기타 업무

- 연회행사와 객실 필요에 대한 예약과 관련된 개인 및 단체와 교섭한다.
- 음식과 함께 하는 연회를 계획하고 행사장 내의 모든 준비사항에 관한 요구에 대해 고객과 함께 연구한다.
- 행사에 필요한 모든 장비를 고객에게 공급할 수 있도록 한다.
- 행사와 관련되는 협의부서와 업무협조가 잘되도록 조정 관리한다.
- 통합판매 체재를 증진하도록 연회과장, 판매과장과 긴밀하게 협조한다.
- 연회예약업무에 대한 총괄적인 진행에 대한 관리와 책임을 진다.
- 모든 감독들에게 공통된 직무와 그리고 할당되는 기타의 직무를 수행한다.

3 연회판촉 및 연회예약 업무

1) 기본임무(basic functions / missions / responsibilities)

- Maximize revenue
- Maintain standards and image of the hotel
- Maintain sales activities for the assigned markets
- Develop new accounts(markets)
- Coordinate with BQ Service team & Kitchen & Artroom, Steward & AV Dept., etc.

2) 일반 업무(duties)

- Set the goals
- Responsible for the profitability of Banquet operation
- Set the Sales & Marketing strategies
- Promote events
- Visit event organizers

- Meet the guests in the hotel
- Entertain the guests
- Maintain relationships with assigned markets, event planners/organizers
- Make proposals/quotations/contracts for required events
- Distribute copies of event contracts to related departments
- Meet the goals
- Forward and assist the events
- Mail thanks/complimentary letters to event organizers
- Performs any other duties assigned or/and required

4 연회예약 부지배인의 업무

1) 직무개요

연회행사의 판매, 컨벤션, 미팅, 기타행사의 조정판매와 문의에 대한 사내판매의 부대표자로서 연회과장과 연회예약 지배인의 업무보조, 행사 예약장부의 컨트롤 및 모든 연회장 준비에 대한 조정을 담당한다.

2) 구체적인 직무와 책임

① 연회, 회의 및 객실예약에 관한 개인 또는 단체객을 면담한다.
② 연회장내의 모든 연회, 회의, 기타행사를 고객과 직접 계획한다.
③ 시청각 기자재를 준비하고 관리한다.
④ 컨벤션, 회의, 연회에 관련 서류를 유지 관리한다.
⑤ 예약접수 내용관리 및 연회예약대장을 기록 유지한다.
⑥ 견적서를 작성한다.
⑧ 행사장 배치도를 기록하고 관리한다.

⑨ 연회자에 대한 각종 안내문을 준비하고 점검 확인한다.

⑩ 통합 판매체제를 증진하도록 연회과장, 연회예약지배인, 판촉부서와 긴밀히 협조한다.

⑪ 기타 공통된 업무와 직무를 수행한다.

5 연회예약사무원의 업무

① 각종 서식 및 메뉴 비품관리

② 구매요구서 발송

③ 우편물 접수 및 발송

④ 인쇄물 의뢰 및 수령

⑤ 각종 타이핑 및 메뉴 프린팅

⑥ Function Sheet의 배포

⑦ 예약금 관리

⑧ 기타

6 연회예약 담당의 조건

연회를 유치하기 위한 경쟁은 고객 확보를 위한 전략이다. 따라서 연회 유치를 위한 연회 요원은 연회상품 지식은 물론, 호텔상품(a.c.s)에 대하여 풍부한 지식을 습득하여야 한다.

Best Accommodation(좋은 시설-연회장)

Best Cusine(맛있는 요리)

Best Service(좋은 서비스-인적 서비스)

또한 연회예약 담당(reception clerk)으로서 보다 중요한 사항은 풍부한 상품지식은 물론이고 아울러 "고객에게 인간적으로 신뢰받을 수 있는 인간성"을 확립하여야 한다.

"호텔 ○○에게 부탁하면 틀림없다"라는 믿음과 신뢰를 쌓아야 한다. 온화하고 공손한 마음으로 고객을 접하며 일단 응낙한 사항은 실천하도록 최선을 기울이고 고객에게 행사 진행에 있어서 편안한 마음을 줄 수 있도록 응대하여야 한다. 또한 자기 개발을 위하여 끊임없이 노력하고 연구하는 마음 자세로 업무에 임해야 한다.

7 연회 예약담당의 업무

예약업무는 고객에게 예약을 수주하는 리셉션(reception)업무와 관계 부서에 발주하는 발주 업무로 대별할 수 있다.

1) 예약담당의 업무

① 내방객의 연회 접수 및 연회장 안내

② 전화의 응답, 전보, 텔렉스에 의한 연회 접수

③ menu 견적서, 도면작성

④ 조리부에 메뉴 제출 의뢰서 발송

⑤ 행사 전일 행사 전반에 대한 확인

⑥ 정보 입수시에 판촉사원 대신 회사 방문 연회 접수

⑦ 연회 관련 정보 접수시 판촉사원에게 정보 제공

⑧ 대형 연회시 Follow Up Service

⑨ Control Chart 관리

⑩ Family party 실적 집계 및 홍보(DM)

⑪ 전 사원 캠페인 교육 및 실적 집계

⑫ 판촉사원과 동행 판촉활동 실시

⑬ 예약 취소, 변경시에 관계 부서 통보

⑭ 고객관리카드 작성 유지

⑮ 예약금 취급 및 관리

⑯ Function Sheet^(event order)작성

2) 관계 부서 발주 업무

① 연회 일람표 작성

② Menu, Name Card, 좌석 배치도 제작 및 업장으로의 인도

③ Function Sheet의 관계부서 배부

④ 외주업무의 발주^(flower, photo, banner, pla-card, musician, menu 등)

⑤ Sign-Board, Seating Arrangement 제작 및 설치

⑥ Guest History Card 작성 및 보관

⑦ Thank you card 작성 및 보관

⑧ Function Sheet의 보관

⑨ 각종 연회 Sales kit 보관

⑩ 행사에 필요한 각종 인쇄물의 고안 및 발주

⑪ Ice Carving Logo 의뢰 및 담당자에게 송달

⑫ 셔틀버스 의뢰

3) 예약업무에 대한 필요한 각종 서식류

① Control Chart^(연회예약 현황 장부)

② Quotation^(견적서)

③ Agreement^(연회예약 접수 명세서)

④ Event Order^(연회행사 통보서)

⑤ Daily Event order^(금일 연회행사 통보서)

⑥ Weekly Event Order^(주간 행사 통보서)

⑦ Monthly Event Order^(월간 행사 통보서)

⑧ VIP report(금일 vip 방문 통보서)

⑨ Price Information(가격 안내표)

⑩ Price menu(가격 메뉴표)

⑪ Floor Lay-out(각층 연회장 도면)

⑫ Function Room Lay-out(연회장 도면)

⑬ Family Program(각종 모임안내 용지)

⑭ Revised Memo(정정 통보)

제3절 ▶ 연회코디네이터

1 부서간 코오디네이션

호텔에서 연회 및 국제회의 등의 행사를 진행할 때는 행사지시서에 의해 준비하여 진행하고 있으나 행사를 진행하다 보면 고객의 계약서에 없는 새로운 사항을 요구하는 경우가 생긴다. 이때 부서간의 비협조로 서비스에 차질을 빚고 고객들의 불평을 가져오기도 한다. 보통 하나의 행사는 호텔 내의 방켓(서비스현장), 조리, 시설, 조명, 음향, 객실, 식음료, 꽃꽂이, 아이스카빙, 영업회계를 비롯하여 현관, 주차장 등 여러 관련부서가 협동하여야만 원만히 진행될 수 있다. 따라서 부서간의 원활한 협력관계가 특히 요구되는 것이 연회서비스인 것이다. 연회부서의 간부사원들은 연회행사 관련부서와 긴밀한 협조관계를 유지하여 행사진행에 차질이 없도록 노력하여야 한다. 서울 SW호텔의 경우, 부서간의 비협조로 고객들에게 불평을 받은 적이 많았는데 원인분석결과 부서간의 마찰과 행사의 중요성은 후방지원부서에서 피부로 느끼지 못한 까닭이었다고 한다. 그래서 SW호텔은 캔 미팅이라는 워크숍을 통한 부서간의 코오디네이션을 위해 각 부서들의 어려운 점과 협조사항을 몇 년전부터 1년에 몇회정도 각 부서 스텝들이 모여 토론한 결과 고객의 중요성과 연회행사 진행시 어려운 점을 서로 알게 되어 이제는 협조체제가 원활히 이루어지고 있다. 그러나 HT호텔, PR호텔, HY호텔 등은 외국인이 경영하고 근무 시간제로 움직이기 때문에 행사지시서(function sheet)에 없는 사항에 대해 행사가 시작되거나 진행되는 도중에 고객이 행사진행에 필요한 사항을 요구하는 경우 고객의 요구를 들어주기가 쉽지 않다. 따라서 연회코오디네이터나 연회판촉 직원들은 미리 고객들의 요구사항을 철저하게 체크하여 행사 전에 행사지시서에 상세히 기록하여야 하는 어려움이 있다. 특히 신규 오픈하여 호텔 직원들간에 원만한 협조 체제가 이루어지지 않은 호텔일 경우 연회예약 담당자들의 고충이 대단하다고 볼수 있다. 따라서 앞으로는 연회고객 유치나 호텔 이미지를 개선시키기 위하여 SW호텔처럼 부서간의 코오디네이션을 잘 유지하는 시스템을 갖추어 고객불평불만 사항을 최소한으로 줄이는 방법을 모색해야 할 것이다. 또한 체계화되고 시스템화된 조직을 구성하여 부서간 코오디네이션이 원활히 이루어지게 하고 대고객 서비스수준을 향상시켜 국제회의 및 연회를 고객들이 안심하고 맡길 수 있는 선진국 수준의 호텔이 되도록 노력해야 할 것이다.

연회부문의 업무영역은 최초 고객의 욕구에서 시작되어 연회 상품이 최종 판매되는 시점까지이다. 연회상품을 위한 호텔 내의 각 부문의 업무협조영역을 좀 더자세히 기술하면 연회예약이 중추적인 역할을 하여 각 업무협조부문에 사전·사후코오디네이션을 하며 행사지시서를 발부·배포한 후에 긴밀한 협조체계와 팀웍을 갖도록 조정 역할을 해야 한다.

2 연회코오디네이터의 업무

코오디네이터는 창조성이 있고 부가가치가 높은 상품을 통해서 고객의 기호에 대응하고 호텔 이미지를 높임과 동시에 매출향상에 이바지하는 역할을 담당한다. 코오디네이터는 판촉부서와 연회예약에서 발생하는 중요한 안건을 책임지며 판촉요원과 상담 협조하고 연회에 관련된 기획, 연출, 각 부문과의 협조, 외부 협력업체의 조달 등의 업무를 수행하는 연회행사의 전문가이다. 따라서 코오디네이터는 전체 연회장 사용의 이벤트에 능하고 그것을 핸들링하고 코오디네이션 할 수 있어야 한다. 또한 판촉요원과 고객을 리드할 수 있는 자질과 연회부문에 대한 해박한 지식을 갖추고 경험이 풍부해야 한다. 연회행사는 코오디네이터에 의해 행사성격에 부합되는 분위기가 창출되고 연회상품의 이미지가 부각될 수 있으며 고객의 욕구(needs)를 만족시킬 수 있으며 동시에 고품질 고가격의 상품 판매로 매출증대 및 경쟁우위 확보를 할 수 있기 때문이다. 연회코오디네이터의 주업무는 첫째, 호텔 대표자로부터 권한과 책임을 위임받아 연회고객과 상담, 접수, 계약을 하며 연회상품의 총괄관리자로서 연회상품의 기획연출과 연회장의 예약통제기능(banquet reservation control)을 가진다. 둘째, 고객의 행사내용 준비 및 진행을 위한 각부서로의 연회업무지시(function order)와 운영을 통한 코오디네이션 및 확인하는 일이다. 셋째, 각종협력업체에 작업발주를 하고 관리하며 시장환경 분석과 경쟁호텔 분석을 통한 정보조사를 실시한다. 넷째, 행사추적 및 고객관리를 하며 판매원들의 행사유치시 지원업무도 수행한다.

연회코오디네이터의 주요 직무는 다음과 같다.

① Function Room Reservation Book의 통제
② 견적서 준비
③ 고객접견을 통한 연회예약 접수
④ 부서간 협조

⑤ 행사의뢰서(function sheet) 발송

⑥ 일일, 주간, 월간 행사예정서 작성

⑦ 경쟁호텔과 정보교환

⑧ 월매출액 분석 및 비교

3 연회코오디네이터의 체크리스트

연회코오디네이터는 연회상품을 고객이 만족할 수 있도록 질적인 경쟁우위를 확보하고 연회상품을 통하여 호텔 이미지를 레벨업(level-up)시키는 업무를 수행하고 있다. 특히 연회코오디네이터는 각 부문의 이질적인 조직을 연회상품에 동질의 조직으로 활용하는 권한과 책임을 갖고 있다.

1) 행사 전 체크리스트 사항

① 연회장 예약은 이상없이 되어 있는가?

- 날짜, 시간, 장소의 중복예약 여부
- 고객과 약속한 장소, 날짜, 시간 등의 정확한 기입여부
- 야외행사시 우천 대치장소 여부

② 행사지시서(Function order) 내용은 견적내용과 이상없이 작성되어 있는가?

- 메뉴, 가격, 인원, 장소 등

③ 행사지시서 배포는 정확히 되어 있는가?

- 행사지시서 서명 확인 및 배포처 확인

④ 현판서명은 이상이 없는가?

- 현판신청서 확인(서명, 내용, 일자 등)

⑤ 차량신청은 이상이 없는가?

- 차량신청서 확인^(서명, 내용, 일자 등)

⑥ 메뉴 프린팅의 외부 또는 자체제작이 필요한가?

- 메뉴프린팅 발주^(VIP행사 및 고가메뉴 행사)

- 행사 전 교정작업

⑦ 아이스 카빙 로고의 외부제작이 필요한가?

- 로고 발주

⑧ 밴드, 국악인, 사회자, 사진/비디오, 상차림 등 외부협력업체 발주는 이상 없는가?

⑨ 좌석배치도, 명패, 명찰 등이 필요한가?

- 발주^(팩스 및 전화) 후 보고 대상에 기입

⑩ 시청각 기자개 및 특수장비 사용시 제공이 가능한가?

- 재고 가능여부 확인^(수량, 기종 등)

⑪ 예약금은 입금되었는가?

- 예약금 영수증 확인

- 온라인 이용시 여신과에 확인^(금액, 입금일 등)

⑫ 출장행사시 직원 도시락은 이상없이 예약되어 있는가?

- 출장행사 시간에 따라 구내식당 개폐시간을 조정

⑬ 행사안내 여직원 준비가 필요한가?

- 행사 여직원 요청^(인원, 명단)

⑭ 특수조명이 필요한가?

- 필요한 특수조명 내용 및 기사 요청^(날짜, 시간, 장소)

⑮ 특별쇼 프로그램이 필요한가?

- 특별쇼 요청시 날짜, 시간, 장소, 쇼내용 등 통보

⑯ 귀빈보고서 작성이 필요한가?

- 귀빈보고서 작성 및 배포^(행사 1일전 배포)

⑰ 행사 개요서 작성이 필요한가?

- 국제행사 및 국내 대형행사시 일자별로 행사개요서 작성 및 배포

2) 행사당일 체크리스트 사항

① 현판은 이상 없는가?

- 현판 내용 확인

② 메뉴프린팅은 입고 되었는가?

- 수량. 내용 확인 후 연회서비스과에 전달

③ 아이스 카빙 로고는 입고되었는가?

- 수량, 서명, 내용 확인 후 아이스 카빙 사무실에 전달

④ 안내문안은 정확히 작성되었는가?

- 안내문안 내용 확인^(날짜, 시간, 장소, 문구 등)
- 오늘의 행사^(today's function) 확인

⑤ 좌석배치도, 명패, 명찰 등이 입고되었는가?

- 수량, 내용확인

⑥ 고객 수송차량은 출발하였는가?

- 장소 및 시간 확인

⑦ 행사장 레이아웃은 주문대로 되었는가?

- 수정 필요시 즉시 수정

⑧ 좌석수는 정확한가?

⑨ 기물은 청결하고 이상 없는가?

⑩ 영접라인은 이상 없는가?

- 리셉션 카페트 또는 적색카페트

⑪ 안내여직원은 대기하고 있는가?

- 장소 및 시간 확인

⑫ 밴드, 상차림, 국악인, 사회자 등 외부협력업체 직원들은 도착하였는가?

- 인원, 내용 확인

⑬ 출장용 직원 도시락은 도착하였는가?

- 수량, 내용물 확인

⑭ 시청각 및 음향 기자재는 이상 없는가?

⑮ 행사용 고객 짐은 운반이 잘되고 있는가?

- 컨벤션센터 행사용 고객 짐 운반

⑯ 녹음시설은 이상 없는가?

⑰ 동시통역 시설은 이상이 없는가?

⑱ 연회장 청소상태는 이상이 없는가?

- 행사 3시간전 청소완료

⑲ 행사용 구매물품은 이상 없이 입고되었는가?

- 수량, 종류, 내용 확인

⑳ 주차장은 확보되어 있는가?

- 주차장 안내 피켓(picket) 확인

3) 행사 후 체크리스트 사항

① 고객의 만족도는 어떠한가?

- 행사 익일 감사의 전화 실시

② 고객의 불평사항(complaint)은 없었는가?

- 연회코오디네이터가 보고서 작성

③ 고객의 분실물은 없었는가?

- 습득물은 당직에 알린 후 하우스키핑에 보관

④ 계산은 이상 없었는가?

- 견적내용과 계산 내용 비교확인

⑤ 고객관리는 잘 이루어지고 있는가?

- 행사 익월 감사의 편지발송, 행사 1주년 기념카드 발송

⑥ 직원 인센티브 자료는 정확히 파악되었는가?

- 월 단위로 직원유치 행사자료를 영업기획과로 통보

⑦ 고객 사은선물은 전달되었는가?

- 매출액 또는 단가 기준으로 해당사은선물 티켓을 고객에게 발송

4 연회코오디네이터와 연관부서의 업무

연회코오디네이터는 연회매출증대 및 고객요구의 충족을 위하여 각종 연회, 회의 예약접수, 행사지시서 발행, 행사진행 준비 및 확인 등을 통한 대고객연회업무를 수행하고 있다. 연회코오디네이터와 관련부서들의 업무내용을 보면 먼저 판매부에서는 행사유치와 고객관리 측면에서 업무를 진행한다. 고객들의 만족된 행사를 통해 재방문 고객을 확보하기 위해 철저한 분석과 행사진행에도 개입한다. 연회서비스과는 행사지시서에 의거한 사전행사준비, 행사 후 고객 만족을 위한 서비스를 책임진다. 행사가 진행되면 모든 업무사항이 연회지배인에게 이관되고 각 관련부서의 협조를 직접 얻을 수 있다. 조리부는 행사지시서에 의거한 메뉴를 행사시 제공하는 기능을 하며 다양한 행사에 대처하는 능력이 필요하다. 음식부문에 대해서는 철저하게 책임을 지며 고객의 기호도를 고려해야 한다. 식당정비과

는 연회에 필요한 각종 기물을 준비하고 정리정돈하는 업무를 책임지고 있으며 음료과는 행사지시서에 의거한 음료를 준비하고 연회바를 운영한다. 그 외 시설부의 음향, 통신, 시청각 기자재준비와 총무부의 차량준비, 협력업체의 무대, 밴드, 사진 등이 있다. 여기서는 구체적으로 몇 개의 중요부서 업무내용을 정의, 행사전, 행사시, 행사 후로 나누어서 기술하였다.

1) 판매부서의 코오디네이션 업무

(1) 주요 업무

이미 누적되어 있는 행사정보와 시장조사를 토대로 연회상품의 판매가 가능한 대상을 선별하여 집중적 세일즈로 행사유치 및 계약을 한다.

(2) 행사 전 업무내용

- 확정된 행사에 대하여 정확한 연회장 확보의 확인 및 예약 화면상의 내용을 수정(날짜, 시간, 장소, 인원, 예상매출액 확정유무, 행사형태 등)
- 특수한 연회장비나 시청각기자재가 필요한 경우에는 사전에 연회예약과와 협의
- 출장행사시 담당자와 연회코오디네이터가 사전 장소답사
- 확정 행사주문시트(confirmed booking order sheet)에는 정확한 행사 정보와 전체적인 행사성격을 알 수 있도록 가능한 한 자세하게 기술하여 연회예약과로 송부
- 이미 내린 확정 행사주문시트의 추가나 변동사항은 즉시 연회예약과로 통보

(3) 행사시 업무내용

- 규모가 크거나 중요한 행사인 경우에는 행사장에 직접 상주하여 수시로 고객의 요구를 접수처리하여 성공적인 행사가 되도록 노력

- 그 외 행사에 대해서는 연회예약과에 일임하고 담당자는 외출하여 세일즈에 임함

(4) 행사 후 업무내용

- 연회 보고서나 연회예약과를 통해 고객불평사항 및 만족도를 파악하여 고객에게 감사전화 및 방문으로 재방문 고객유도에 주력함
- 고객관리 파일 및 감사편지 발송

2) 연회서비스 업무

(1) 기본임무(basic functions, missions, responsibilities)

- 매출액 극대화(maximize revenue)
- 모든 연회행사의 성공적 수행(make sure that every banquets, events, functions are success)
- 최고의 서비스제공(provide excellent service to guests)
- 다음 행사 준비(prepare next events)
- 대형 혹은 중요연회 행사시 매니저가 직접 지휘·관리(make sure that bigger or, and important banquets, events are conducted by manager)
- 최상의 팀웍분위기 조성(maintain best condition of teamwork)
- 서비스 장비의 좋은 상태유지·관리(maintain best condition of service equipments)

(2) 일반 업무(duties)

- 목표달성(meet the goals)
- 계약서 및 행사 지시서 점검·확인(check & study event orders and contracts)
- 직원배정(allocate manning)
- 테이블 배치·배정(place the table layout)

- 행사에 필요한 기물 장비 및 장식완료(mise-en-Place(set up) of all necessary service wares & equipments & decorations)
- 행사 주최자를 만나고 상호 점검한다(meet the event organizers for mutual checks and extra requests, if necessary)
- 행사 리허설(rehearse the events)
- 조리부 및 시설부 직원에게 행사 설명(brief the events to kitchen & engineering & AV dept.)
- 행사 서비스 진행(serve the benquets, events, functions)
- 행사비 지불관계완료(make sure the bill is ballanced, paid)
- 고객만족 확인(check the guests satisfaction)
- 최후 순간까지 연회매출 촉진(try to sell last minute orders, i.e. cocktails, wines, audio & visual equipments, etc.)
- 분실물 관리(handle lost & founds)
- 행사지원 및 진행(forward and assist the events)
- 연회행사와 관련한 기타 모든 사항을 처리한다(performs any other duties assigned or/ and required)

3) 연회서비스부서의 코오디네이션 업무

(1) 주요업무

연회지시서상의 내용과 구두로 접수된 내용 등 모든 정보를 종합하여 축적된 서비스 기술로 완벽한 행사준비를 하며 행사종료시까지 성공적인 행사가 되도록 최선의 노력을 하여 고객만족을 극대화 시킨다.

(2) 행사 전 업무내용

- 확정된 행사에 대한 테이블 배치도 상호협의

- 출장연회에 대한 차량, 서비스인원, 출발시간 등 협의
- 연회지시서를 통한 행사의 전체적인 성격파악 및 준비물 점검
- 연회지시서의 내용을 확실히 파악하도록 최대한의 정보 공유
- 귀빈(vip)사항 파악

(3) 행사시 업무내용

- 연회지시서상의 준비사항 체크(행사시작 1시간 전) 로비포스팅, 간판문안, 상차림, 밴드, 사진/비디오 기사, 아이스카빙, 로고, 꽃장식, 코사지케이크, 헤드테이블, 댄스플로어, 접수테이블 및 방명록, 메뉴프린팅, 넘버링스텐드, 연회장 온도상태, 기물상태 점검, 조명기사 대기 등 전반적인 사항
- 컨벤션 센터 이용고객의 행사용 물품운반 요청시 적극협조
- 행사지시서 내용대로 행사진행
- 고객의 긴급 추가요구 사항 접수 및 조치
- 고객의 문의나 의문사항에 대해 친절한 설명과 안내

(4) 행사 후 업무내용

- 행사지시서 내용 및 당일의 변동상황에 따른 정확한 계산
- 고객이 퇴장할 때 문 입구에서 감사의 배웅인사
- 고객의 물품운반 요청시 적극 협조
- 차량서비스가 제공되어 있으면 즉시 벨 데스크로 연락하여 고객을 차량까지 안내하며 감사의 인사
- 연회 일일보고서 작성- 불평불만사항, 만족도, 메뉴선호도, 특이사항 등 다음 행사에 참고가 될 만한 사항 및 실적 참고사항 등을 구체적으로 상세히 기록 (메뉴, 명칭, 행사성격, 밴드 업체명 등)
- 고객의 분실물 접수 및 보관(당직에 알린 후 하우스키핑에 보관)

4) 조리부서의 코오디네이션 업무

(1) 주요업무

고객이 주문한 음식을 정확한 시간에 최상의 상태로 고객에게 제공하여 고객만
족도를 극대화시킨다.

(2) 행사 전 업무내용

- 고객의 선호음식, 가격에 따른 특별메뉴 구성
- 음식테이블 배치도에 대해 상호 협의
- 출장일 경우 출장인원, 차량에 대해 서로 협의

(3) 행사시 업무내용

- 행사지시서상의 메뉴내용을 최상의 상태로 유지하여 정확한 시간에 고객에
  게 제공
- 예약인원보다 늘어난 경우 신속하게 음식 보충
- 음식에 대한 불평불만 발생시는 즉시 상황을 파악하여 조치

(4) 행사 후 업무내용

- 고객의 음식에 대한 반응을 연회예약과나 연회서비스과를 통해 접수한 후 선
  호, 비선호음식에 대한 구분과 가격결정, 메뉴구성 등의 참고자료로 활용

5) 식당정비부서의 코오디네이션 업무

(1) 주요 업무

행사에 필요한 모든 음식기물 및 장비를 준비하며 항상 최상의 상태로 유지
한다.

(2) 행사 전 업무 내용

- 행사지시서상의 준비물 중 특별사항이나 규모가 큰 행사에 대해서는 미리 체크, 점검하여 행사진행에 차질이 없도록 함.

(3) 행사시 업무 내용

- 메뉴에 의한 빠짐없는 기물준비
- 아이스카빙, 케이크에 따른 기물 준비^(아이스카빙 받침대, 케익스텐드와 나이프, 미수트메이커 등)
- 주류 종류에 따른 글라스류 준비

(4) 행사 후 업무내용

- 행사종료 후 신속한 기물 철수
- 아이스카빙을 철수할 때 위험하다고 판단될 경우에는 아이스카빙 사무실로 협조요청
- 아이스카빙 로고 재사용시 로고 수거 후 아이스카빙 사무실로 전달
- 기물을 수거 정리하면서 파손사항을 체크하여 기물 재고관리의 자료로 활용

6) 음료부서의 코오디네이션 업무

(1) 주요업무

연회지시서상의 음료사항을 정확한 시간과 장소에 제공함으로써 완벽한 연회가 되도록 지원한다.

(2) 행사 전 업무내용

- 행사지시서에 지시된 음료 사항 중 현재 재고가 충분히 있는지, 구매되고 있

지 않은 음료품목은 없는지 체크하여 준비

- 고객의 음료 지참시 사전인수하여 차게 보관

(3) 행사시 업무 내용

- 음료가 예상소비량보다 많을 시는 신속히 공급하여 행사에 차질이 없도록 하며 소비수량을 정확히 관리

(4) 행사 후 업무내용

- 행사 중 소비된 음료사항을 신속히 방켓 캡틴에게 통보하여 행사 종료 후 정확하게 계산이 이루어질 수 있도록 함
- 행사 후 남은 음료는 고객에게 통보하고 가져갈 수 있도록 조치

7) 기물관리, 디자인실, 음향·조명·통신실(Steward, Artroom, AV system) 업무

(1) 기본임무(Basic Functions / Missions / Responsibilities)

- Make Sure that All Equipments are in Best Shape & Condition and Stand By
- Maintain Standards and Image of the Hotel
- Coordinate Each Other i.e. BQ Sales, Service, Kitchen, Artroom, AV, Steward Dept.
- Make Sure that Every Banquets / Events / Functions a Success
- Provide Excellent Service to Guests
- Rehearse the Events
- Performs any Other Duties Assigned or/and Required

제4절 연회예약시의 종합정보

1 연회행사 과정을 위한 종합기능

① 모든 통신문 혹은 서류는 보았다는 것을 증명하기 위하여 오른쪽 상단에 서명을 하여야 한다.

② 예약대장에는 항상 행사장소가 기록되어야 한다.

③ 서류를 보관할 파일박스를 설치하여야 한다.

④ 모든 설문과 제의사항은 연회서비스부(현장), 필요시에는 연회예약 코오디네이터와 같이 조정한다.

⑤ 여흥관계는 적어도 일주일 전에 예약이 완료되어야 하며, 예능관계부서 혹은 여흥관련 외주업체와 협의 조정한다.

⑥ 연회에 필요한 모든 서류는 행사를 차질없이 준비하기 위해 여러 번에 걸쳐 재검토되어야 한다.

2 주차장

행사에 참석하는 고객들이 승용차 혹은 대형서비스를 이용할 경우 주차지역를 미리 확보해 두어야 한다. 주차지역이 확보되면 주차장을 안전하게 하기 위하여 담당부서와 긴밀하게 협조한다.

3 안내문

큰 행사나 연회 혹은 국제회의 시 참석자들이 행사장소를 쉽게 찾을 수 있도록 하고 안내문에 잘못된 것이 없는지 연회예약 코오디네이터는 항상 점검하여야 한다.

4 네임카드

행사 주최측에서 네임카드가 필요하다고 요구할 경우에는 주최측으로부터 미리 명단을 입수하여 행사 이전까지 네임카드 작성을 완료하여 행사장 입구의 안내 데스크에 비치할 수 있도록 조치하여야 한다. 이때 고객의 이름이 잘못 쓰여져 있는지 여부를 주최측과 최종 점검하여야 한다.

5 헤드 테이블과 강단

회의 시나 연회를 위해 헤드테이블과 강단을 배치할 때에는 바람직한 위치와 앉을 인원 수 그리고 강단의 높이 등을 미리 알고 있어야 한다.

1인당 70cm의 좌석 공간을 계산하여 강단을 세우고 연단과 마이크 등 기타의 간격을 계산한다. 전기코드를 연결한 후 램프에 불이 들어오는지 시험해보아야 하며, 회의나 연회를 위해서는 테이블크로스와 그린펠트가 강단 위까지 내려오게 테이블을 둘러싸야 한다. 강단을 셋업할 때 주의사항은 안전을 위해 두 사람 이상이 각 부분을 조심스럽게 다루어야 하며 뒷부분은 벽으로부터 5cm 이상 떨어져서는 안 된다. 연결부분을 잘 이어가고 높이가 같도록 하며, 뒤뚱거리지 않도록 주의를 기울여야 한다.

6 전시 및 진열

전시나 진열은 표준이 없다. 주최측과 협의하여 주최측이 요구하는 바를 충분히 인지하고, 호텔연회장 상황을 고려한 후 호텔측에서 제공 가능한 것들은 모두 제공하여 전시 및 진열대를 설치해야 한다. 전시나 진열을 할 경우에는 행사가 시작되기 이전에 그 지역이 완전히 정돈되었는지 확인하고 전시기간 동안 청결을 유지하도록 조치하여야 한다.

7 등록 및 접수대

등록 및 접수대는 호텔측과 주최측과 합의에 의해 설치하게 되는데, 홀딩테이블을 사용하며 그린펠트로써 테이블을 보기 좋게 포장하여야 한다. 주최측의 요청에 의해 휴지통, 얼음물, 분필, 칠판, 방명록, 네임카드 등도 함께 배치한다.

8 통제 및 지시사항

연회서비스지배인에게 행사가 차질 없이 진행될 수 있도록 예약사항에 대한 모든 사항을 빠짐없이 전달하여야 한다. 연회행사 후에도 계산서를 점검하고 서비스^(현장) 직원에게 지시하여야 할 특별한 지적사항^(고객의 컴플레인: complaint)이 있으면 전달을 하여야 하며, 충분히 실행될 때까지 교육 및 훈련을 실시하여야 한다.

9 행사장 장식

각종 행사시 행사와 관련된 특별한 장식이 필요할 경우 호텔측에서 제공이 가능한지 여부를 주최측에 통보하여야 하며 호텔측에서 협조가 가능한 사항은 최선을 다해 준비할 수 있도록 해야 한다. 프랭카드, 꽃꽂이, 얼음조각^(ice carving), 실내정원, 테이블장식 등이 호텔측에서 제공 가능한 장식이다.

10 와인

오찬^(午餐)이나 만찬^(晩餐) 행사 시 와인이 필요하다고 요청하면 즉시 음료지배인에게 협조를 구하며, 음료 창고에는 항상 어떠한 와인들이 준비되어 있고 적정공급을 할 수 있는지 목록표를 작성하여 확인할 수 있어야 한다.

11 계산

행사 종료 후 계산관계가 무난하게 이루어질 수 있도록 사전에 행사요금계산과 관련되는 정보를 주최측으로부터 충분히 알아두어야 한다. 지불능력에 대한 정보는 호텔 여신과에 확인하면 되지만, 회사명 및 주소, 개인신상에 대한 정보가 있어야 된다. 어떤 행사든지 지불관계가 명백해야 된다. 누가, 언제, 어떤 방법으로 지불할 것인가에 대해서는 주최측으로부터 행사계약서 작성시에 명확히 확인 받아두어야 한다. 예를 들면, "계약서 작성자가 현금으로 행사 후 즉시 계산한다.", "행사 후 회사카드로 결제한다.", "후불로 하고 며칠 후 현금 및 카드로 결제한다." 등처럼 명확히 해야 된다.

12 행사장 청결 및 정리정돈

행사장의 청결 상태를 확인하고, 테이블 크로스 및 스커트 세탁상태를 점검하며, VIP행사전의 대기장소 정리정돈 상태를 확인한다.

13 행사장소 변경이나 취소

1) 행사장소의 변경

(ㄱ) 관련되는 모든 부서에 행사장소의 변경을 통보하고 필요한 조치가 수행 되었나 확인하고 행사 조정시트를 작성하여 배포한다.

(ㄴ) 호텔 사정으로 인하여 행사장소를 부득이하게 변경해야 할 경우에는 행사 주최측에 양해를 구한 뒤 변경된 장소를 알려 주어야 한다.

2) 행사 취소시

(ㄱ) 행사가 취소되었으면 즉시 관련부서에 통지하고 행사조정서를 통해 모든 관

런부서에 배포 한다.

(ㄴ) 행사가 24시간전에 취소가 되면 총 음식가격의 50%를 계산해야 한다.

(ㄷ) 예약금은 호텔에 귀속시킨다.

14 예약금 영수증

모든 행사는 반드시 총 견적금액의 10~20%를 예약금으로 받아야 하며 예약금을 받으면 영수증을 발부하여 고객에게 주고 예약금을 사본과 함께 여신과에 송부한다. 여신과에서는 사본 중 1장을 반드시 연회예약과 지배인 앞으로 보내야 되며 연회예약과 지배인은 그 사본을 보관해야 한다.

15 음료정책

행사시의 음료는 행사수입에 미치는 영향이 대단히 크므로^{(식료판매 이익률에 대한 비율} ^{이 높음)} 행사 주최측을 설득하여 될 수 있으면 음료의 반입을 지양해야 된다. 부득이하게 음료를 반입해야 하는 경우^{(행사를 위해 가정에서 직접 담근 술 또는 음료회사 직원의 행사일 경} ^{우 등)}에는 일정의 결재과정을 거친 후 허용하도록 하여 음료반입을 억제해야 하며, 음료 반입 시에는 일정률의 코케지 차지^(corkage charge)를 부과한다. 코케지 차지는 반입 음료에 대한 호텔 판매요금의 30%정도이다.

16 행사장 사용료

식음료 매출없이 연회행사장만 사용할 경우에는 행사장 임대 사용료^{(function room} ^{rental charge)}를 부과한다. 행사장 임대 사용료는 일반 식음료 요금처럼 이용시간 및 연회장별 별도의 요금이 적용된다. 그러나 호텔에 투숙하고 있는 그룹이 짧은 시간동안 회의를 할 경우 무료로 제공할 수도 있다. 또한 연회행사의 성수기인 3월~5월과 9월~12월 사이에는 매출액이 적은 임대사용 행사는 될 수 있는 한 피하는 것이 좋다.

17 컨벤션 및 방켓 메뉴

연회행사에 대한 연회메뉴의 가격은 정해져 있다. 그러나 특별한 경우에는 책임자와 상의하여 특별메뉴에 대한 계약을 체결할 수 있다. 따라서 예약을 접수할 때에는 항상 컨벤션 및 연회메뉴를 비치하거나 휴대하여야 한다.

18 메뉴 프린팅

오찬과 정찬을 위해 메뉴 프린팅을 고객이 요구하면 특별요금을 받고 제공 할 수 있다.

19 VIP 보고서 작성

행사가 이루어지면 주최 측으로부터 VIP참석 여부를 확인하여야 한다. VIP의 참석이 확인되면 연회예약지배인은 VIP보고서를 작성하여 총지배인, 영업이사, 판매이사, 식음료부장, 당직지배인 등 관련부서장에게 보고하여야 한다. 보고서 작성은 행사시간이 09:00 이전이며 전일 18:00까지는 보고하여야 한다.

20 시설사항

연회장의 모든 음향기기 및 동시통역시설 등은 고도의 기술을 요하는 품목이기 때문에 특별한 연회나 국제행사가 있을 때에는 예약과정에서 파악하여 시설부에 의뢰하여야 한다. 특히 국제회의, 디너쇼, 패션쇼, 전시회 등은 장비를 많이 사용하므로 주의를 요한다.

21 테이블 계획 및 배치도

연회장의 배치는 테이블 계획과 좌석 배치도로 구별되는데 테이블 계획은 행사성격에 따라서 주최측과 협의 후 계획하여야 하며, 좌석배치는 의전 상 서열순서에 따라 주최측과 충분한 협의를 거쳐 확정될 수 있도록 하여야 한다. 계획이 확정되면 정확하게 연회서비스(현장)지배인에게 전달하여야 한다.

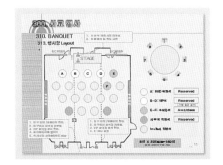

22 전화응대

호텔에서 개최되는 연회행사는 전화 상담으로부터 시작되는 경우가 많다. 올바른 전화 응대법을 숙지하여 고객서비스에 만전을 기해야 하며 연회행사 유치에 기여해야 한다. 특히 전화는 호텔의 이미지를 대표하는 통신매체이며 통화자의 음성만으로 상대방을 평가하고 판단하므로 예약담당자들은 고객과 직접 접하며 대화할 때보다 더욱 신중하고 공손하게 친절한 말씨로 응대해야 한다. 이처럼 전화응대는 보이지 않는 상대방과 전화를 통한 대화로서 의사를 소통하는 과정이기 때문에 전화내용 한마디 한마디를 모두 조심스럽게 해야만 되며 항상 정확한 표현력과 적극적인 태도로 고객의 문의에 신속하게 답변할 수 있도록 정성을 다해야 한다.

1) 전화를 받을 때

① 모든 전화는 "감사합니다. ○○ 호텔 연회예약실 ○○○입니다"라고 상냥하고 분명한 목소리로 답해야 한다. 통화를 하는 고객이 느끼는 호텔의 첫 인상은 매우 중요하기 때문이다.

② 고객이 직원을 찾는 전화일 경우에는 어느 부서 누구와 통화를 원하는지 정확하게 알아들은 후 "감사합니다"라고 한 후 전화를 연결하여야 하며, 전언(傳言)이 있으면 6하 원칙에 의거 메모하여 정확히 전달하여야 한다. 절대로 몇 분 후에 다시 걸어달라는 식의 답변은 곤란하다.

③ 전화 벨이 두 번 이상 울리기 전에 받아야 한다.

④ 걸려온 전화를 연결할 때 통화중이면 고객이 지루하지 않도록 재치있게 응대하는 서비스정신을 아끼지 말아야 한다.

⑤ 전화가 연결되면 "○○○입니다. 무엇을 도와 드릴까요."라고 한다.

⑥ 아무리 바쁘더라도 서두르거나 시간이 없음을 전화를 걸고 있는 고객에게는 느끼지 않도록 정중하고 부드럽게 응대해야 한다.

⑦ 항상 필기구와 메모지를 준비하여 필요한 내용을 기록해야 한다.

⑧ 고객의 용건이나 예약에 관한 사항을 복창하여 기록사항을 점검하고 이해하기 어려운 점은 다시 한번 공손하게 여쭈어 착오를 사전에 예방한다.

⑨ 항상 표준말을 사용하고 경어와 올바른 화법으로 응대하며 음성의 고저, 크기, 속도, 발음에 유의해야 한다. 고객이 이해하기 어려운 전문용어, 외국어를 사용하면 확실하게 확인해야 하며 애매한 답변은 하지 않도록 한다.

⑩ 통화를 끝낼 때는 밝고 명랑한 목소리로 인사를 하고 상대방이 수화기를 놓은 다음에 조용히 내려 놓는다.

2) 전화를 걸 때

다이얼을 돌린 후 신호가 떨어지면 "안녕하세요 ○○○호텔 ○○○입니다. 죄

송하지만 ◯◯◯씨와 통화할 수 있을까요?"라고 정중하게 말해야 한다. 그리고 용무를 명확히 밝힌다. 다른 사항은 위의 요령과 같다.

23 연회장 안내

연회예약을 하러온 고객에게 행사할 연회장을 보여주면서 연회장의 설비와 행사에 필요한 중요한 사항들을 설명하는 것은 매우 중요하다. 그러므로 모든 방켓룸과 컨벤션룸은 항상 정리정돈되어 있어야 한다. 연회예약실에는 연회장의 시설과 설비에 대한 슬라이드 필름, 식탁배열도, 얼음조각과 케이크의 유형, 연회장 전경사진 등을 비치하여 고객이 연회행사를 예약하는데 참고 자료로 활용할 수 있게 하여야 한다.

24 음식 및 행사장 준비절차

1) 음식준비절차

① 수석 조리장은 보증된 인원(guarantee)에 따라 식사를 준비한다.

② 만일 추가가 있다면 10%이내이어야 하지만, 더 이상의 추가메뉴는 연회서비스과장과 수석 조리장과 상의 후 추가될 수도 있다.

③ 부가적인 요리준비는 지체없이 준비되어야 한다.

2) 행사장 준비 절차

① 세트 메뉴(set menu)일 경우에는 보증인원보다 10% 정도 많게 좌석배열을 하되 음식 요금은 추가분만큼 더 받게 된다.

② 뷔페일 경우에는 보증인원의 10%까지는 좌석을 배열하고 추가분의 음식요금을 부과하지 않는 것이 일반적이다.

③ 계약 시 확정된 보증인원(guarantee: 음식 준비를 위한 최저참석 보증인원)은 연회서비스(현장) 직원들이 연회장을 준비하는데 유효한 정보가 된다.

25 행사 후 계산방법

① 행사가 끝날 무렵 행사지시서에 의한 실질계산은 방켓 캡틴이 하고 연회 지
   배인에게 최종 확인한다.
② 행사 주최자와 함께 계산서의 항목을 확인하고 계산한다.
③ 현금이나 수표로 지불하면 캐셔에게 보내 고객에게 영수증을 발급하며 후불
   일 경우에는 지불능력이나 신용도를 여신과에 문의 한 후 결정하여야 한다.
   또한 연락처를 명확히 기록하여 여신과에 관련 계산서를 넘긴다.

26 연회 예약실 점검표

① 연회장 계약서
② 각종 행사의 연대별 점검철
③ 연회를 위한 메뉴가격표
④ 장비와 설비에 대한 리스트와 사진
⑤ 행사진행중인 연회장을 담은 사진
⑥ 얼음조각, 기타 연회행사장의 장식장면을 담은 사진
⑦ 스크랩북이나 과거 행사 사진과 행사 후 고객으로부터 온 감사편지철
⑧ 서비스에 필요한 도자기 유리제품 은식기류 등의 진열장
⑨ 잠재적인 연회장 예약고객을 위한 신선한 음료의 준비여부
⑩ 오후 일과 후 연회예약을 위한 예약과 직원이 늘 대기하고 있는지의 여부
⑪ 모든 행사자의 점유율을 표시하는 도표

27 감사의 편지

행사가 끝난 후 연회예약과장은 행사를 주최한 고객에게 감사하다는 편지를 발

송해야 한다. 편지는 행사가 끝난 후 일주일 이내에 발송하여야 효과를 거둘 수 있다. 고객은 그 행사의 추억과 즐거움을 다시 한번 기억할 수 있기 때문이다.

28 일일 연회예약 현황보고서

① 이 보고서는 행사 전일 연회예약 코오디네이터가 행사지시서와 예약대장에 의거 작성해야 한다.
② 관련부서 및 전 영업장에는 피죤박스(pigeon box)를 통해 배포한다.
③ 관련부서는 연회예약 일일보고서를 보고 그날의 행사장을 다시 체크할 수 있으며 각 영업부서는 그날의 행사를 숙지하였다가 행사에 대해 고객들에게 자세히 안내해 주어야 한다.

제5절 연회예약의 접수 절차

연회부서의 주된 업무의 하나가 연회예약업무이다. 호텔에 따라서 연회장 사용예약에 관한 업무를 판촉부문에서 담당하도록 하고 연회예약과와 연회판촉과로 분리하고 있는 곳도 있지만 대부분의 호텔에서는 연회예약은 연회부의 주된 업무 가운데 하나로 되어 있다. 연회예약 그 자체는 예약의 신청과 함께 시작되나 고객은 예약을 신청하기 이전에 요리, 음료, 연회시설, 요금 등에 대하여 호텔에 문의하는 것이 보통이다. 이와 같은 고객의 문의에 대한 응답은 예약사원이 담당하게 되므로 예약사원은 연회세일즈를 담당하고 있는 셈이다. 그리고 이와 같은 순서로 진행된다. 연회예약사원은 다음에 설명되는 상황대로 처리하여 예약업무에 착오가 없어야 한다.

1 예약에 관한 문의

연회예약에 대한 문의사항은 연회장이 비어 있는지의 여부, 요리, 음료, 회의장 등의 요금, 요리의 내용, 고객측에서 주최하는 행사가 고객이 희망하는 기획 또는 연출 등에 부응할 수 있는지의 여부, 연회장의 규모 및 설비 등이 있을 것이다. 이러한 고객으로부터의 문의에 정확하게 답변하기 위하여 연회예약 담당자는 연회장의 시설, 설비^(면적, 연회실형태) 고객의 요청에 부응할 수 있는 기능의 범위, 요리, 음료에 관한 지식, 테이블 레이아웃의 방법 및 요금 등에 대해서 완벽하게 알고 있어야 한다. 고객의 문의가 있다는 것은 연회판촉이 어느 정도까지 침투되어 있다는 결과인데 이 문의의 응대는 연회장 세일즈의 첫걸음이다. 연회예약에 관한 문의는 전화로 해오는 경우가 많으나 대형의 연회, 회의 등일 경우에는 연회장을 답사하기 위하여 또 연회나 회의에 관한 상세한 사전협의를 위하여 그 연회, 회의의 담당자가 직접 호텔로 찾아오는 경우도 있다. 이와 같은 경우에 연회예약담당자는 고객을 연회장으로 안내하여 필요한 설명을 하고 또한 고객의 요구사항에 대하여 자세하게 구체적으로 설명을 해야 한다. 이러한 답사 고객에 대한 응대는 연회판매의 세일즈에 관계될 뿐 아니라 그 호텔의 서비스에 대한 인상을 심어주게 되므로 예약담당의 태도는 충분한 주의가 요구된다.

2 예약접수 순서

예약의 신청에는 다음의 두 가지가 있다. 전화, 팩시밀리, 편지 등의 매체에 의한 신청과 호텔에 직접 찾아와서 하는 신청이다. 특히 전화에 의한 신청은 상대방을 잘 알 수 없으므로 청약^(請約)의 상황에서부터 상대방을 파악함과 동시에 상담자의 설명에 불충분한 점이 없게 유의한다.

1) 예약 콘트롤 북 확인

연회예약에 대한 문의를 받게 되면 예약직원은 가장 먼저 희망하는 일시에 고객의 연회조건에 알맞은 적당한 연회장이 비어 있는 가를 연회예약컨트롤 북에서 확인한다. 연회장은 오전과 오후, 야간으로 2회 또는 3회로 예약을 받을 경우에는 연회의 내용, 연회와 연회와의 시간 간격을 생각해서 받지 않으면 안 된다.

컨트롤 북의 양식은 호텔에 따라 다른데 대별하면 월별일람표와 일별일람표로 나눌 수 있다.

2) 예약접수서^(예약 전표)의 작성

희망하는 일시와 인원을 고객에게 물어보고 예약컨트롤 북을 확인하여 적당한 연회장을 사용할 수 있다는 것을 알게 되면 그 뜻을 고객에게 전달하고 제반조건에 관한 협의가 이루어지면 이어서 예약접수서를 작성한다. 예약접수서는 다른 말로 예약수배 부서라고도 불린다. 연회예약이 성립한 단계에서 그 연회에 대한 모든 필요조건을 이 예약접수서에 기입한다. 연회예약접수 순서는 보통일반연회의 것과 가족모임의 것으로 분류된다. 이는 가족모임의 연회는 일반연회의 것보다 기입해야 할 사항이 많기 때문이다. 연회예약은 간단한 회식이나 정례적인 모임정도라면 전화만으로도 예약을 마칠 수 있겠으나 대규모의 연회, 회의, 또는 전시회, 가족모임 등에서는 주최자측의 담당자와 연회예약직원이 직접 만나서 요리나 음료 그 밖의 행사 등에 관한 구체적인 협의를 갖게 되고 어떤 경우는 그 횟수도 2회, 3회로 반복된다. 상담이 이루어져 결정된 사항은 모두 연회접수서에 기입된다. 대규모 연회의 성공여부는 사전에 상호면밀한 협의와 제반사항을 정확히 기입하고 관계부서에 틀림없이 연락하는 데 달려 있다. 따라서 연회직원과 고객측 담당자 사이의 업무추진용으로 사용하는 체크리스트를 준비해 두는 것도 필요하다.

3) 예약컨트롤 북의 기입

예약신청을 접수하고 예약접수서의 기입을 완료하면 즉시 예약 컨트롤 북의 사용 연회장 일람표에 시간, 인원, 연회명칭 등을 기입한다. 연회가 결정되지 않았는데도 예약컨트롤 북에 기입하는 일이 있다. 이를 가예(家隷)약(約)이라고 말하는데 다음의 경우에는 고객의 편의를 도모하기 위하여 가예약이 이루어진다.

① 고객이 연회의 개최를 완전히 결정하지 못하였고 아직 협의단계에 있지만 그러나 그대로 놓아두면 연회장이 겹치게 될 때, ② 연회일시는 결정되어 있으나 견적을 뽑고 있거나 다른 연회장과 비교를 하고 있는 경우, ③ 고객이 희망하는 일시에는 연회장을 확보할 수 없으나 다른 날이면 연회장을 제공할 수 있는 경우 그런데 그 다른 날도 그대로 놓아두면 곧 겹치게 될 우려가 있을 때 등이다. 이러한 가계약의 경우 컨트롤 북에는 가예약이라는 것이다. 언제까지는 가부간의 확답이 있을 것이라는 것과 상대방의 성명 및 연락처를 정확하게 기입해둔다. 이 가예약의 기간은 보통 2-3일이며 그 기간이 경과하였는데 아무런 연락이 없는 경우에는 자동적으로 효력이 상실되나 사전에 호텔측에서 상대방에게 연락을 취하는 것이 친절한 서비스 자세이다.

③ 예약확인서의 작성

예약접수를 완료하면 예약의 확인서를 작성하고 이를 고객에게 보내는데 확인서의 내용은 예약접수서에 기입되어 있는 사항 가운데서 다음을 옮겨 적는다. 집회명, 기일, 시간, 사용하는 연회장명칭, 인원수, 기타이다. 호텔에 따라서는 더 자세하게 기입한 확인서를 작성하여 연회지배인이 서명하고, 고객에게 증명의 서명을 요구하는 방식을 취하고 있는 곳도 있다.

4 견적서 작성

대규모의 연회, 회의, 전시회 등의 행사의 경우 고객이 예산을 짜기 위하여 또는 한정된 예산범위 내에서 연회를 열기 위하여 견적을 요구해 오는 일이 있다. 최근에는 이러한 연회의 견적을 각 호텔에서 취합하여 비교한 후 연회 또는 전시회를 결정하는 일이 늘어나고 있다. 연회견적은 문의단계에서 고객으로부터 견적서를 제시하도록 하는데 유의한다.

5 예약의 취소

연회예약이 취소되었을 때에는 즉시 예약컨트롤 북을 정정한다. 취소를 통보해 왔을 때 가능하면 취소의 이유 등에 대하여 알아두는 것이 다음의 연회유치에 도움이 된다. 컨트롤 북의 정정 후에는 예약접수에도 취소의 고무인을 누르고 취소일시, 취소를 통보해온 고객의 성명, 취소를 접수한 담당자의 이름을 표기하며 이 예약접수는 취소파일에 철하고 필요관계부서에 취소연락통보서를 배부하며 예약의 취소를 알린다. 호텔 사이에서 연회유치경쟁이 치열해지고 있으므로 가능한 한 취소가 된 이유를 정확하게 파악해 두고 취소가 되었다고 해서 방치해 두는 일이 없이 다음 기회의 연회를 받을 수 있도록 계속적인 판촉노력을 펴 나가야 한다.

6 판촉에 의한 예약 접수

주로 또는 원칙적으로 판촉 사항에 해당된다. 판촉사원이 거래선에 가서 예약을 수주하는 경우이다. 판촉사원이 출사 중에 거래선에서 전화가 걸려 오거나 긴급을 요하는 경우에는 Reception Clerk이 직접 거래선에 가서 예약을 접수하기도 한다.

Sales Man이 세일할 수 있도록 Sales Kit을 준비하여 주며 세일즈맨의 예약 접수에 대해서와 같이 Follow up Service를 해 준다.

7 고객의 내방에 의한 예약 접수

호텔에 직접 찾아오는 손님은 그만큼 그 호텔에 대해 잘 알고 있으며 또한 그 호텔을 이용하고자 하는 마음의 결정을 한 고객이라고 할 수 있다. 따라서 내방객은 99% 그 호텔을 이용할 고객으로 볼 수가 있다. 판촉에 의한 예약은 그만큼 경비와 인력이 들고 경쟁이 심한데 비해 내방객을 훨씬 수월한 편이다. 때문에 올바른 자세와 단정한 용모, 고운말씨로 손님을 맞이하여 풍부한 상품 지식으로 고객에게 신뢰감을 주어야 한다. 고객으로부터 날짜, 시간, 인원들을 확인하고 적절한 연회장을 소개한 후 예약 상담에 들어간다. 예약 절차가 끝나면 고객에게 Room Show를 시켜 확인할 수 있도록 한다. 예약 전표를^(예약접수서) 기록하고 고객으로부터 예약금을 받아서 행사에 차질이 없도록 하고 Control Chart에 기록하도록 한다.

8 전화에 의한 접수

예약접수 방법 중 가장 신중을 기해야 하는 것이 전화접수이다. 고객과 직접 대면하고 있지 않기 때문에 혹 소홀히 할 우려가 있으며, 또한 고객은 예약 담당자의 말만으로 음식, 장소, 행사 전반에 걸친 안내를 받아야 하기 때문에 충분한 상품 지식과 예의 바른 전화 응대법으로 고객을 설득하여 유치하도록 해야 한다.

9 텔렉스, FAX, 전보, 편지에 의한 예약 접수

텔렉스, FAX, 전보, 편지에 의한 예약 접수는 예약의 가부를 정확히 고객에게 통보해 주어야 한다. 고객에게 Menu, 도면, 견적서 등을 동봉해 주어서 고객이 서류만으로도 행사를 결정할 수 있도록 자세한 자료를 보내 주어야 하며 또한 예약을 접수하는 과정에서 차후 행사시에 문제가 발생하지 않도록 정확한 예약이 되도록 한다.

10 직원의 소개에 의한 방법

전 사원을 판촉 요원화 함으로써 사원들의 세일즈 의식도 고취시키고, 호텔 매출액도 높이는 차원에서 각 호텔에서는 여러가지 방법으로 전 사원 판촉 캠페인을 실시하고 있다. 이것은 사원들의 지연, 혈연, 학연 등을 통해서 연결될 수 있는 연회행사를 유치하는 데 그 취지가 있다. 따라서 매 분기별로 실적을 집계해서 시상이 이루어지도록 해야 한다.

Chapter 7 가족연회

제1절 약혼 · 결혼식

1 약혼식

약혼이란 예비 신랑 · 신부 두 사람이 정혼(定婚)하기로 약속하는 것을 집안의 어른들과 친척, 친지들 앞에서 알리는 의식으로 전통혼례의 사례의식 중 의혼과 납채, 납폐를 하나로 묶어 현대식으로 개편한 절차의 의식이다. 약혼식 중 사주와 납채문 전달은 전통혼례의 의혼과 납채에 해당되며, 예물교환은 납폐의 잔재로 볼 수 있다. 보통 약혼식은 신부 측에서 지불하는 경우가 많은데, 특별한 이유는 찾아보기 힘드나 전통혼례의 의식과 잔치가 신부 측에서 성대하게 이루어졌던 것에서 추정할 수 있다.

약혼식은 특급호텔 예식이 활성화되기 전까지만 하여도 호텔 연회의 주요 행사 중 하나였으나 21세기를 살아가는 현시대에는 여성의 사회적 지위 향상과 경제력 향상 및 결혼에 대한 인식의 변화로 감소 추세에 있다. 그러나 일부 연예계나 부유층을 중심으로 꾸준히 지속되고 있으며, 약혼식을 한다는 것은 예비 신랑·신부가 되는 것으로 특급호텔 예식담당자의 주요 고객이 되기에 중요하게 여겨진다.

1) 약혼식 식순

약혼식과 결혼식의 사회는 일반적으로 신랑의 친구가 보게 된다. 일부 집안에서는 신랑이 친구 중 첫 아들을 낳고 사주가 좋은 사람을 사회지로 추천하는 경우도 있다. 이는 전통적으로 남존여비 사상에 의한 것으로 보여 지나 최근에는 별도의 구분 없이 사회를 잘 보는 친구가 자주 섭외되기도 한다.

① 개식사
• 사회자가 약혼식 시작을 알린다.
② 예비신랑과 신부 입장
• 예비 신랑과 신부가 입장하여 기념 초 및 각 테이블의 초에 점화하여 상석까지 가서 양가 모친과 함께 초에 점화를 한다.
③ 신랑 신부의 약력 소개
• 사회자가 예비 신랑·신부의 학력 및 경력을 간단히 설명한다.
④ 사주 전달
• 예비 신랑·신부는 일어서서 뒤로 일보 물러서도록 하여 사주(신랑의 생년·월·일·시를 글로 적은 것)를 신랑 어머니가 신부어머니께 전달하고 양가 어머니끼리 서로 공손히 인사를 하도록 한다. 이어서 신부 아버님이 그 사주를 받아본 다음 접어서 다시 사주집에 넣고 신부 부모님이 신랑 부모님께 잘 보았다는 의미로 인사를 한 다음 착석한다.

⑤ 예물 교환

• 미리 준비한 예물을 전달하는데, 예비 신랑이 예비 신부에게 약혼반지부터 끼워주고 시계가 준비된 경우는 시계를 채워준다. 그다음 예비 신부가 예비 신랑에게 약혼반지·시계를 채워준다. 그리고 나머지 예물은 신랑 측 어머니에게 전달한다. 이때 예비 신랑·신부는 뒤로 한 걸음 물러서서 착석한다.

⑥ 양가 가족 소개

• 신랑 측 가족 대표가 신랑 측 가족을 소개하고, 그 다음 신부 측 가족 대표가 신부 측 가족을 소개한다.

⑦ 예비 신랑신부 인사

• 예비 신랑·신부가 일어서서 약혼이 성립됨을 감사하는 뜻에서 양가 가족 친지에게 공손히 인사를 한다.

⑧ 축전 낭독

• 참석하지 못한 분께서 보내주신 축전을 사회자가 낭독한다.

⑨ 축하케이크 커팅

• 예비 신랑·신부를 기념케이크 앞으로 나오도록 하여 케이크 초에 점화한 다음 손을 다정히 잡고 촛불을 끄도록 하고, 준비한 샴페인을 떠뜨려 분위기를 고조시킨다. 서비스요원은 Dry Ice Machine의 스위치를 눌러 Dry Ice김이 나오도록 하여 환상적인 분위기를 연출하며, 예비 신랑·신부가 케이크를 위에서 아래로 자르도록 한다. 이때 하객들은 박수로 축하하도록 한다.

⑩ 축배

• 사회자가 축배를 제의한다. 상석의 예비 신랑신부와 부모님은 샴페인 글라스가 닿을 정도로 가까이 다가가 다정하게 포즈를 취하도록 하며, 하객들도 다 같이 잔을 들어 "축하합니다"라고 한다.

⑪ 양가 대표인사

• 양가 아버님은 두 사람의 약혼식에 대한 격려와 양가의 인연을 맺은 것에 대

해 감사의 말을 한다.

⑫ 식사

- 공식행사가 모두 끝난 후에 준비된 식사를 제공한다.

⑬ 여흥

- 식사가 어느 정도 마무리될 무렵 준비된 여흥을 진행하도록 한다.

⑭ 폐회

2) 약혼식 좌석배치

약혼식은 기본적으로 30명 미만의 경우는 U-Shape의 형태를 취하고 인원이 많이 늘어날 경우 메인석(6석) 외 하객석을 라운드 테이블로 세팅한다. 보통 무대를 바라보고 중앙을 기점으로 우측에 신부, 좌측에 신랑이 착석하게 된다.

신부, 신부 어머님, 신부 아버님 순으로 착석을 하며, 신랑, 신랑 어머님, 신랑 아버님 순으로 착석하나 특별한 연유는 없는 것으로 보인다. 전통혼례의 경우 신랑 측이 동쪽, 신부 측이 서쪽에 위치하고 있으며, 서구 스타일의 경우는 여성을 우측에 동행시키나 결혼식 퇴장에서 만큼은 좌측에 동행시킨다. 아무튼 이러한 것이 참고일 뿐 정확한 연유로 보기는 어렵다.

3) 약혼식 메뉴

약혼식의 메뉴로는 주로 정찬이 제공된다. 뷔페식의 경우 음식을 뜨기 위해 자리를 이동해야 하고 양가가 서로 처음 대면하는 자리라 음식을 들고 다니는 모습이 좀 불편할 것으로 보인다. 이렇듯 체통을 중시하는 한국적인 정서에서 뷔페는 음식의 맛을 제대로 느끼기 어려울 것으로 보여 주로 정찬을 많이 주문한다. 정찬의 종류로는 양식코스, 중국식 코스, 한정식 코스 등이 주로 제공된다. 그 외 일식 코스나 기타 특별요리가 제공된다.

4) 약혼식 주요 주문품목

약혼식에 주문되는 메뉴 외 주류를 포함한 음료, 케이크와 샴페인, 꽃 장식^{(하트 캔} ^{들과 주빈석 장식, 하객석 장식)}, 사진촬영, VTR촬영, 연주 등이 주요 주문품목이다.

5) 약혼연 기획의 포인트

약혼식은 보통 신부 측에서 비용을 부담하기 때문에 상담의 포인트를 신부와 신부 측 부모님의 경제적 사정에 맞추어 임하는 것이 바람직하다. 약혼식은 적은 인원에 꽃장식과 음식비용이 적지 않게 들기 때문에 연회기획가는 고객의 경제적 사정을 특히 고려해야 한다.

이외 고려되는 사항으로는 약혼식 메뉴도 고려해야 하는데, 주의할 점은 뷔페는 바람직하지 않다는 것이다. 양식 코스는 양가 모두 양식을 선호하는 경우나 격식 있는 절차를 따를 경우에 진행이 원만하다. 중국식 코스는 한국식 정서에 맞는 메뉴로 판단된다.

술을 권하고 식사와 안주가 되기도 해 많은 분들이 중국식 코스를 선호하는 편이다. 한정식과 일식 코스는 호텔이 서빙상 혹은 기물의 준비상 꺼려하기 때문에 자주 제공되지 않아 메뉴단가가 높은 단점이 있다.

2 결혼식의 개념

1) 우리나라 결혼식 발전사

우리나라 전통사회에서 행한 관혼상제는 유교의 영향을 받기 전에는 엄격한 의례절차를 갖추지 않고 신부집에서 잔치를 벌이는 것이 중심이었으나 유교의 영향을 받은 후의 관혼상제는 고려 말 중국 송나라 주자가례의 기본적 절차인 육례 혼례제를 기준으로 하고, 그것에 약간의 내용을 수정한 엄격한 사례 혼례제를 따르고 있다. 주자가례의 육례 혼례제는 주자가례를 근간으로, 조선시대 숙종 때 도암

이재(숙종6년, 서기 1680년 출생)가 편찬한 '사례편람'에서 혼례를 의혼, 납채, 납폐, 친영의 사례로 설명하였고 이와 같은 혼례의식은 지금의 혼례식의 근간이 되었다.

구한말 이후 개화기를 거치면서 서구문화와 일제 식민지시대의 영향을 받아 신식혼례와 구식혼례는 병존하게 되었고 1934년 조선 총독부가 발표한 '가정의례준칙'에 의해 간소화와 합리화가 이루어졌으며 자본주의 경제행위의 확대에 따라 의례서비스가 상업화되기 시작했다. 해방 이후 1956년 재건 국민운동본부는 일제시대 가정의례준칙에서 더 간소화를 요점으로 하는 '표준의례(標準儀禮)'를 제정하였으며, 그 후 보건사회부에서 1961년에 기존의 표준의례와 유사한 내용으로 '표준의례'를 제정했으며, 이어 1969년에 현재 실행되고 있는 가정의례준칙이 공포되었다.

산업사회로 접어들면서 계절의 변화에 의존했던 농업생활에 적용된 혼례문화 역시 산업화된 사회에 적응하여 변화되었다. 농촌에서도 1970년대를 분기점으로 전통혼례는 사라지고 혼례의식을 올리는 장소는 각기 다른 곳에서 살고 있는 가족, 친족집단이 결혼식을 위해 잠시 모이고 헤어지는 만남의 장소, 의례의 장소로 인식되었다. 게다가 과거에는 주로 이웃과 친척들이 신부집에 모여서 혼례를 올리고 동네잔치를 벌였지만, 오늘날은 참석범위가 넓어져 일가친척뿐만 아니라 친구들, 또는 직장동료 등 아는 사람들까지도 참석하게 되었다. 또한, 예식의 장소도 예식장이나 호텔 등 예식전문기관이나 교회, 성당에서 거의 모든 혼인식이 행해지고 있다.

1969년에 제정된 가정의례법은 경조사의 외형적 허례허식을 금지하고 의례식장의 영업 등을 규제해 온 뒤 1999년 2월 이후 전면 개정돼 가정의례 관련규제들이 대폭 풀리게 되었다. 이에 따라 그동안 가까운 친지로 국한됐던 인쇄물을 이용한 하객초청 범위제한이 없어지고, 혼례에는 5개 이하로 제한되었던 화환 규제가 풀렸다. 또한 결혼식장과 결혼상담소는 신고업종에서 자유업종으로 전환돼 업주의 영업신고 의무, 임대료, 수수료 신고의무, 시설기준 등이 없어져, 야외·식당결혼식 등이 가능해지고 지금까지 1회 50분 이상으로 규정해 온 결혼식장 사용시간 제한도 없어져 버렸다. 또한 특1급 호텔의 혼인예식도 1999년 8월 9일 이후 전면 허용되었다. 이는 1998년 10월 헌법재판소가 경사기간 중 주류나 음식물을 접대하면 2백만 원 이하의 벌금을 내릴 수 있다는 가정의례법 관련조항이 위헌이라는 판결을 내린 데 따른 것이다.

사실 호텔예식은 사회정의 실현, 교통 혼잡, 과소비 사치성의 조성 기능으로 인하여 사회적 측면의 역효과를 초래함으로써 호화스럽고 사치스러운 행사로 위화감을 조성하여 건전한 국민생활을 해친다는 것 때문에 1980년 12월 31일 가정의례에 관한 법률에 의거 관광호텔에서는 예식장 영업을 하지 못하도록 허가를 제한받고 있다가 1993년 12월 27일 법률 제4637호에 의거 특2급 호텔 이하 호텔에서의 예식장 영업이 허용되었다. 그러나 가정의례에 관한 법률은 준수율이 낮을 뿐만 아니라 법으로 의례행위를 규제하는 것은 실효성을 기대하는 데 어려움이 많았다. 이에 헌법재판소는 '경사 시 주류 및 음식물의 접대금지'(가정의례에 관한 법률 제4조 제1항 제7호)에 대해 위헌 결정을 내리게 되었다.(98.10.15).

1999년 8월 9일 이후 특1급 호텔의 예식 출현은 예식시장에 강한 충격을 주었고 시장의 질서가 새롭게 형성되었다. 또한 호텔예식은 일부 계층을 위한 개인의 프라이버시를 최대한 존중하기 때문에 예식의 진행과 연출에서 예비 신랑·신부에게 또 하나의 동경의 대상이 되었으며 이용객이 날로 증가되고 활성화되고 있는 실정이다. 최근의 호텔예식은 식음사업의 규모를 확대하고자 하는 호텔기업의 사활을 건 중요한 영업의 도구이며 또 하나의 중요한 수단이 되었다. 대부분의 호텔이 결혼예식만 상담하는 상담실과 지배인들을 별도로 두고 영업 중이다.

3 결혼의 정의

혼인의 혼은 저녁을 의미하는 혼(婚)자에서 유래한 것으로 혼례는 어두울 때 행하는 예였다. 중국의 고서 '대대례(大戴禮)'에 의하면, 관혼은 사람의 시작이라고 했다. 혼인은 곧 인륜의 시초라는 뜻이다. 또 '공자가어(孔子家語)'에 보면, 얼음이 녹으면 농상이 시작되고 혼례를 치르면 사람의 일이 시작된다고 했다. 이러한 점으로 미루어, 혼인제도는 기원전부터 시작되었던 것으로 보인다.

결혼과 혼인은 동의어로 쓰이고 있기 때문에 두 가지를 구분하기는 곤란하다. 그러나 법률상으로 혼인이란 용어는 사용되나 결혼이란 용어는 사용되지 않는다. 의미 면에서 구별한다면 혼인은 제도적인 면을 중요시한 용어인 데 반하여 결혼은 인간관계 또는 상호관계를 중요시한 용어로 사용하고 있다. Murdock(1949)은 "결혼이란 남녀 두 사람의 사회적으로 인정된 성(性)적 및 경제적 결합"이라 정의하였다.

① 결혼은 사회적으로 승인된 남녀의 성관계이다.
② 결혼은 영속적인 관계이다.
③ 결혼은 권리와 의무의 관계이다.
④ 결혼은 전 인격적 관계이다.

결국 결혼은 사적인 관계가 아니라 공적인 관계이며 책임과 의무가 동시에 따르는 개인의 문제이며 동시에 사회적인 문제로 확대되는 매우 중요한 기능을 갖고 있음을 알 수 있다. 결혼의 의의로는 첫째로 성적, 육체적인 결합을 의미하는데 이는 일부일처의 관계를 이루는 것을 내포하며, 둘째는 사랑으로 결합되는 고유한 정신적 관계를 갖는다는 점이며, 셋째는 가정이라는 하나의 공동 사회생활을 하게 되는 점이며, 넷째는 관습, 도덕, 법률 등 사회의 규범인 제도를 따르는 것이다. 따

라서 혼인은 호적법에 의해 신고함으로써 그 효력이 발생하며, 법률 제812조 1항 및 2항에 의해신고 당사자 쌍방과 성년 2명의 증인이 서면으로 연서하여야 한다.

4 결혼예식^(혼례)의 의의

우리나라 전통사회에서 혼례^(婚禮)란 젊은 남녀가 하나로 합침으로써 위로는 조상에게 제사를 지내고 아래로는 자손을 후세에 존속시켜 조상의 대를 끊기지 않게 하기 위해서 치르는 혼인^(婚姻)의 예^(禮)이다.

즉, 개인의 입장에서는 성인식과 같은 의미를 갖고, 가족에게는 가족구성원을 새로이 맞이하는 의례이며, 가족의 증식과 번영을 예측하는 의례^(儀禮)이기 때문에 관혼상제^(冠婚喪祭) 중에서 가장 중요한 사회적 의미를 갖는다. 그래서 옛 사람들은 혼인을 일러 '인류 도덕의 시원^(始原)이며 만복^(萬福)의 근원'이라 했다.

결혼예식이란 남녀가 부부관계를 맺고자 서약을 하는 의식으로, 결혼의 과정을 통하여 가족을 형성하게 되는 하나의 성스러운 절차이다.

5 전통혼례

개화기부터 근대식 결혼식이 유행하면서 1970년대 초반까지 간간이 진행되어온

우리나라 전통 관혼상제의 사례 혼례제는 중국 송나라 주자가례의 육례를 우리나라의 실정에 맞게 수정한 전통혼례문화이다. 조선시대 숙종 때 도암 이재가 편찬한 '사례편람'(의혼, 납채, 납패, 친영)은 혼례의식의 근간이 되었다.

1) 의혼(議婚)

남녀가 혼인할 나이에 이르면, 신랑집과 신부집에서 서로 혼사에 관하여 의논하는 절차를 의혼이라 한다. 가문과 가풍을 중시한 한국의 전통 혼례식에서는 양가(兩家)에서 중매인을 세워 상대방의 가문, 학식, 인물들을 조사하고 두 사람의 궁합(宮合)을 본 다음에 허혼(許婚) 여부를 결정했다.

대개 신랑집의 청혼편지에 신부집에서 허혼편지를 보냄으로써 의혼이 이루어진다. 이 과정에서 양가 부모만이 신랑이나 신부의 선을 보았으며, 당사자들은 서로 얼굴을 보지 못했다. 남녀가 혼인할 수 있는 적령기로, '사례편람(四禮便覽)'에는 남자는 16~30세 사이, 여자는 14~20세 사이에 의혼(議婚)한다고 되어 있다. '경국대전(經國大典)'에도 남자는 15세 이상, 여자는 사정이 있으면 12세 이상도 혼인을 할 수 있다 하였으나, 실제로 세간의 풍속은 이러한 규정이 잘 지켜지지 않았던 것 같다.

2) 납채(納采)

납채는 혼약이 이루어져서 사주(四柱, 四星)를 보내고 연길(涓吉)을 청하는 절차이다. 신부 측에서 허혼(許婚)편지나 전갈이 오면 신랑 측에서는 신랑의 사주와 납채 문을 작성하여 홍색 보자기에 싸서 보낸다.

신부 집에서는 사주를 받으면 신랑과 신부의 운세를 가늠해 결혼식 날짜를 택하여 신랑 측에 통지한다. 양가에서 일단 정혼이 되면 성혼하기로 서신을 주고받은 후에 사주를 보내는 지방도 있고, 청서(靑書)를 한 연후에 사주를 보내기도 하며, 곧바로 사주를 보내서 혼인을 정하기도 한다.

오늘날 신랑의 사주단자를 신부 집에 보내고, 신부 집에서는 택일하여 보내는 것이 납채의 절차이다.

3) 납폐(納幣)

연길과 의제장을 보내는 절차가 끝난 뒤, 신랑 집에서 보통 결혼식 전날 신부용 혼수(婚需)와 혼서(婚書) 및 물목(物目)을 넣은 혼수 함에 보내는 과정을 납폐라 한다. 요즘에는 혼인 전날 저녁에 함을 보내는 것이 이에 속한다.

신부 집에서는 대청에 상을 놓고 홍보를 펴서 떡시루를 올려놓고 기다렸다가 함이 도착하면 상 위에 놓았다가 방으로 들여간다. 혼서는 신부에게 무척 소중한 것으로서 일부종사(一夫從事)의 의미로 일생 동안 간직하였다가 죽을 때는 관 속에 넣어 가지고 간다고 한다.

4) 친영(親迎)

친영은 신랑이 신부를 맞이해 온다는 뜻으로 신랑이 신부 집에 가서 혼례를 치르고 신부를 맞아오는 예로서 요즘의 결혼식이다. 신랑은 새벽에 일어나서 이 사실을 사당에 고(告)하고 아버지에게 교훈을 받는다. 신랑은 사모관대를 하고 신부 집으로 장가들러 가는데, 이곳을 사처라 하고, 후행으로 온 사람을 상객이라 하며, 신부 집에서는 사처에 술상을 보낸다. 정해진 시각이 되면 신랑은 안부(雁夫, 기러기 아비)의 안내를 받으며 신부 집으로 향한다.

신랑은 목기러기를 신부 어머니께 바치고, 신부어머니는 이 기러기를 치마에 싸아 안방으로 들어가 안치하는데, 이 자리를 전안청(奠雁廳)이라 하며, 이 예를 전안례(奠雁禮)라 한다. 전안이 끝나면 신랑이 장인께 재배하고, 장인은 답례를 안 한다.

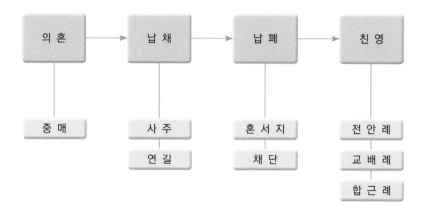

다음에는 초례청^(醮禮廳)에서 초례를 지내는데, 전안례와 초례를 합하여 대례^(大禮)라고 한다.

초례의 절차는, 먼저 신랑·신부가 상견례^(相見禮)를 한다. 이때는 붉은색의 다리가 높고 큰 상을 대청이나 마당에 놓고 신랑은 동쪽에 서서 서향하고, 신부는 서쪽에 서서 동향하여 서로 절을 하는 의식을 교배라 하며 이때 가운데 차려놓은 상은 교배상^(交拜床)이라고 한다. 다음에는 합근례^(合卺禮)를 한다. 근배는 음양의 본을 따서 부부 화합의 뜻을 가진 것으로, 둥근 쪽박을 반으로 갈라서 두 개의 잔으로 만든 것이니 부부는 하나라는 뜻이다. 청주를 잔으로 세 번씩 교환하고 입만 댔다가 구경하는 사람들에게 준다. 이처럼 친영은 전안^(奠雁)례, 교배^(交拜)례, 합근^(合卺)례 순으로 진행하고 주례자가 '홀기^(笏記)'에 따라 식을 진행한다.

(1) 교배상^(交拜床)

교배상 위에 차려지는 것은 지방이나 가정에 따라 다르나 일반적으로는 다음과 같이 차린다. 사철나무, 대나무, 동백나무를 꽂아 상 좌우에 놓고 촛대 한 쌍에 청홍색 촛불을 켠다. 또 시골에서는 봉황새를 닮은 닭 한 마리를 목만 내놓고 보자기에 싸서 놓는다. 차리는 식품은 쌀, 팥, 콩, 밤, 대추, 곶감, 삼색 과일과 떡 등이다.

또 숭어 한 쌍을 쪄서 신랑 것은 밤을 입에 물리고, 신부 것은 대추를 입에 물려 담는다. 숭어는 수어(秀魚)라 하여 글자 그대로 매우 빼어나다는 뜻이 있어 축하하는 의미로 통한다. 대례가 끝나면 친척과 이웃을 초청하여 국수로 잔치를 베푼다. 국수는 길이길이 잘 살라는 뜻이 있다.

(2) 큰상

혼례식이 끝나면 신랑에게는 큰상을 차려 축하하는데 높이 고이기에 고배상 또는 망상이라 한다. 그리고 신랑, 신부 앞에는 입매상을 차려준다. 큰상에는 각색 과일과 과자, 어육을 고루 차린다. 음식의 내용은 강정, 유밀과, 다식, 숙실과, 당속, 과실류, 전과, 편, 어물새김, 편육, 전유어, 적 등이다.

이 큰상은 신랑, 신부가 나란히 받았다가 물리면 채롱(버들상자나 고리짝 같은 것)에 담아 신랑을 데리고 왔던 상객(대개 신랑의 삼촌이나 친척어른)이 돌아갈 때 시댁에 봉송으로 보낸다. 신방에 들기 전에 저녁은 7첩 반상이나 9첩 반상을 부부 각상으로 차려주는데, 겸상으로 차려주는 경우도 있다.

또 신방에는 간단한 주안상을 차려서 들여 놓는다. 첫날밤이 지나면 아침 일찍 초조반을 차리는데, 대개 깨죽, 잣죽, 떡국 등을 차린다. 조반상은 역시 저녁처럼 7첩이나 9첩 반상을 차린다. 점심은 국수 장국상으로 차린다. 이와 같이 3일을 신부 집에서 지내고 나서 신랑을 따라 산행을 간다. 이것을 우례(于禮)라 하며, 말하자면 시집을 가는 것이다.

6 이바지음식과 폐백음식

이바지 음식은 정혼을 약속 후 혼례를 올리기 전에 신랑 집에서 신부 집으로 혼인에 소요될 물자를 보내는 것으로 신부 측에서 사양한다면 특별한 통고가 없는 한 짝수 일을 택하여 마을의 하인을 시켜 물건을 소에 실어 보내는 음식을 말한다. 신부 집에는 답례로 이바지를 보내기도 했으나 의무적은 아니었으며 그 물품내용에 있어서는 지역과 집안의 경제적 형편에 따라 약간씩 차이는 있으나 대체로 쌀, 닭, 돼지, 술, 달걀 등이 주요 품목이다.

폐백 음식은 혼례를 치르고 신부가 시부모와 시댁 식구에게 처음으로 인사를 드릴 때 올리는 특별한 음식으로 예전에는 신부 댁에서 이바지 음식과 폐백음식을 만들어 갔으며, 집안이나 지방에 따라 만드는 물건이 달라지지만 대개 서울에서는 청주, 대추, 쇠고기로 만든 편포를 가지고 가고, 지방에서는 편포 대신 폐백닭^(통닭찜)을 가지고 갔다.

폐백을 드리면서 신부가 시부모에게 절을 올리면 시어머니는 대추와 생률 등을 신부의 치마폭에 던져주면서 "아들 딸 많이 낳아서 잘 길러라."고 덕담을 하는데, 대추는 자손 번영을 뜻한다. 신랑 집에서도 신부에게 고배 상을 차려주는데, 규모는 대개 신부 집과 비슷하다. 이 음식은 색시를 데리고 간 후행이 돌아올 때에 석자^(대그릇)에 담아서 봉송으로 보낸다. 이처럼 혼인하여 사돈이 되면 음식을 주고받는 것이 우리의 풍속이다.

7 결혼기념일

1) 동혼식

결혼 15주년을 기념하는 의식으로 수정혼식^(水晶, crystal wedding-수정처럼 맑고 고운 사랑의 결실을 맺을 시기)이라고도 한다.

2) 은혼식

결혼 25주년을 기념하는 의식으로 자손들이 보석처럼 빛나기 시작하는 시기 이후부터는 보석들이 점점 좋은 것으로 바뀌듯 가정도 부부관계도 보석처럼 빛나게 되는 것을 의미한다.

3) 금혼식

결혼 50주년 기념식, 유래가 분명하지는 않으나 고대로마 제국에서부터 비롯되었다는 설과 중세 독일에 기원을 두고 유럽전역에서 19세기까지 그 풍습이 형성되었다는 설이 있다. 금혼식에는 금화나 금으로 만든 화관등 주로 금으로 된 선물을 주고 받는다.

4) 회혼식

회혼식[回婚] - 뜻 결혼한 지 60갑자를 되돌아왔다는 뜻이다.

제2절 ▶ 생일잔치

1 백일잔치

아기가 출생한지 백날이 되면 일가친척은 물론 이웃 사람들을 청하여 아기를 보여주며 축복을 받고 백설기와 음식을 차린다. 최남선의 '조선상식문답'에는 백일을 경축하는 의미를 "백일이 되면 사망률이 가장 많은 시기를 넘어설 뿐만 아니라 한편으로 갓난아기가 사람을 반겨 방실거릴 줄 알아 경사스런 마음이 더 클 수밖에 없는 것입니다."라고 하였다. 아기를 위해서는 음식을 풍성하게 차린다. 흰무리(백설기)는 백설같이 순수 무구함을 뜻하며 새 아기를 찬양하는 의미가 된다. 수수팥떡은 부정한 것을 예방하는 주술적인 뜻이 포함되어 있다.

조선시대의 궁중에서는 "왕손의 백일에 백설기를 하여 궁 밖에 사는 종친들까지도 나누어 먹었다"고 적혀 있다. 백일 떡은 친척과 이웃집에 두루 돌리는데 일백 사람에게 나누어 먹이면 백수한다고 하였다. 백일 떡을 받으면 자기 집의 그릇에 비우고 가져온 그릇을 돌려줄 때에는 씻지 않고 그냥 돌려주어야 아이에게 좋다고 하여 씻지 않고 그대로 실이나 돈을 담아 답례로 주었다. 실과 돈은 장수와 부귀를 기원하는 뜻이다.

2 돌잔치

아기가 태어나 만 한 살이 되면 자축과 축복을 겸한 잔치를 베푸는 것을 말한다. 돌을 맞는 아이를 '돌잡이'라 하여 그날의 주인공이 되고 돌잡히는 풍속이 있다. 남 아에게는 색동저고리, 풍차바지에 복건을 씌우고, 여아에게는 색동저고리, 다홍치 마에 조바위를 씌워 성장을 시키고 돌상 앞에 앉힌다.

돌상에는 음식과 각종 물건을 차려놓는데 남아와 여아가 다르다. 흰무리, 수수 팥단자, 쌀, 국수, 과실, 돈, 대추, 종이, 붓과 먹 등을 늘어놓고, 남아는 천자문과 활과 화살을, 여아는 천자문 대신 국문을 놓고 활과 화살 대신에 색지, 실패, 자 등 의 모두 유래가 있는 물건들을 놓는다. 무명필을 접어서 방석삼아 아기를 앉히고 가족과 친지들이 모여서 아기가 무엇을 먼저 잡는 가 구경을 하며 아기의 장래를 점친다. 책을 먼저 집으면 글을 잘하게 되고, 활을 잡으면 장군감이고, 자를 잡는 여아는 바느질을 잘하게 된다는 것이다. 쌀은 부자가 되고, 대추는 자손이 번영한 다 하여 돌잡이를 즐긴다. 돌날에 입히는 옷을 돌 복이라 하는데, 이수광의 '지봉 유설'에 돌잡이에게 새 옷 입히는 것이 기록된 것으로 보아 일반화된 풍속임을 알 수 있다.

첫돌은 생활이 넉넉지 않은 서민에서부터 궁중에 이르기까지 반드시 차려서 경 축하는 풍속이 있어 현재도 돌잔치를 하고 있다. 궁중 돌잔치의 기록은 '국조보 감'(정조 15년)에 원자의 돌잔치에 제신들이 축하하고, 덕을 나누고 모든 백성까지 기 쁨을 같이 하였다고 전한다. 돌날 손님상은 흰밥에 미역국과 나물·구이·자반·김 치·조치 등 반상을 차려서 대접한다. 돌에도 백일 때와 마찬가지로 친척과 이웃에 떡을 돌리며, 떡을 받으면 답례로 실·돈·반지·그릇·수저 등을 준비하여 돌상을 차릴 때 쓴다. 이는 앞으로 세상을 살아갈 때 영위해야 할 식생활의 기본 수단이란 것에 큰 뜻이 있다 하겠다.

3 회갑연

전통적으로 부모를 공경했던 우리나라는 회갑례를 가정의 대사 중 하나로 여겼으며, 이러한 문화는 지금도 계속되고 있다. 회갑이란 말은 환갑(還甲), 주갑(周甲), 화갑(華甲), 화갑(花甲)이라고도 하는데, 이는 곧 자기가 타고난 간지(干支)가 60년이 되면 그 자리로 돌아오기 때문에 만 60년이 되는 해의 생일을 회갑으로 한다. 회갑연이란 부모가 회갑을 맞으면 자손들이 모여 부모님의 장수를 축하하기 위해서 잔치를 베푸는 연회를 말한다. 그래서 회갑연을 수연(壽宴)이라고도 한다. 이러한 회갑연은 현재 주말 가족모임의 대표적인 연회가 되었으며, 최근 수명의 연장으로 회갑연을 생신연의 규모로 대신하고 칠순잔치(고희연)를 예전 회갑연의 규모로 하는 경향이 늘어나고 있는 실정이다.

헌수(獻壽)란 자녀들이 부모님께 술을 올리고 절을 하는 것을 말한다. 옛날에는 회갑 상을 혼례상과 같은 고배 상으로 차려 자손들이 차례차례 잔을 올렸고, 헌주가 끝나면 초청한 친척과 부모님의 친구들께 국수장국을 중심으로 고배했던 음식을 고루 차려 대접했다.

고배상(상차림)에 차리는 음식의 종류나 품수, 높이 등에 관한 규정은 없으며 각 음식의 위치도 정해져 있지 않았다. 일반적인 호텔 연회의 상차림으로는 생과류, 그리고 맨 뒷줄에 견과류와 조과류, 병류 등이 보기 좋게 색 맞추어 놓여진다.

1) 회갑상의 기본 음식

회갑 상에 올려지는 음식은 부모의 장수와 자손의 번창을 의미하며 아래와 같다. 최근에는 수입 과일과 계절음식이 올려지기도 한다. 일반적으로 떡과 과일을 제외한 대부분이 모조로 올려 진다. 이는 사진을 찍기 위한 장식용으로 이를 대신하고 있다.

① 건과 (乾果) : 대추, 밤, 은행, 호두

② 생과(生果) : 사과, 배, 감, 귤

③ 다식 (茶食) : 송화다식, 쌀다식, 녹말다식, 흑임자다식

④ 유과(油果) : 약과, 강정, 매작과

⑤ 당속(糖屬) : 팔보당, 졸병, 옥춘당, 꿀병

⑥ 편(䭇) : 백편, 꿀편, 떡, 팥시루떡

⑦ 포 (脯) : 어포, 육포, 건문어

⑧ 정과(正果) : 청매정과, 연근정과, 산사정과, 생강정과, 유자정과

⑨ 적(炙) : 쇠고기적, 닭적, 화양적

⑩ 전(煎) : 생선전, 간납, 고기전

⑪ 초(炒) : 홍합초, 전복초

2) 회갑연 메뉴

보통 정찬보다도 뷔페식으로 주문하는 경향이 대부분이고, 정찬의 경우 중국식 코스, 한정식 코스로 진행되는 경우도 있다. 양식 코스와 일식코스는 간혹 제공되는 경우도 있지만 흔하지 않고 대체로 뷔페식이나 우리나라 잔치문화의 정서와 맞는 것 같아 회갑연하면 보통 뷔페식이다.

3) 회갑연의 비용항목

호텔 회갑연에서 식음료를 제외한 주요 비용항목으로는 기념케이크, 샴페인, 정종(헌주용), 상차림, 밴드, 국악인, 사회자, 사진촬영(원판, 스냅), 꽃 장식(상차림석과 하객 테이블, 주빈용 흉화)을 들 수 있다. 그 외 헌화용 꽃다발이나 꽃바구니 등이 있다.

4) 회갑연 기획의 포인트

회갑연은 부모님의 장수를 축하하는 자리로 가까운 친지와 친척을 초대하여 연회를 베푸는 행사다. 연회기획가는 자녀들이 준비한 행사가 부모님과 일가친척 모두에게 뜻깊은 자리가 되도록 행사를 준비하는 자녀 입장을 잘 고려해야 한다. 고객의 경제적 능력에 따라 식료 메뉴가격이 결정되지만 그날의 분위기는 연회기획가의 배려에 따라 좌우될 수 있기 때문이다. 주요 고려사항은 다음과 같다.

(1) 고객의 하객인원과 메뉴단가

하객의 인원에 따라 규모가 수십 명에서 수백 명까지 될 수 있다. 경제적인 부담을 크게 느끼는 고객에게는 저렴한 메뉴를 권하는 것이 좋다.

(2) 사회자

회갑연 1부 사회는 장남의 친구나 사위의 친구가 보통 보게 된다. 하지만 2부 여흥사회는 전문 사회자가 보는 것이 분위기를 돋우는데 더욱 유리하다. 경우에 따라 국악인이 2부 사회를 보면서 분위기를 고조시키는 방법도 있다.

(3) 밴드

하객인원 50명 규모를 기준으로 하여 50명을 전후로 20명까지는 1인조 밴드를 주문하여도 진행상 어려움이 없다고 보여 진다. 예를 들면 밴드가 2명 이상 올 경우 120명 정도를 하객으로 예상하면 바람직하다. 하지만 200명 이상 시 밴드 3인조와 국악인 2인이 바람직하며, 그 이상의 밴드는 비용이 많이 추가될 수 있다.

(4) 국악인

국악인은 회갑연 진행상 전체적인 분위기를 잔칫집으로 이끌어가는 연출인으로 식전에 창을 하고 자녀들이 무보님께 절을 할 때 옆에서 전체적인 진행을 맡아

주는 엔터테이너이다.

또한 부모님과 일가 어른들을 즐겁게 하기 위해 가무와 창을 한다. 간혹 손님한테 많은 금품을 요구하는 경우도 있는데, 연회담당자는 이러한 일이 발생하지 않도록 주의시켜야 한다.

(5) 사진촬영

가족사진촬영은 보통 원판사진으로 주문하여 진행된다. 보통 그날의 주인공인 부모님 내외분 사진과 직계가족, 일가친척 순으로 촬영하는데, 행사가 시작되기 전 대략 1시간 전부터 촬영하는 것이 좋다. 식후에 사진촬영을 하는 경우 피곤한 모습으로 찍힐 수 있기 때문이다.

5) 회갑연 식순

다음 식순 표는 호텔 연회장에서 주로 진행되는 식순이다. 하지만 고객의 요청에 따라 식전에 가족사진을 편집하여 상영하기도 하고, 부모님께 감사의 편지낭독, 직계가족의 가족 송 등이 식순에 삽입되어 새롭게 연출될 수 있다.

① 개식사
- 사회자가 실내분위기를 정돈하고 개식을 알린다.

② 주빈 입장 및 주빈 약력 소개
- 주빈이 입장할 때 축하객들은 모두 자리에서 일어나 많은 박수를 치도록 한다. 이때 실내조명을 다운시키고 스포트라이트를 비춰 분위기를 고조시킨 후 주빈이 착석하면 실내조명을 켠다. 사회자 또는 주빈의 친구가 주빈의 본관, 생년월일부터 현재까지의 약력사항과 슬하의 자녀에 대하여 자세히 소개하도록 한다. 이때 분위기에 맞추어 음악을 은은하게 틀어준다.

③ 가족 대표 인사
- 주빈의 맏아들^(아들이 없으면 맏사위 순)이 가족을 대표해서 참석해 주신 내빈께 감

사의 인사를 드리도록 한다.

④ 가족 소개

- 가족대표 혹은 사회자가 가족들을 가족항렬에 따라 소개시키도록 하며 호칭된 가족은 자리에서 일어나 내빈께 인사하거나, 주빈테이블 근처로 나와 내빈께 공손히 인사를 드리도록 한다.

⑤ 내빈 대표 축사

- 사전에 축사자를 선정하여 부탁드리도록 한다. 보통 축사는 주빈의 가까운 친구들이 한다.

⑥ 헌화 또는 헌주

- 직계자손 순으로 헌화 및 헌주를 할 수 있도록 돗자리 및 헌주상을 준비하며, 상석에는 퇴주잔을 준비해 둔다. 어린이나 노인들은 꽃을 드리며, 인원이 많을 경우에는 가족단위로 한꺼번에 할 수 있도록 한다. 이때 헌화로는 장미송이가 적합하며 헌주용 술은 정종이 알맞다.

⑦ 축가와 축주

- 주빈의 생신을 위해 준비된 축가나 연주를 축주한다. 보통 자녀들이 다함께 합창을 하기도 하며 손자손녀들이 연주를 하기도 한다.

⑧ 케이크 절단 및 축배

- 주빈석 옆에 준비된 기념케이크를 커팅하는 순서로 촛불을 끄고 케이크를 커팅과 동시에 내빈들은 축하의 박수를 칠 수 있도록 하고, 서비스 요원들은 준비된 샴페인을 알맞게 터뜨린다. 이때 축하음악이 연주된다면 분위기를 더욱 살릴 수 있다. 사회자는 내빈들이 모두 잔을 채우도록 안내멘트를 하고, 잔이 모두 준비된 것을 확인한 후 주빈 및 내빈 전체가 모두 자리에서 일어나 주빈의 만수무강을 비는 축배를 들도록 한다. 이때 팡파르가 연주되도록 해야 하며, 축배 제의자는 미리 선정될 수 있도록 한다. 축배의 순서가 끝나면 주빈은 내빈께 감사의 인사를 드리도록 한다.

⑨ 식사

- 사회자는 내빈들이 식사를 할 수 있도록 알리며, 뷔페식일 경우에는 식사방법을 안내해 주는 것도 좋다. 흥겨운 분위기 속에서 식사를 즐길 수 있도록 은은한 배경음악을 틀어주도록 한다.

⑩ 여흥

- 내빈들의 식사가 어느 정도 끝날 즈음에 여흥으로 분위기를 유도하도록 한다.

⑪ 폐회

4 진갑연

회갑 이듬해인 62세가 되는 생일에 회갑잔치 때처럼 음식을 차려 손님을 대접하고 부모를 기쁘게 해드리는 잔치다. 현대사회에서 진갑연은 회갑연이 약소하게 치러지는 관계로 소규모의 생일잔치로 치러지는 경우가 많다.

5 칠순연

현대는 의학의 발전과 생활수준의 향상으로 평균 수명이 연장되어 호텔에서의 회갑연은 소규모의 생일잔치로 뷔페식당이나 일반 레스토랑에서 치러지면서 효도여행을 권하는 추세이고 칠순잔치는 크게 하는 시대로 정착되고 있다.

칠순을 일명 고희(古稀)라고 하는데, 고희(古稀)라는 말은 당나라 시인 두보의 시에 나오는 "인생 칠십 고래희(人生七十古來稀)"라는 문구에서 유래한 말로 옛날에는 70세가 되도록 사는 예가 그만큼 드물었음을 의미한다. 칠순연 진행은 회갑연과 동일하게 상차림과 여흥이 준비된다.

6 희수연

사람 나이의 일흔 일곱 살을 의미하며, 희자축(喜字祝)이라고 하여 장수를 축하하는 뜻으로 쓰인다. 희(喜)자를 초서체로 쓰면 그 모양이 七十七을 세로로 써 놓은 것과 비슷한 데서 유래되었으며, 일종의 파자(破字)의 의미이다. 장수에 관심이 많은 일본에서 비롯된 말이다.

희수연은 77세 생일날 치르는 잔치이다.

7 팔순연

八旬宴 또는 산수연(傘壽宴)이라고 하며, 80세가 되는 생일에 펼쳐지는 잔치로 산(傘)의 약자를 풀면 八十이 된다.

8 미수연

여든여덟 살 되는 해에 베푸는 잔치이다. 「米」자를 破字할 경우 「八十八」이 되기 때문에 미수라고 한다.

옛날에는 평균 수명이 짧아 70세의 고희연, 77세의 희수연, 88세의 미수연 등의 장수 축하 잔치를 크게 벌였다.

9 졸수연, 구순연

90세가 되는 생일을 구순연(九旬宴) 또는 졸수연(卒壽宴)이라고 한다. 졸(卒)의 약자가 九十을 의미한다.

10 백수연

99세가 되는 해에 펼쳐지는 생일잔치이다. 百에서 '一'을 뺀 것이 白.

11 천수연

100세가 되는 생일잔치를 천수연이라 한다.

절차는 회갑연과 동일하게 진행되며, 자녀의 경제적인 사정과 부모님의 건강상
태에 따라 행사의 규모와 진행여부가 결정된다.

Chapter **8** 연회서비스의 조직과 업무

제**1**절 ▶ 식음료 영업부문의 조직

조직이란 특수목적을 달성하기 위해 각 조직 구성원의 행위를 통제하는 유대관계의 구조라 정의할 수 있다. 즉, 조직이란 다양한 업무가 이루어지는 틀이다. 그것은 기업과 기관 내의 업무분담, 책임과 권한이 부여되는 직위 그리고 이런 요소들 간의 관계이다. 조직은 관리의 영역, 위임과 같은 개념을 호텔의 경영과 특성에 맞춰서 호텔의 기업목적을 달성하기 위해서 만들어진 것이다. 최근 호텔의 규모 확대로 대기업화되자 호텔경영도 고도로 조직화되고 있는 추세이다. 즉, 일반기업에서와 같은 경영이론을 호텔의 특성에 맞게 도입, 응용함으로써 본격적인 호텔경영조직을 편성하기에 이르렀다.

호텔 식음료부서의 조직은 고객의 음식 또는 서비스에 대한 욕구를 충족시키며 각 구성원과 관리의 효율성을 추구하기 위한 관련성의 조직구조라 할 수 있다. 이러한 식음료부서의 조직구조는 경제성에 목적을 두고, 목적을 달성하기 위해 구성원의 의무와 책임권한을 명확히 하고 단순화해야만 한다. 또한 창의적이고 독창적으로 업무를 수행할 수 있는 권한의 하부이양과 감독의 기능을 적절히 조절할수 있어야 한다. 조직의 최적규모는 서비스 테이블의 수량, 음식의 종류, 가격, 영업시간, 손익분기점, 서비스 형태 등의 다각적 분석에 의해 결정된다. 식당의 규모에 의해 조직구조가 다양하겠지만 기능적인 측면에서 볼 때 인사관리, 주방, 시설, 서비스로 분류된다. 따라서 식음료부서의 조직은 규모의 여하에 따라 각 기능간

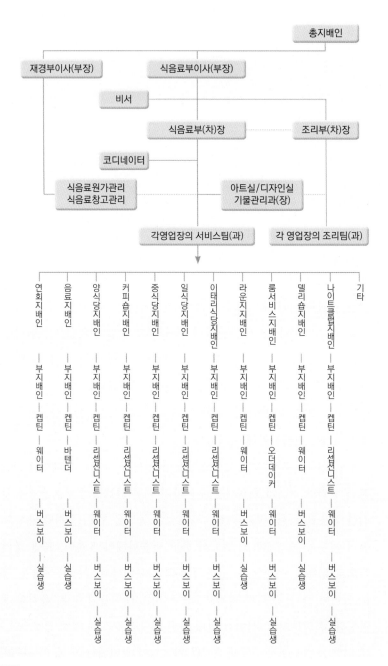

그림 3 호텔의 식음료부 조직도(Organization chart of the food & beverage department of hotel)

유기적, 관련성의 정도가 다르다. 그림 3은 비교적 전문적인 경영체제를 도입한 호텔 식음료부문의 운영조직도이다. 호텔에 있어서 일반적으로 연회부서(catering dept. 혹은 banquet dept.)는 식음료부(food & beverage division)에 소속되어 있으며, 연회부장의 부서원으로서 연회 서비스과, 연회 예약과, 연회 판촉과, 아트 및 디자인과 얼음조각 장식과 등으로 구성되며, 기타 지원 부서로서 연회 주방 및 음향, 조명, 영상 및 방송부서 등이 있다.

제2절 ▶ 연회부문의 조직

호텔에 있어서 연회부문(banquet department)은 케이터링(catering or F&B) 부문에 소속한다. 따라서 대규모 호텔의 경우 식음료부서 지배인 아래 연회지배인이 연회부문을 관리하게 된다. 그러나 최근에는 연회부문의 조직이 호텔에 대한 기여도가 큰 만큼 식음료 부서와는 별도로 독립된 조직체계를 갖추고 있는 호텔이 늘고 있는 추세이다.

현대 호텔 경영에 있어서 식음료부서는 객실부서와 함께 2대 수익발생부서이며, 그중 연회부서는 단일업장으로써 단시간내 한 공간에서 최고의 수익을 올리는 특성이 있다. 또한 연회는 다른 일반 레스토랑과는 달리 식탁과 의자가 준비되어 있는 것이 아니라 일정한 장소에서 고객의 요구, 연회행사의 내용, 성격, 형태, 방법에 따라 각양 각색의 행사를 수행하는, 무에서 유를 창조한 부서이다. 그러므로 각 조직별 직무를 분업화하는 한편 원만한 팀웍(team work)을 이루어 대 고객 서비스에 만전을 기해야 한다.

호텔 연회부문은 크게 연회를 판매하는 부문과 연회장에서 직접 서비스하고 진행하는 부문, 그리고 판매와 서비스 간에 원활한 커뮤니케이션과 코오디네이션 역할을 하는 연회예약부문으로 대별된다. 연회장 판매를 위한 판매 부문과 고객을 직접 서비스하는 연회서비스부문을 연결해주는 연회예약부문은 연회부문조직에서 중추적인 역할을 수행하는 것이 특징이다. 이렇게 조직의 부문간 직무분장과 조직 라인이 다르면서 똑같은 업무수행을 하도록 하는 것은 호텔 연회매출 극대화를 위한 것이며 또한 서로의 통제기능으로서 조직을 굳건하게 해주고 있다. 그러나 호텔기업의 조직특성이 갖는 서비스 판매는 서로 다른 조직간의 직무분장을 코오디네이션과 커뮤니케이션 그리고 팀웍으로 하나의 업무수행을 하도록 되어 있다. MPR(marketing, production, supporting)이 하나가 되어 업무수행시 긴밀하게 움직여가고 있는 것이다. 즉, 연회부문의 조직기구를 대별하면 연회판촉(banquet sales & promotion), 연회예약(banquet reservation), 연회서비스(banquet service) 부문으로 일반적으로는 구별하고 있다. 3대 부문은 호텔내의 다른 부문과는 달리 고객에게 만족된 연회서비스를 제공하기 위해 상호 긴밀히 공조하는 조직체계를 갖추고 있는 것이 특징이다.

실제로 연회서비스는 위 3대 부문 중 어느 한 부서만의 노력으로 이루어질 수는 없기 때문이다. 연회판촉부문에서는 점차 경쟁이 치열해지고 있는 연회시장에서 연회행사량을 증대시키기 위한 다각적인 방안의 모색과 기존고객의 관리 및 신규 거래선의 개척을 주요 업무로 추진하고 있으며, 연회장의 규모 및 거래량 또는 매출액에 따른 적정 수준의 연회판촉지배인을 두고 있다. 연회예약부문은 연회생사의 제 1선이다.

예약당시부터 철저하게 준비가 이루어져야만 원만한 서비스가 가능하기 때문이다. 연회예약부서의 업무는 크게 예약을 접수받는 리셉션업무와 행사 관계 부서에 발주하는 업무 그리고 연회 코오디네이션업무로 대별할 수 있다. 또한 연회행사와 관련된 여러 가지 사무처리도 이 부문에서 처리한다. 연회서비스부문은 연회장에서 각종의 연회서비스를 담당하는데 주된 업무는 연회장을 정비하고 행사 등의 준비를 하며 요리, 음료를 고객에게 서비스하는 일이다. 연회서비스를 담

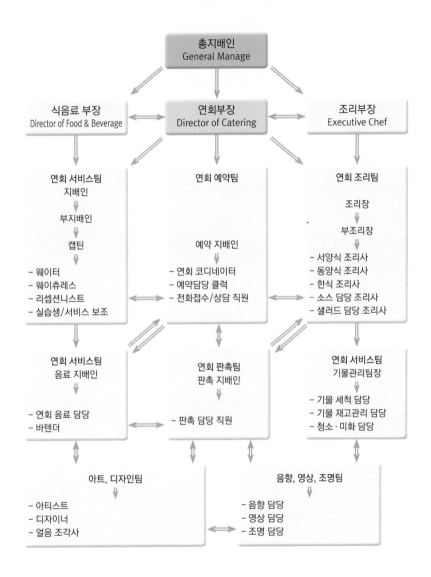

* ⬍, ⇔, ⇗⇙ : 상호 업무 협조관계 * ⬇, ⇙, ⇘ : 업무 하향 지시관계

〈자료 : 조춘봉(1999), 경기대학교 대학원 박사학위논문〉

그림 4 연회부서의 조직도표(Organizational Chart of Catering Department)

당하는 것은 웨이터, 웨이트레이스이다. 그런데 연회행사는 성수기와 비수기의 편차가 심하기 때문에 정규직 직원의 숫자는 적정선에서 확보하고 행사가 있을 때만 사용하는 일용직을 확보해 두는 것이 현명한 조직관리를 하는 방법이다. 우리나라에서도 연회서비스 요원을 알선해 주는 용역업체가 이미 오래 전에 등장해 있다. 이러한 연회서비스 업무 이외에도 연회서비스에는 클로크룸서비스(cloakroom service)의 업무도 매우 중요하다. 또한 대규모의 호텔에서는 연회부문에 소속하는 연회전문 도어맨을 두고 있는 경우도 있으며, 연회전문 조명기사, 연회소속 연회장식전문가 등을 두고 있는 경우도 있다.

1 연회부의 조직

특급호텔의 연회부의 조직은 크게 연회예약실, 연회판촉, 연회서비스, 연회지원으로 구분된다. 다만 연회지원이 연회예약실에서 병행할 경우나 메인 주방이 연회부에 소속된 경우라면 특성에 맞추어 조직이 구성된다.

조직의 구성은 대체로 연회시장의 규모 즉 연회장의 크기와 수 혹은 연회매출에 따라 결정되며, 입지와 대형 컨벤션센터의 보유여부에 영향을 받는다.

1) 연회부의 조직

연회예약실은 고객의 예약을 관리하는 리셉션 업무와 행사준비를 위한 관계부서로서 통보 및 협력사로의 발주업무를 담당하는 중추적인 역할을 한다. 그리고 방문 고객과 전화문의 고객의 행사를 상담하고 예약한다. 또한 예약실에 찾은 고객을 동반하여 행사장을 안내하는 일을 담당하며 최근 호텔결혼식이 연회매출에서 차지하는 비율이 높아지게 되면서 연회예약실 내 결혼식만 전담하는 웨딩지배인이 운영되고 있으며 아예 별도의 웨딩상담실을 분리하여 운영하고 있다.

예약실의 주요담당업무는 내방객의 연회상담 및 예약접수, 전화 상담과 예약접

그림 5 일반적인 연회부 조직도

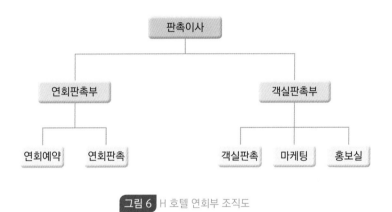

그림 6 H 호텔 연회부 조직도

수, 연회장안내, 예약 현황표 관리, 예약 취소 변경 시 관계부서 통보 등의 업무를 맡고 있으며, 관계부서 발주 업무는 연회일람표 작성 및 통보, 좌석배치도 제작, 외주업무의 발주 및 발주확인 등의 업무를 맡고 있다.

2) 연회판촉

연회판촉은 연회예약실에서 관리하기 어려운 일반기업 고객이나 단체법인 고객을 상대로 공격적인 마케팅을 담당하는 곳이다. 주요 역할로는 일반 거래처 고객관리와 행사유치, 그리고 신규고객 관리와 행사 유치가 주 업무라고 할 수 있다. 또한 연회예약실과 상호 협조하여 최적의 판매조건을 이끌어 가야 하는 곳이 연회판촉부이다.

제3절 연회부문 조직의 실태

서울권 특급호텔의 경우 연회부문 조직은 주로 연회장을 판매하는 관점에서 설계되어 움직이고 있다. 호텔간 경쟁이 심화되고 고객들이 호텔 연회문화에 익숙하지 못하기 때문에 이러한 현상이 일어나고 있다고 생각할 수 있다. 다시 말하면 서울시내 특급호텔의 조직이 평면적으로 보여질 수 있는 것이 일반적인 사항이나 연회부문 조직은 평면적인 조직이 입체적인 조직으로 움직여지는 특징을 가지고 있다. 여기에서 입체적인 조직으로 운영된다는 것은 한 행사를 치르기 위해 각 관련부서에서 고유업무를 처리하는 것 외에 연회행사를 위해 각 부서가 담당한 업무를 행사시간 전과 행사시간 내에 준비하고 운영한다는 의미이다. 이때 한 부서만이라도 소홀히 하여 잘못 되었을 때는 연회행사는 엉망이 되고 고객의 불평이 극대화되는 것이다. 그래서 연회조직이 입체적으로 움직이기 위해서는 커뮤니케이션과 코오디네이션을 통한 조직간의 팀워크가 중요하다. 그러면 서울시내 특급호텔의 조직과 업무를 비교분석해 보기로 한다.

1 L호텔 연회관련부서 조직

L호텔의 경우 연회판촉담당이사를 임원으로 두고 그 밑으로 연회판촉요원은 20여 명 정도이다. 연회판촉부문의 조직이 매우 강화되어 있다는 것을 알 수 있다.

연회판촉부장 밑에 각 팀으로 나누어 총괄팀에서는 정부단체행사, 1팀에서는 가족모임 및 이벤트행사, 2팀에서는 국제회의 및 기업체 행사, 3팀에서는 외국인 기업체 및 대사관의 행사를 담당하고 있다. 특히 1팀에서는 이벤트행사를 담당하면서 연회주제상품을 기획판매하고 전문성을 갖춘 직원들이 이 업무를 수행하고 있다. 영업담당이사 밑에 식음료부서가 있으며 식음료 조직 내의 연회과는 연회예약과 연회서비스조직을 총괄하면서 연회판촉팀을 지원해주고 있다. 또 각종연회행사를 직접서비스하는 업무를 담당하고 있다.

L호텔은 연회코오디네이터를 별도로 운영하지 않고 있으며 연회판촉팀에서 고객의 행사유치와 행사진행 그리고 종료까지 직접 관여함으로써 전문성은 결여되었지만 연회코오디네이터 업무를 수행하는 양면성을 갖고 있다.

2 S호텔 연회관련부서 조직

S호텔의 경우 마케팅담당이사를 두고서 총 44명으로 구성된 연회판촉팀에 연회판촉과 연회예약을 묶어 운영함으로써 판매촉진활동 강화에 조직의 초점을 맞추고 있다. 연회판촉과에서는 국제회의 및 기업체 행사를 담당하고 연회예약과에서는 연회주제상품 관련행사와 가족모임을 집중적으로 판매관리하고 있다.

특히 S호텔은 각부분별로 전문화를 추진하고 있으며 연회코오디네이터를 최초 운영한 호텔로서 연회코오디네이터는 연회예약과에 속해 있다. 이 호텔은 연회코오디네이터를 중요시하고 집중적으로 교육·훈련시킴으로써 대형 연회 및 연회주제상품을 기획·판매하고 운영하는데, 국내에서는 타 호텔의 추종을 불허할 정도로 노하우를 갖고 있다.

영업담당이사 밑에 식음팀장이 있으며 식음팀장이 연회서비스과를 관리하고 있다. 연회서비스과는 연회판촉팀에서 유지해 오고 있는 각종 행사를 준비하고 진행하는 서비스 업무를 담당하고 있으며 연회코오디네이터의 업무지원을 원활히 수행해 주고 있다.

3 SW호텔 연회관련부서 조직

SW호텔은 마케팅담당이사 밑에 판매부가 있으며 총 35명으로 구성되어 있다. 판매부내의 판매1, 2, 3과에서는 연회판촉 및 판매를 담당하고 있으며 주로 국제행사와 기업체 행사를 담당하면서 유치하고 있다. 타 호텔조직과는 달리 판매관리과를 두어 판매원의 판매활동을 적극적이고 전폭적으로 지원관리 해주고 있다. 영업담당이사 밑의 식음료부서가 연회과를 관장하고 있는데 연회예약부서는 연회서비스 업무를 총괄하고 있다. 연회과에 속한 연회예약은 판매부와 연회서비스를 연결시켜주는 고리역할과 가족모임 및 연회주제상품을 기획연출하는 업무를 담당하고 있다. 그리고 연회과에서 연회코오디네이터을 통해 연회고객 만족도에 힘을 모으고 있다. 판매부는 판매에 주력을 하게 되고 일단 유치된 행사를 연회과에서 진행하고 서비스하는 전문성을 부여하고 있다.

4 HT 호텔 연회관련부서 조직

HT호텔에서는 객실판촉과 연회판촉으로 크게 나뉘어 있다. 연회판촉을 담당하고 있는 연회부는 총 22명으로 구성되어 있고 판매활동강화를 위해 연회부장 밑에 연회판촉과와 연회예약과를 두고 있다. 연회판촉과는 주로 국제회의 및 기업체 행사를 담당하고 연회예약과는 가족모임을 유치하는데 주력하고 있다. 국내에서 가장 큰 국제회의장 및 연회장을 보유하고 있으므로 국제회의 및 대형국제행사를 유치하는 전략으로 연회판촉의 조직을 강화하는 한편 연회예약과를 식음료부에서 연회부로 옮겨 통합운영하고 있다.

식음료부서는 영업담당이사 밑에 있으며 연회서비스과는 주로 연회부에서 유치한 행사에 대해 전적으로 서비스만 담당하고 있다. 서울시내 특급호텔의 연회 및 연회판촉 업무를 비교하면 대동소이하다는 것을 알 수 있다. 즉 연회판촉을 담당하는 부서는 국제회의, 기업체행사, 정부관련행사 등을 유치하는 판매업무를 하고, 연회예약을 담당하는 부서에서는 워킹고객(Walking guest)의 예약업무와 호텔내에 행사지시서 발송 및 행사진행업무를 하며 연회서비스과에서는 행사지시서에 의한 연회장내 모든 행사준비 및 서비스를 전담하고 있다. 그러나 앞에서 언급했듯이 조직에 따른 업무 분장의 차이는 호텔마다 조금씩 상이하게 나타나고 있다. 이것은 각 호텔마다 추구하는 경영목표와 조직목표가 조금씩 다른데 기인한 것이고 경영방식의 차이에서 그 원인을 찾을 수 있다.

제4절 ▶ 연회의 업무 흐름

연회예약은 연회의 내용에 따라서 수주하는 입장에 따라서, 연회의 Volume에 따라서 예약을 수주하는 과정에 따라서, 내용이 많이 달라진다. 다음은 연회를 예약해서 진행시키는 과정을 도식화한 FLOW CHART이다.

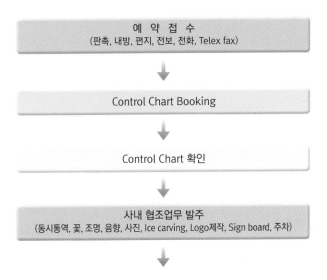

예 약 접 수
(판촉, 내방, 편지, 전보, 전화, Telex fax)

↓

Control Chart Booking

↓

Control Chart 확인

↓

사내 협조업무 발주
(동시통역, 꽃, 조명, 음향, 사진, Ice carving, Logo제작, Sign board, 주차)

↓

연회예약과 준비 사항
필경 : 안내판, 메뉴, 명찰, 좌석배치도,
기타 : 방명록, Tape, 메뉴카드

⬇

예 약 전 표

⬇

행사전일(前日)확인 사항
(관계부서 확인, 외주업무 발주확인, Function Sheet 재확인, 고객확인)

⬇

행사 전일 작성 배부 사항
(연회일람표, VIP Report)

⬇

견적서 및 Menu 작성

⬇

Function Sheet 작성

⬇

연회준비 및 행사일정
* 현　　장 : 행사장 준비
* 조　　리 : 음식준비
* 음 향 실 : 조명, 음향관계
* Bar　　 : 음료준비
* 장　　식 : 꽃장식, 얼음장식, 무대장치
* 손님영접 : 연회서비스과 행사담당자

⬇

Function Sheet의 검토 및 관계부서 배포
(조리, 현장, Bar, 수납, 음향실 등)

⬇

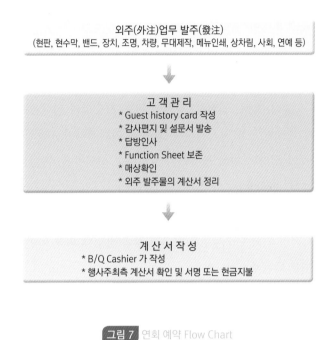

외주(外注)업무 발주(發注)
(현판, 현수막, 밴드, 장치, 조명, 차량, 무대제작, 메뉴인쇄, 상차림, 사회, 연예 등)

고 객 관 리
* Guest history card 작성
* 감사편지 및 설문서 발송
* 답방인사
* Function Sheet 보존
* 매상확인
* 외주 발주물의 계산서 정리

계 산 서 작 성
* B/Q Cashier 가 작성
* 행사주최측 계산서 확인 및 서명 또는 현금지불

그림 7 연회 예약 Flow Chart

1 연회 수주

연회수주는, 행사가 커질수록 각 호텔간의 경쟁이 치열해지고 한정된 테두리 안에서 연회장 수가 증가하고 있으므로, 장래에는 한층 더 치열해질 것이 예상된다. 연회예약부서의 리셉션 클락(reception clerk)은 판촉원과 긴밀하게 협력하여 능력과 기능을 다해야 한다. 고객으로부터 주문을 기다리는 시대는 과거의 이야기이다. 적극적인 판촉의 반복을 항시 유념해야 하겠으며 당 호텔이 타 호텔보다 뛰어나 있다고 언제까지나 생각하고 있어서는 고객을 증대 확보한다거나 유지해 나간다는 것이 불가능해진다. 연회의 경쟁은 고객을 뺏는 작전이다. 경쟁에 이기기 위해서는 맛있는 요리, 호화스런 연회장 시설, 최고의 서비스를 제공하는 것만으로 충분하다고는 말할 수 없다. 이 3요소는 물론 불가분의 것이지만 연회예약접수원으로서 보다 중요한 것은 고객으로부터 인간적으로 신뢰받는 것이다. "어느 호텔 누구에게 부탁해 놓으면 절대로 문제가 없다", "그는 인간으로서 신뢰할 수 있는 사람이고 또 매력적이다"라고 고객에게 여겨지도록 언행이 일치해야 되는 것이 중요하다. 요리, 음료, 연회장, 장식에 관한 기술상의 지식은 누구든지 어느 정도의 시간이 흐르면 몸에 익숙해진다. 때문에 연회예약접수원에게 있어서 보다 중요한 것은 자기 성장을 위해 끊임없이 노력하고 신뢰받을 수 있는 인간이 되도록 힘써야 한다는 것이다.

구체적인 연회 수주과정은 다음과 같은 방법에 의해 이루어진다.
- 판촉사원에 의한 것
- 고객의 내방에 의한 것
- 편지, 전보에 의한 것
- 전화, 텔렉스(telex) 팩시밀리(fax)에 의한 것

상기 사항 모든 경우에 일시, 인원수, 행사의 내용에 합치하는 연회장인가 아닌가를 예약원장(control chart)에 의해 확인하고 연회장을 예약하는 일에서 연회 예약수주 업무의 제1보가 시작된다. 연회장을 예약함과 동시에 행사 의뢰서(function sheet)를 작성하고 구체적인 내용에 들어간다. 여기에서 특히 주의해야 될 것은 전화에 의한 경우이다. 전화에 의한 응대는 서로의 얼굴이 안 보이므로 상담자의 말씨로 미루어 보아 모든 것을 판단해야 한다. 전화에 의한 예약접수 교섭에는 호텔로 찾아온 고객과 상담하고 있는 경우 이상의 주의가 필요하다. 또 외부활동은 원칙적으로 판촉요원에게 의뢰하고 있으나 리셉션 클락은 정보의 제공, 서류, 도면, 자료의 작성 등을 판촉요원과 일체가 되어 협력하고 신규행사 수주에 노력해야 한다.

2 세부교섭과 연회의 구성

한번 행사가 수주되면 그 행사의 내용을 주최자와 상의하여 어떻게 구성해 나가는가하는 것은 담당하는 리셉션 클락의 능력에 달려 있다. 각각의 연회는 수많은 구성요소로 이루어져 있다. 그 모든 요소에 따라 교섭하는 것이므로 리셉션 클락은 요리, 음료, 좌석배치, 장식, 여흥, 마이크장치, 무대 등에 관한 전문적인 지식을 몸에 익히지 않으면 안 된다. 또한 단편적인 지식보다도 고객으로부터 신뢰감을 주어야 하는 것은 여기에서도 변함없이 중요한 사항이다. 상담 도중에 고객이 질문했을 때 "잠깐 기다려 주십시오. 알아보고 오겠습니다."라고 해서는 리셉션 클락에 대한 신뢰성이 떨어질 뿐만 아니라 상대방에게 해당 호텔에 대한 불신감을 갖게 하는 원인이 된다. 행사(function)에 관한 모든 사항에 대해 자신을 가지고 응답할 수 있도록 충분히 대비해야 한다. 연회행사는 요금이 정해진 상품만을 판매하는 것이 아니기 때문에 리셉션 클락의 역할이 대단하다고 볼 수 있으며, 따라서 리셉션 클락은 그때 그때 연회 또는 파티라는 상품을 창조하여 판매한다는 각오로 임해야 된다. 요리 하나를 예로 들어봐도 그 종류, 내용, 요금에는 상당한 차이가 있다. 또한 음료, 장식, 여흥도 상품으로서 빠질 수 없다.

상담할 때는 판촉정신을 최대한 발휘해야 한다. 여기서 한가지 주의해야 할 점은 연회행사 고객에 대한 인식이다. 연회행사에 참석하는 고객은 주최자와 초청객으로 나뉘어지는데 우리들이 구체적인 상담을 해서 비용을 지불하는 것은 주최자이기 때문에 아무래도 주최자 중심이 되어 초청객의 입장은 덜 고려하는 경우가 있다. 그러나 리셉션 클락은 항시 연회행사에 초청되는 고객들도 면밀히 검토해서 연회의 구성을 생각해야 한다. 초청객의 연령, 성별, 직업, 취향 등을 생각하지 않고 주최자가 독단으로 자기의 의도대로만 연회행사를 결정하면 연회를 성공시키지 못한다. 따라서 주최자가 되어 연회행사장을 선택할 경우 만족·불만족의 판단은 자기가 참석했던 연회의 경험으로 판단한다는 것을 명심해야 한다.

그리고 주최자와 상담하여, 결정한 내용은 접수 상담서에 기록하여 차질이 없도록 해야 하며, 이러한 사항이 행사 의뢰서(functine sheet)로 작성되어 행사가 계약 내용대로 고객이 만족된 행사가 되도록 만전을 기해야 한다.

3 사내업무 및 사외 발주업무

연회부서의 업무 가운데 가장 큰 특징적인 점 하나는 사내 관련부문과 외부관계 업자와의 분업에 의한 협조라는 것이다. 예로써 어느 회사 창립 50주년 파티의 구성에 관련된 부문을 기술하면 양식은 조리부, 덴뿌라 등은 일본식 조리, 음료는 연회바(bar), 테이블 꽃장식은 꽃가게, 얼음조각은 아이스카빙(ice carving) 담당자, 여흥 및 음악은 음향실 혹은 방송실, 실내·외 프랭카드는 광고사, 환기 및 냉온방은 공조실, 주차장 수배는 총무부 등등 여러 부문의 협조에 의해서 하나의 연회행사가 완성되는 것을 알 수 있다.

이러한 관련부서와 외부 업자에 대한 발주연락이 정확하게 행하여져서 연회시작 시간까지는 틀림없이 설치, 서비스되어져야 비로소 하나의 연회가 구성되는 것이고 연락 불충분 또는 관계부문의 착오 등으로 한가지라도 연회시간까지 완전한 형태로 이루어지지 못하면 그 연회는 모두가 허사로 끝나고 고객을 잃게 되는 것이다. 그 부분에 중추적 역할을 하는 것이 연회예약부서이다. 그러므로 주최자와 타협에 의해 결정된 명세의 발주, 수배, 확인은 주의해서 이행하지 않으면 안 된다.

4 연회장 준비 및 연회서비스

연회 당일이 되면 연회서비스의 담당지배인 또는 캡틴(captain)은 연회예약부서에게 인계받은 내용에 의거하여 연회장을 준비하고 음식을 서브하며 주최자와 긴밀한 연락을 취하면서 연회를 진행시킨다. 연회에 있어서는 노력과 시간의 50% 이상을 행사장을 배열하고 준비하는데 소비하는 경우가 많다. 연회지배인 및 캡틴은 행사의뢰서(function sheet)에 기재된 자세한 사항전부를 연회시작 시간까지 완료하도록 지휘 감독하고, 고객이 입장하기 전에 웨이터를 집합시켜 당일에 개최되는 연회의 목적, 내용, 서비스방법에 관해 충분히 설명하여 행사가 원만히 진행될 수 있도록 한다. 연회가 시작되면 요리, 음료가 순조롭게 제공되고 있는가? 진행은 예정시간대로 진행되고 있는가? 실내의 온도는 적당한가? 이상과 같은 사항이 만족되게 연회가 진행될 수 있도록 지배인과 캡틴은 책임을 지고 있는 것이다. 연회가 종료되면 음료, 추가 요리 등 청구사항을 연회 수납원에게 통보하여 청구서(bill)를 작성해 받는다. 후불 즉 외상일 경우에는 청구처, 지불조건을 확인하여 청구서에 명기함과 동시에 주최자에게 요리, 음료서비스에 대한 평가를 물어봐서 다시 이용해 주도록 부탁한다. 또 중소규모의 연회에서는 음료의 종류, 내용은 주최자가 찾아와서 결정할 경우가 많으므로 특히 와인(wine)의 판매에 관해서는 지배인 및 캡틴은 항상 의욕적인 판매활동을 행해야 한다. 전술한 바와 같이 연회가 커지면 커질수록 그 내용은 복잡해지고 관계부문 및 업자의 수도 많아진다. 여기서 연회예약부서로부터 연회서비스부서로의 인계가 중요한 문제가 된다. 웨이터에게 지시하여 연회장을 준비하고 요리와 음료서비스에 대한 책임을 지게 되어 있는 지배인 및 캡틴은 연회의 목적, 연회의 내용, 연회장소, 메뉴 등 모든 사항에 대해 숙지하고 있어야만 된다. 그리고 모든 정보를 지배인 및 캡틴에게 전달하고 완전한 인계를 한다는 것은 연회예약부서의 중요한 임무 중의 하나이다. 인계는 행사의뢰서에 의해 행하며 연회의 목적, 규모에 따라서는 행사의뢰서만으로 불충분한 경우도 있으므로 필요에 따라서는 연회서비스부터 및 관련부서와 회의를 통해 서비스가 완벽하게 진행될 수 있도록 하는 것이 중요하다.

5 연회 캐셔에 의한 계산서 작성

연회예약부서에서는 세부상담에 지불조건에 관한 사항을 주최측과 타협하여 결정하고 행사의뢰서에 기입해 두지만 연회당일의 계산서를 작성하는 것은 연회 캐셔의 업무이다. 연회 계산서는 호텔 내 타부서의 것과 비교해볼 때 내용이 복잡하고 금액도 큼으로 캐셔는 연회당일에 Function Sheet를 바탕으로 계산서를 작성하고 음료, 추가요리 등 연회종료 후에 결정될 요금만을 가산하면 되도록 해둔다. 그리고 지배인 또는 캡틴은 연회종료 후 즉시 연회캐셔에게 통보하여 계산서를 작성하도록 하고, Billing이 다 되면 주최측에게 제출하고 현금일 경우에는 수납하여 캐셔에게 접수하고, 후불일 경우에는 확인서명을 받아 여신부에 제출하여 주최측에 송부할 수 있도록 한다.

6 사후조치와 고객관리

연회업무 가운데 가장 중요한 것이 지속적인 고객의 창조와 유지이다. 하나의 연회가 종료됐을 때부터 다음 파티의 접수 준비가 시작된다고 생각해야 된다. 따라서 행사 종료 후 먼저 감사의 전화(after care call) 또는 감사의 편지를 통해 연회에 모두가 만족해 했는지 아닌지를 확인하고 차후의 이용을 부탁드려야 된다. 물론 불만족 사항이 있었다면 정중히 사과 드리고 다시는 그와 같은 실수가 반복되지 않도록 대책을 강구해야 된다. 그런 의미에서 우리의 고객이 과거에 어떤 종류의 연회를 하였고, 매출액은 어느 정도 였으며, 취향은 어떠하였는지 등에 대한 사항의 자료를 관리하는 고객관리카드(guest history card)가 필요하다. 연회가 종료되면 Function Sheet를 고객회사, 개인별, 파일번호로 구별해서 철해 두고 이를 충분히 활용할 수 있도록 해야 된다. 고객관리에 대한 사항은 현대에는 거의 대부분이 호텔에서 컴퓨터 시스템을 도입하여 모든 자료를 입력해 놓고 고객관리에 만전을 기하고 있다.

Hotel Catering & Convention Management

PART II 컨벤션

Chapter 9 컨벤션과 컨벤션 산업

제1절 컨벤션의 이해

1 컨벤션의 개념

컨벤션(convention)이란 회의 분야에서 가장 일반적으로 사용되는 용어로 컨벤션의 기준은 국가와 전문기구에 따라 조금씩 상이하다. 그러나 일반적으로 현대의 컨벤션은 회의는 물론 전시회나 이벤트 등을 포함하는 포괄적인 개념으로 인식된다. 우리나라의 경우 한국관광공사의 기준에 따라 컨벤션에 국제회의, 전시박람회, 스포츠행사, 문화행사, 기업 및 단체회의, 인센티브 여행을 포함시키고 있다.

컨벤션은 국내외 특정 다수인이 독점목적이나 가치재를 중심으로 모여서 관련된 문제를 심의, 토의, 결정할 목적으로 사전에 결정된 일정에 의해 진행하는 공식

적인 회의나, 전시, 이 벤트 등을 수반하는 일 련의 집회를 총칭한다. 회의분야 중에서도 컨 벤션은 주로 기업의 시 장조사 보고, 신상품 소 개, 세부전략 수립 등의 정보전달을 주목적으로

하는 정기집회에 많이 사용되며 대개 전시회를 수반한다. 과거에는 컨벤션이 각 기구나 단체에서 개최되는 연차총회의 의미로 쓰였으나, 요즘은 총회나 휴회기간 중 개최되는 각종 소규모회의, 위원회회의 등을 포함하고 있다.

컨벤션은 여러 나라의 대표자나 참가자에 의해 열리는 공식적이고 국제적인 다양한 형태의 모임인 국제회의와 유사한 개념으로 흔히 인식되는데, 이러한 국제회의의 정의 또한 국가별, 협회별로 다양한 기준에 의해 조금씩 다르다. 국제협회연합(UIA)에서는 국제회의를 국제기구가 주최 또는 후원하는 회의이거나, 국제기구에 가입한 국내단체가 주최하는 국제적인 규모의 회의로서 참가자수는 300명 이상으로 그 중 외국인이 40% 이상, 참가국 수는 5개국 이상, 회의기간은 3일 이상이라고 정의하고 있다.

한국관광공사는 국제회의를 국제기구 본부에서 주최하거나 국내단체가 주관하는 회의라 정의하며, 참가국 수를 3개국 이상, 참가자 수를 외국인 10명 이상, 회의 기간은 2일 이상이라고 하고 있다. 국제회의는 국가 간의 이해 조정을 위한 교섭회의, 전문분야의 학술연구결과 토의를 위한 학술회의, 참가자간의 우호증진을 위한 친선회의, 국제기구나 민간단체의 사업계획 검토를 주목적으로 하는 기획회의 등 그 종류가 매우 다양하다.

일반적으로 컨벤션은 국제회의(international convention)를 가리키는 경우가 많으나,

컨벤션은 정부와 공인된 단체가 정기적 또는 부정기적으로 최소한 3개국 이상의 대표가 참가하는 국제회의는 물론 전시회나 각종 행사를 포함하는 집회의 의미로 해석할 수 있다.

국제회의·컨벤션협회(ICCA: international congress & convention association)에 의하면, 1990년대 이래 세계적으로 국제회의나 컨벤션의 참가자가 계속 증가하고 있다는 것이다. 요즈음의 회의나 컨벤션은 참여의 폭을 늘리고 유익한 행사가 될 수 있게 하기 위하여 종전과 같은 딱딱한 분위기의 회의를 지양하고 부드럽고 매력적인 분위기의 대화형식으로 전환하고 있다. 또한 회의와 컨벤션에 점점 더 이벤트적인 요소를 가미하고 있으며, 이러한 면을 매우 바람직한 현상으로 강조하고 있다.

따라서 컨벤션산업을 이벤트 산업에 포함시키기도 하고 넓게는 관광산업의 한 분야로 간주하기도 한다. 회의와 관련하여 모임(meeting), 회의(conference), 컨벤션(convention), 포럼(forum), 심포지엄(symposium), 세미나(seminar), 워크숍(workshop) 등 많은 용어들이 사용되고 있다.

국제회의의 정의는 세계 각 국제기구나 국가에 따라서도 조금씩 다르다. 그러나 대표적인 국제회의 전문기구들이 채택하는 국제회의에 관한 정의는 다음과 같다.

1) 국제협회연합(UIA: Union Of International Association)

국제기구가 주최하거나 후원하는 회의이거나 국제기구에 가입한 국내단체가 주최하는 국제적인 규모의 회의로 참가자수 300명 이상으로 그 중 외국인이 40% 이상, 참가국수 5개국 이상 회의기간 3일 이상을 말한다.

2) 세계국제회의전문협회(ICCA: International Congress&Convention Association)

정기적인 회의로서 최소 4개국 이상 순회하면서 개최되고 참가자가 50명 이상인 회의를 말한다.

3) 아시아 컨벤션뷰로 협회(AACVB: Asian Association Of Convention & Visitors Bureau)

2개국 대륙 이상에서 참가하는 회의를 국제회의로 정의하고, 동일 대륙에서 2개국 이상의 국가가 참가하는 것을 지역회의로 정의한다.

4) 우리나라 국제회의 육성법

국제기구 또는 국제기구에 가입한 기관 또는 법인, 단체가 주최하는 세미나, 토론회, 학술대회, 심포지엄, 전시회, 박람회, 기타 회의로 참가자수 300인 이상이고 그 중 외국인이 100명 이상, 참가국수 5개국 이상, 회의기간 3일 이상을 말한다.

2 컨벤션산업의 정의

우리나라의 국제회의산업은 외국의 시스템이 그대로 인식된 탓으로 컨벤션과 국제회의에 대한 정의가 정확한 구분 없이 혼용되어 왔으며 컨벤션과 컨그레스, 컨퍼런스 등 유사개념이 중복·혼용되어 사용되고 있고, 나라마다 그 의미가 다르게 사용되고 있다.

광의의 국제회의는 유럽에서는 컨그레스, 메세(messe)[1]로, 미국에서는 컨벤션으로 포괄적으로 표현되고 있으며, 현대적 의미의 국제회의는 각종 집회 및 회의, 강습회 및 연수회, 전시·박람회, 인센티브단체 회의 및 관광, 각종 스포츠 및 이벤트, 예술제 또는 축제 등을 포함한다. 아울러 호주와 아시아지역 국가들은 광의의 의미에서 국제회의산업을 MICE(meeting, incentive tour, convention & exhibition)산업이라 하여 국제회의뿐만 아니라 같은 범주에 속하는 각국 단체나 외국기업들의 해외 개최 회의, 인센티브 관광, 전시·박람회 등을 국제회의산업에 포함시키고 있다.

따라서 우리나라 국제회의 산업법의 정의를 기초로 하여 컨벤션을 참가국 5개

---

1) 메세(messe) : 중세유럽에서 기독교의 축일 따위의 일정한 날에 열렸던 시장.

국 이상, 참가자수는 300명 이상, 참가자 중 외국인의 비율이 40% 이상, 3일 이상 지속되는 회의로 참가자들에 의해 지식, 정보, 물자 등이 활발히 교류되는 기업의 미팅, 인센티브관광, 회의 및 전시회, 박람회, 세미나, 토론회, 학술대회, 심포지엄, 기타회의와 메가 이벤트(mega event)인 각종 스포츠와 기능올림픽 등을 포함하는 광의의 개념으로 정의한다.

3 컨벤션산업의 개념

컨벤션산업은 컨벤션의 유치 및 개최에 필요한 컨벤션 편의시설, 서비스 등과 관련되는 산업으로, 전시박람회, 학술세미나, 제반 문화예술행사, 스포츠행사, 외국기업체들의 인센티브 관광 등과 관련된 산업으로 개념을 설정하고 있다. 또한 컨벤션은 항공업, 호텔업, 여행업, 식음료업, 운송업, 쇼핑산업 등의 참가자 관련 산업과 소프트웨어업, 정보처리업, 정보제공 서비스업, 디스플레이업, 디자인업, 경영컨설팅업, 기계설비

업, 물품임대업, 이벤트관련업, 상품 검사업, 경비업 등의 컨벤션 관련 서비스산업으로 구분할 수 있고, 각국 단체나 외국기업들의 해외개최회의, 인센티브 관광, 전시회, 박람회 등을 포함한다. 한편, 컨벤션산업은 1998년까지는 국제회의용역업(PCO)만을 관광 사업으로 지정하여 운영해왔는데, 1999년부터 관광 진흥법을 개정하여 국제회의 시설업까지를 포함하여 국제 회의 업으로 영역을 확장하였다. 종합해보면, 수많은 각종회의에 참가한 사람들을 위해 무엇인가 깊이 있고 의미 있는, 혹은 보람 있는 그런 질적인 회의 진행요구가 빈번히 발생하고 여기에 부수적

으로 생겨난 각종 세미나, 워크숍, 학술대회와 같은 전문행사와 이벤트, 관광과 같은 부대행사 및 정보와 자료를 모아 놓은 소규모의 전시회, 쇼와 같은 부대 산업이 동반되어 개최되는 것을 컨벤션산업이라 할 수 있다.

4 호텔 컨벤션산업의 장점

호텔은 회의참가자들과 그들의 동반자들을 위한 숙식과 편의시설 그리고 컨벤션시설과 전시·연회시설 등을 갖추어 국제회의뿐만 아니라 그런 행사를 통한 교제의 장소로서 활용된다. 또한 호텔은 은행, 문화행사, 비즈니스센터, 스포츠, 레저, 쇼핑센터, 건강센터, 통신, 특급우편 등의 편의시설을 제공하고 전문적인 서비스를 제공한다.

따라서 컨벤션 개최에 있어서 호텔이 갖는 의의는 매우 크다고 볼 수 있다. 호텔 컨벤션의 장점을 나열해 보면 다음과 같다.

첫째, 숙식을 제공할 수 있다는 것이다. 컨벤션에 참가하는 참가자들은 물론 그들의 동반자들 즉, 가족이나 보도진, 기자, 수행원들의 숙식을 제공할 수 있다.

둘째, 시설 면에서 사용이 용이하다는 것이다. 컨벤션센터를 갖춘 호텔은 물론이고, 그 외에도 대부분의 호텔에는 회의 규모에 알맞은 회의장과 연회장이 마련되어 있으므로 편리하다. 또한 규모에 맞는 동시통역 시설을 갖추고 있다.

셋째, 각종 편의시설의 제공이 가능하다는 점이다. 통신, 은행, 우편뿐만 아니라 건강과 오락을 위한 다양한 프로그램들과 시설들이 갖추어져 있으므로 회의 참가와 동시에 체재기간 동안의 여유를 즐길 수 있다.

넷째, 전문적인 서비스가 가능하다는 것이다. 회의에 필요한 전문요원을 비롯하여 비즈니스센터를 설치, 운영할 수 있다.

다섯째, 원스톱(one stop) 서비스가 가능하다는 것이다. 회의일정에 맞는 각종 교통정보 제공, 관광지 안내, 쇼핑몰, 기타 각종 서비스를 제공함으로써 컨벤션 개최

장소로서의 최대 효과를 기할 수 있는 것이다.

호텔에서 컨벤션을 유치함으로써 얻어지는 효과로는 경제적 효과뿐만 아니라 지역 이미지를 상징하는 역할과 외지정보의 유입, 문화진흥, 국제교류 그리고 지역관광을 진흥시킨다. 또한 호텔 경영에 있어서 가장 문제점인 비수기를 타개할 수 있는 방법이 되고, 개인고객과 같이 예약을 취소하거나 "No-Show"의 경우가 없는 확실한 고객유치가 된다. 호텔에서 컨벤션을 유치, 개최하게 되면 호텔자체의 이익뿐만 아니라 지역사회에 문화적, 경제적 파급효과를 가져올 수 있다.

5 호텔 컨벤션산업의 특성

호텔 컨벤션산업의 특징으로, 첫째는 예약시스템에 의한 운영을 들 수 있다. 각종 컨벤션은 예약에 의해 접수되고 견적서에 의해 계약이 성립되며 행사 지시서(event order sheet)에 의해서만 준비-진행-종료되는 시간적인 제약을 받는다.

둘째는 종합상품성이다. 규모의 여하를 막론하고 호텔조직에 속해있는 각 부서의 협조 없이는 행사를 치를 수 없는 복합기능을 갖고 있는 종합상품이란 점이다.

셋째는 매출액의 무한성을 들 수 있다. 같은 연회장이라 하더라도 행사성격과 견적계약에 따라 매출액은 상이하며 컨벤션 개최로 인한 호텔 매출액의 한계는 거의 무한하다.

넷째는 무형성이다. 호텔상품의 특성과 마찬가지로 컨벤션도 인적자원에 의한 서비스로써 저장할 수 없고 서비스가 제공되는 순간 소멸되기 때문에 형태가 없는 무형 성을 특징으로 한다. 따라서 적절한 시기에 최고의 가격으로 컨벤션 상품을 판매하여야 한다.

다섯째는 상품가격의 차별화로서 컨벤션 상품도 다른 호텔 상품들과 마찬가지로 규정된 가격에 의해 연회상품이 판매되지만 연회예약 접수 시 고객의 예산과 행사 중요도에 따라 특별한 가격이 결정되므로 규정된 가격도 무시될 수 있다.

여섯째는 홍보효과이다. 컨벤션의 규모에 따라 상이하지만 동시에 최다 고객을 호텔 내로 유입할 수 있고 훌륭한 서비스로 호텔의 이미지와 홍보효과를 극대화할 수 있다는 점이다. 마지막으로 저원가로 생산성 극대화가 가능하다는 점이다. 확정된 메뉴를 대량 생산하여 판매하므로 저원가와 노동생산성이 극대화되며 보다 세련된 서비스상품을 고객에게 제공할 수 있다는 특성을 가지고 있다.

(1) 시간과 공간적 상품

그날의 컨벤션 상품을 팔지 못하면 그 상품에 대한 가치는 상실되고 마는 것이며, 저장 또한 불가능한 것이다. 따라서 적절한 시기에 최고의 가격으로 컨벤션 상품을 판매하여야 한다.

(2) 사전예약

업무의 특성상 사전예약이 매우 중요하다. 사전예약이 없으면 적절한 수요를 예측 할 수도 없고, 즉시 컨벤션 상품을 생산할 수 없기 때문에 사전예약이 필수적이다.

(3) 커뮤니케이션의 체계화

대규모이며 관련 산업체와 협동 작업이 필수적이기 때문에 여러 행사가 함께 어우러진다. 그래서 이들과의 긴밀한 협조와 커뮤니케이션의 조화가 필요하다.

(4) 가격의 융통성

가격이 그룹의 규모, 개최시기, 체제시간, 잠재력, 경쟁호텔 및 컨벤션센터와의 경쟁력 등에 따라 정해지기 때문에 융통성 있는 가격의 책정이 성공의 중요 요소이다.

컨벤션서비스 및 상품의 특성

1 컨벤션서비스의 특징

국제회의 산업이란 국제회의 유치 및 개최에 필요한 국제회의 시설, 서비스 및 부대행사 등과 관련된 모든 산업을 일컫는데, 특히 이 산업은 상품을 가지고 부가적인 판매촉진 수단의 하나로 제품을 서비스하는 마케팅에서 이루어지는 일련의 활동과는 달리 그 제품의 질을 측정·파악하기 어려운 서비스 자체를 상품으로 한다.

상품과 서비스의 가장 기본적인 차이는 상품은 물건이며 서비스는 실행이다. 실행은 사람중심이다. 컨벤션은 복합 상품으로 통합 서비스를 상품으로 한다고 볼 수 있다. 컨벤션경영 서비스의 정의를 컨벤션의 기본개념과 서비스의 개념을 병합하여 다음과 같이 정의 내릴 수 있다.

컨벤션 참가자가 개최지에 도착하여 컨벤션의 전 과정에 참여하고 행사가 종료한 후 본국으로 돌아가며 사후관리까지 제공받는, 컨벤션 참가만족도를 결정짓는 물리적 서비스, 인적 서비스, 시스템 서비스 전반을 지칭한다.

컨벤션서비스란 "컨벤션 참석자가 회의 참가에 따른 결정을 내리기 위해서 해당 회의 또는 컨벤션과 관련된 여러 가지 정보를 입수하고 분석하는 과정에서부터 행사장에 도착하여 회의에 참석하고, 행사 후 귀가하기까지 참석자의 편익을 위해 제공되는 인적 또는 물적 자원으로서 컨벤션 참가자들의 만족감에 영향을 주는 유무형 가치 및 용역"이라고 정의할 수 있다. 이러한 컨벤션서비스가 가지고 있는 고유한 특성을 정리해보면 다음과 같다.

1) 컨벤션서비스의 무형성

서비스의 무형성이란 객관적 측면에서는 상품의 물리적 실체를 보거나 만질 수 없다는 것이다. 시각, 촉각, 미각 등과 같은 인간의 감각 기관을 통해 서비스를 경험하기가 불가능하기 때문에 고객들의 주관적 측면에서는 그 품질을 가늠하기가 어렵고, 특히 그 가치를 파악하거나 평가하기가 어렵다는 것이다. 컨벤션서비스의 무형적 특성 때문에 컨벤션 또는 국제회의 조직위원회 관련자들과 단지 회의 및 컨벤션을 참가하기만 하는 일반 고객들이 서로 같은 컨벤션서비스를 구매·이용하면서도 서비스의 무형성에 관한 인식수준이 다를 수 있기 때문에 서비스 마케팅에서 전략적으로 활용할 수 있는 요인이 될 수 있을 것이다.

이를테면, 컨벤션서비스에 대한 조직 구매에 관한 책임을 맡고 있는 국제회의 조직위원회 주요 임원들의 경우, 국제회의에 개인적으로 참가한 경험은 많았을지라도 자신이 속해 있는 조직이나 단체를 대신해서 컨벤션서비스 상품을 구매해 본 경험이 전무 하거나, 거의 없는 경우가 많기 때문에 컨벤션서비스의 무형적 속성은 조직 구매자로서 이들의 컨벤션서비스 품질 평가에 관한 어려움을 가중시킬 것이다. 또한 일반 회의 참가자들도 일상적으로 반복·구매하는 서비스 상품이 아니기 때문에 컨벤션서비스의 품질에 관한 평가를 내리기가 쉽지 않을 것이다. 이러한 특성 때문에 컨벤션서비스는 탐색의 질(search quality)보다는 무형적 경험의 질(experience quality)이 서비스 평가 과정 상 차지하는 비중이 높아서 구매에 따른 위험에 대한 인식(perceived risk)이 높으며, 구매경험 이전에 컨벤션 현장에서 체계적 평가를 하기가 어렵다.

따라서 대회 조직위 실무 담당자들이나 회의 참가자들이 각기 만족감에 이르는 과정이 매우 복합적일 수 있으며, 행사 후 만족한 고객에 의한 후속적 구전 활동을 자극하기가 쉽지 않고, 향후 새로운 고객을 유인하는 데에 있어 여러 가지 문제점을 안고 있다. 따라서 입장이 서로 다른 두 고객 집단이 지각하는 컨벤션서비스에 관한 주관적 무형성 정도에 따라 그들이 컨벤션서비스에 관한 정보 수집의 경로, 비용, 또는 기타 컨벤션서비스에 관한 만족감 형성 과정이 달라진다고 할 수 있겠다.

복합서비스 상품으로서 유형적 요소와 무형적 요소의 결합으로 이루어진 컨벤션서비스는 인적 서비스를 소비·경험할 때 고객들은 서비스의 무형성 때문에 이를 판단하기 위한 유형적 단서나 증거에 많이 의존하는 경향을 보이게 된다. 따라서 이들 유형적인 단서들의 결합과 증거 효과가 컨벤션서비스의 무형적 요소의 품질에 대한 고객 평가에 영향을 줄 것이다. 흔히 컨벤션의 참가 고객들이 활용할 수 있는 유형적 단서로는 시각적으로 인식할 수 있는 특정 컨벤션을 소개·안내하는 홈페이지 제작 수준, 회의장 로비, 잘 치장된 바닥 장식, 편리하게 설계된 등록 및 안내 데스크, 회의 관련 유인물, 책상과 의자, 조명과 A/V 시스템, 회의 기간 동안 제공되는 식음료, 투숙하는 호텔의 수준, 선택적 활동으로서의 컨벤션 전·후 관광상품 등 수없이 많다. 따라서 컨벤션 마케터는 제공하려는 서비스의 질과 조화를 이룰 수 있도록 유형적 단서들을 일정한 수준에 맞게 지속적으로 유지·관리할 필요가 있을 것이다.

2) 컨벤션서비스 생산과 소비의 동시성

무형적 성격의 컨벤션 기획 및 운영 서비스는 생산·제공되는 같은 순간에 소비가 이루어지기 때문에 서비스 제공 과정의 상당 부분이 고객인 국제회의 조직위원회 관계자나 일반 참석자들에게 여과 없이 그대로 노출되는 부담을 안게 된다. 컨벤션이 기획·운영되는 긴 과정을 통해 회의 참가자들과 일선현장에서 접촉하는 직원은 물론 행사 시 투입되는 파트타이머들의 언행과 태도는 컨벤션 기획 또는 운영 서비스의 소비자인 대회 조직위 실무자와 일반 참가자들에게 다면적으로 노출되기 때문에 인적 서비스를 제공하는 다양한 직급의 직원들을 신중히 선발하고 철저히 교육해야 한다. 아울러 컨벤션서비스가 생산·전달되는 절차나 활동의 흐름인 서비스 프로세스에 대한 관리가 매우 중요하다.

또한, 생산과 소비의 동시성 문제는 회의장에 있는 또 다른 고객의 수준이나 서비스 이용 태도에 의해서도 컨벤션서비스의 품질에 관한 인식이 영향을 받게 되는 취약성을 안고 있다. 컨벤션 참가자들은 출신 국가별 사용언어나 문화가 상이하고, 컨벤션서비스에 대한 양질의 정보와 지식이 있는 참가자는 그렇지 못한 참가자에 비해 보다 효율적인 의사 결정과 행동을 할 수 있을 것이며, 그 결과 국제회의 참가자 만족감 증대에 직접적인 영향을 주기 마련이다.

소비자 측면에서는 컨벤션서비스의 생산과 소비의 동시성이라는 특성 때문에 가격을 미리 지불했더라도 국제회의가 개최되기 전까지 또는 폐막될 때까지는 컨벤션서비스를 미리 경험하거나 완전히 경험할 수 없다. 또한 인간상호 관계에 의존하는 회의·컨벤션서비스의 경우, 회의 참가 예정자는 컨벤션서비스 내용을 사전에 정확히 판단하기 어렵기 때문에 주변 요소인 회의장 시설, 구매 경험이 있는 사람, 커뮤니케이션 수단 등 유형적 또는 간접적인 증거 요소를 참가 의사를 결정할 때 중요한 근거로 판단하게 된다. 어떤 사람들은 컨벤션서비스를 구매해 본 과거의 경험이 거의 없기 때문에 고객으로서 컨벤션서비스의 품질에 대한 평가를 내리기가 불가능한 경우도 있다. 나아가 컨벤션서비스를 구매한 후에는 회의 내용이 마음에 들지 않는다고 하여 교정, 교환 또는 환불을 받을 수도 없기 때문에 구매에 따른 고객들이 인식하는 위험이 비교적 높은 편에 속하는 특성을 띠고 있다.

3) 복합서비스 상품으로서의 상호 의존성

복합적 서비스 상품인 컨벤션서비스를 직·간접적으로 제공하는 조직들은 민간 및 공공 부문에 걸쳐 서로 독립적이면서도 상호 의존적인 관계를 갖고 있다. 회의 목적지에 도착하면 우선 회의 개최 해당 국가나 도시의 출입국 관리 또는 관세 업무를 맡고 있는 공공 부문의 서비스를 경험하는 일에서부터 민간 부문이 교통 및 운수산업관련 업체, 숙박업체, 외식산업체, 여행업체, 통·번역 업체, 시청각 기자재 공급업체, 전시업체, 이벤트업체, 경호업체, 광고업체, 인쇄업체 등이 제공하는 다양한 종류와 수준의 서비스를 제공 받는다.

따라서 고객으로서 국제회의 조직위원회 또는 일반 참가자는 공공 또는 민간 부문의 모든 관련 조직들과의 상호 작용을 하면서 프로세스(process)상으로 뿐만 아니라, 서비스의 최종적 성과(outcome)에 기초해서 컨벤션서비스의 품질에 관한 전반적인 평가를 내리게 된다. 따라서 컨벤션서비스를 프로세스 상에서 제공하는 다양한 구성 요소들이 일정 수준 이상의 품질을 유지하고, 고객과의 약속을 이행할 수 있도록 컨벤션 운영 과정에 있어서 관련 조직 또는 기구들과의 유기적인 협조 체제를 구축하여 무리 없는 회의 진행이 이루어질 수 있도록 컨벤션 품질 관리 노력이 뒷받침되어야 한다.

이러한 맥락에서 컨벤션서비스는 철저히 복합적 성격의 상품으로서 상품의 구성 요소가 상호 의존된 공생 관계를 이루고 있으며 민간과 공공부문 간의 실질적인 제휴(partnership)와 협력(cooperation), 그리고 통합적네트워킹(integrated networking)을 구축해야 한다. 따라서 컨벤션서비스의 표준화와 우수한 컨벤션서비스의 수준에 대한 합의와 일관된 적용이 가능해질 수 있도록 민간과 공공부문 간의 실질적인 협조 능력이 요구되는 것이다.

컨벤션서비스에 대한 평가 대상은 단순히 컨벤션업체의 내부적 역량에 국한된 문제는 아니며, 개최 도시의 총체적 역량이 동시에 평가된다는 점 역시 주목할 만한 사항이다.

4) 컨벤션서비스의 저장 불능성

다른 서비스와 마찬가지로 컨벤션서비스도 무형성과 동시성의 특성 때문에 예측할 수 없는 미래의 수요가 있을 경우에라도 제품처럼 미리 생산하여 재고로 보관할 수는 없다. 이와 같이 컨벤션서비스의 생산에는 재고와 저장이 불가능하므로 수요와 공급 조절이 어렵다. 이러한 저장 불능성 또는 소멸성(perishability) 때문에 실제적 컨벤션서비스 수요의 크기가 서비스를 제공할 수 있는 컨벤션업체의 공급 능력을 넘어서면 고객들에게 양질의 컨벤션서비스를 제공하기 어렵기 때문에 고객의 불만족을 낳게 될 것이다. 반대로 공급 능력이 부족하면 회의를 수주할 수 없어 이익 기회의 상실이라는 문제가 발생된다. 그런데 컨벤션서비스에 대한 수요 변동은 개별 업체가 통제할 수 없는 요인에 의하여 발생되는 경우가 대부분이며 회의 수요가 주기적으로 변화하기보다는 불규칙적으로 발생하는 경우가 더욱 많다. 이러한 경영상의 문제를 해결하기 위해서는 수요와 공급 간의 조화를 이루는 전략이 필요하다.

제품의 경우 성수기 때 촉진을 강화하지만 서비스의 경우 비수기 때 더 많은 촉진을 하게 된다. 서비스가 이렇게 제품과는 다른 촉진 스케줄을 갖게 되는 이유는 세 가지로 요약될 수 있다.

첫째, 컨벤션에 참가하게 될 경우, 금전, 시간, 노력 및 기회비용 등 비교적 많은 비용이 소요되기 때문에 사람들은 사전 계획을 세우게 된다. 따라서 컨벤션서비스에 대한 촉진의 시기는 실제로 회의 서비스를 구매·경험하는 시점보다 훨씬 앞선 계획단계에 이루어지는 것이 보통이다.

둘째, 서비스산업의 경우, 생산 능력 또는 시설의 수용 능력이 대개 한정 또는 고정 되어 있기 때문에 과도한 수요가 바람직하지 못한 경우가 많다. 예를 들어, 컨벤션 참가 예정자가 대규모일 경우에 비슷한 규모의 회의가 주기적으로 유치될 가능성이 없다면, 컨벤션 시설업체의 경우에 시설 확장에 따른 투자비용이 많이 소요되기 때문에 단기간 내에 컨벤션 시설의 수용 능력을 늘리기는 어려울 것이다.

셋째, 컨벤션서비스의 경우에도 비수기에 접어들더라도 인력, 유휴시설 또는 장비 등과 관련된 고정 비용은 커다란 변화가 없이 지출되게 된다. 따라서 비수기 수요를 촉진하여 전체 수요를 평준화할 수 있다면 컨벤션서비스 공급업체의 수익성 관리 측면에서도 큰 기여를 할 것이다. 그러나 개별업체가 컨벤션서비스에 대한 수요를 관리한다는 것은 대부분의 경우 상당한 제약이 따른다. 다만 컨벤션 수요의 규모를 사전에 예측할 수 있는 경우는 많다. 따라서 공급적 측면에서 규모가 큰 수요에 대응할 수 있는 다양한 전략을 사전에 수립할 필요가 있을 것이다.

2 컨벤션상품의 특징

1) 운영상의 특징

(1) 커뮤니케이션의 체계화

어느 서비스도 마찬가지이겠지만 커뮤니케이션(communication)이란 주최자, 참가자 모두에게 있어 아주 중요하다. 특히 컨벤션은 상품자체가 대규모이고 관련 산업체와의 연계 협동 작업이 필수이므로 이들과의 긴밀한 협조와 커뮤니케이션의 체계화는 합리적이고 조직적으로 계획되어야 할 것이다. 상당 기간 전에 일정 및 장소가 결정되어야 하기 때문에 예약기간이 상대적으로 매우 길고 단시간에 대규모 서비스가 행해져야 하므로 철저한 계획수립을 위한 정확한 사전 장기예약이 필수라 하겠다.

(2) 복합 상품

컨벤션은 여러 행사가 함께 어우러지는 경우가 비일비재하다. 단순한 회의뿐 아니라 인센티브여행, 전시회 등 복합적 개별행사들이 모여 대규모 컨벤션을 구성한다.

(3) 장기사전예약

컨벤션은 준비기간이 상당 소요되고 계획 규모도 거대하기 때문에 모든 일정의 사전예약이 필수적이다. 예약절차의 합리성, 편리성도 중요하지만, 상대적으로 긴 예약기간에 비해 행사기간은 짧은 것이 대부분이므로 철저한 계획수립을 위해 정확한 사전 장기예약은 매우 중요하다 하겠다.

(4) 탄력적 가격결정

컨벤션의 장기 준비기간과 맞물려 컨벤션의 성패를 좌우하는 게 "가격"이라 하겠다. 사전에 가격변동을 예측, 융통성 있는 가격책정은 성공적 컨벤션 개최의 중요요소일 것이다.

2) 시설상의 특징

(1) 물리적 환경의 중요성

물리적 환경이란 서비스 기업이 상품을 생산하기 위한 장소로 대부분의 경우 서비스 요원이나 고객의 서비스를 유도하기 위해 함께 참여하는 장소이다. 이런 물리적 환경은 주변의 조건(ambient condition), 즉 배경적 특성(background characteristics), 공간적 배치와 기능성(spatial layout & functionality), 표식(signage), 인조물(personal artifacts), 장식의 형태(style of decoration) 등이 포함되는데, 이런 물리적 환경이 고객만족에 큰 영향을 주는 것은 환경이 은연 중 암시하는 상징적 가치가 서비스 평가에 큰 영향을 주기 때문이다. 특히 컨벤션에 있어서 분위기가 차지하는 비중이 크므로 물리적 환경 중 시설의 규모가 크고, 분위기가 화려하며 고급스러운 것이 컨벤션 개최에 중요요소로 간주되고 있다.

(2) 과학적 설계

컨벤션 행사의 주목적인 회의도 그 규모에 따라 여러 형태의 회의실을 요구하며 연회나 오락시설을 다목적으로 수행할 복합적 기능을 필요로 한다. 더불어 이동의 최소동선을 고려한 설계도 운영의 편리성을 증진시켜 주므로 이 모든 점을 고려한 시설들의 과학적 설계가 중요하다.

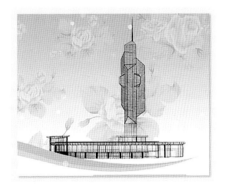

3 컨벤션서비스의 성공요소

　행사를 원활하고 성공적으로 진행하여 마무리 짓기 위해서는 컨벤션 경영 서비스의 구성요소 중 어느 하나 중요하지 않은 영역이 없다. 각각의 영역이 그 나름대로 기능을 제대로 수행해야만 하나의 행사를 훌륭히 이루어 낼 수 있다. 중요한 것은 각 영역이 서로 독립적이지 않고 상호 보완적인 관계로 그 기능을 수행해야 한다는 것이다.

　시설을 어떻게 운영하고 서비스를 어떻게 시행하며, 커뮤니케이션이 어떻게 원활히 소통되는 가에 따라 서비스 만족이 좌우된다고 할 수 있다. 컨벤션 경영 서비스에 관해 구체적으로 살펴보면 물리적 시설에 관한 서비스와 인적서비스, 이러한 서비스를 뒷받침 해주는 시스템 서비스가 포함된다. 또한 행사 후 평가를 통한 사후 관리도 컨벤션 경영서비스의 중요한 영역이다.

　이러한 각 서비스가 서로 맞물려 통합서비스가 제공되는데 이 중 인적 서비스는 모든 서비스의 가장 밑바탕이 되고 주가 되어 회의의 성공과 실패를 좌우하는 요소이다. 왜냐하면 종업원들이 고객과 직접 상호접촉하기 때문에 종업원들의 서비스 품질은 대단히 중요하고, 그를 유도할 수 있는 그들의 직무환경을 조성해 주는 것이 필요하다. 그리고 인적서비스가 가장 중요한 영업요체가 되기 때문에 전문적 지식과 기술을 습득하고 직업의식이 투철한 양질의 종사원의 확보와 교육도 무엇보다 필요하다.

Chapter 10 회의의 종류 및 파급효과

1 형태별 분류

회의란 어떤 안건에 대해 상호 의견 및 정보를 교환하기 위한 모임을 총칭하는 가장 포괄적인 용어로, 회의의 형태에 따라 다음과 같이 분류된다.

1) 컨벤션

회의분야에서 가장 일반적으로 쓰이는 용어로서, 정보 전달을 주목적으로 하는 정기집회에 많이 사용되며, 전시회를 수반하는 경우가 많다. 과거에는 각 기구나 단체에서 개최되는 연차총회(annual meeting)의 의미로 쓰였으나, 요즘에는 총회, 휴회기간 중 개최되는 각종 소규모 회의, 위원회 회의 등을 포괄적으로 의미하는 용어로 사용된다.

2) 컨퍼런스

컨벤션과 거의 같은 의미를 가진 용어로서, 통상적으로 컨벤션에 비해 회의 진행상 토론회가 많이 열리고 회의 참가자들에게 토론회 참여기회도 많이 주어진다. 또한 컨벤션은 다수 주제를 다루는 정기회의에 자주 사용되는 반면, 컨퍼런스는 주로 과학, 기술, 학문분야의 새로운 지식습득 및 특정 문제점 연구를 위한 회의에 사용된다.

3) 컨그레스

컨벤션과 같은 의미를 가진 용어로서, 유럽지역에서 빈번히 사용되며, 주로 국제규모의 회의를 의미한다.

4) 포럼

제시된 한가지의 주제에 대해 상반된 견해를 가진 동일 분야의 전문가들이 사회자의 주도하에 청중 앞에서 벌이는 공개 토론회로서, 청중이 자유롭게 질의에 참여할 수 있으며, 사회자가 의견을 종합한다.

5) 심포지엄

제시된 안건에 대해 전문가들이 다수의 청중 앞에서 벌이는 공개토론회로서, 포럼에 비해 다소 형식을 갖추며 청중의 질의 기회도 적게 주어진다.

6) 패널 디스커션

청중이 모인 가운데, 2~8명의 연사가 사회자의 주도하에 서로 다른 분야에서

의 전문가적 견해를 발표하는 공개 토론
회로서 청중도 자신의 의견을 발표할 수
있다.

7) 워크숍

컨퍼런스, 컨벤션 또는 기타회의의 한
부분으로 개최되는 짧은 교육프로그램
으로, 30~50명 정도의 인원이 특정문제
나 과제에 관한 새로운 지식, 기술, 통찰
방법 등을 서로 교환한다.

8) 강연

한사람의 전문가가 일정한 형식에 따라 강연하며, 청중에게 질의 및 응답시간을
주기도 한다.

9) 세미나

주로 교육적 목적을 띤 회의로서 참가자 중 1인의 주도하에 특정분야에 대한 각
자의 지식이나 경험을 발표 토의하는 회의이다.

10) 엑스비션

엑스비션(exhibition)은 회의와 병행하여
개최되는 전시회로 회의기간 내내 또는
회의기간 중 며칠 동안 개최될 수 있다.
회의 행사의 일부로 진행되는 칵테일파
티나 연회 행사에서 물품을 전시하는 소

규모 형태로 이루어지기도 하고 회의가 열리는 호텔의 볼룸, 전시장 또는 인근 전시장에서 대규모로 개최되기도 한다.

11) 엑스포

엑스비션과 유사하나 그 규모가 크다. 사전적 의미로는 박람회로 해석되며, 생산물의 개량·발전 및 산업의 진흥을 꾀하기 위하여 농업, 상업, 공업 따위에 관한 온갖 물품을 모아 벌여놓고 판매, 선전, 우열심사를 하는 전람회로 정의된다.

12) 텔레컨퍼런스

통신 시설을 이용하여 회의 참석자가 회의 장소로 이동하지 않고 회의를 개최한다. 회의경비를 절약하고 준비 없이도 회의를 개최할 수 있는 장점이 있으며, 오늘날에는 각종 Audio, Video, Graphics 및 컴퓨터 장비를 갖추고 고도의 통신 기술을 활용하여 회의를 개최할 수 있으므로 그 발전이 주목되고 있다.

13) 트레이드 쇼(Trade Show)

제품 조달업자들이 자신의 생산물, 기구(설비), 서비스 등을 선보이는 전시회로 상호교역을 바탕으로 하며, 컨벤션과 함께 또는 단독으로 개최되기도 한다. 특정 산업분야나 전문분야 그리고 과학, 학술 분야의 트레이드 쇼는 대중에게 개방되지 않지만 대규모 전시회로서 대중에게 개방되는 전시를 가리켜 컨슈머 쇼(consumer shows)라 한다. 트레이드 쇼는 시장 개념을 도입하여 새로운 장비, 신기술과 첨단 아이디어를 볼 수 있도록 하기 때문에 대표단(delegate) 참여가 높고 다양한 프로그램으로 인해 전시 기획자(show organizer), 전시자(exhibitor), 그리고 참가자(attendee) 모두에게 유익하다.

2 회의의 주체별 분류

회의를 주관하는 단체별로 분류한 것으로 기업회의, 협회회의, 비영리조직회의, 정부기관 회의가 있다.

1) 기업회의(Corporate Meeting)

기업에서 주관하는 여러 가지 형태의 회의로 주주총회나 사원연수 및 지역총회 등이 대표적이다.

2) 협회회의(Association Meeting)

모든 산업이 갖는 세계적 혹은 지역적인 협회에서 주관하는 회의로 협회에 관련된 주제와 이슈를 다루는 회의이다. 예를 들어 세계국제법회의의 서울총회, 아시아리스협회 총회 등이다.

3) 비영리조직회의(Non-Profit Organization Meeting)

비영리조직이 주관하는 회의로 로터리클럽의 세계대회가 그 예가 될 수 있다.

4) 정부기관 회의(Government Agency Meeting)

정부나 정부의 산하기관이 주최하는 회의로 노동부장관 회의, 국회의원연맹 총회 등이 있다.

3 회의 진행 형태별 분류

회의를 진행하는 형태별로 분류한 것으로 다음과 같다.

1) 개회식(Opening Session)

본회의 시작 전에 개최되는 공식절차로 일정한 형식과 의례에 따라 교향악이나 전통무용 등의 연예행사가 준비되기도 한다. 정식회원은 물론 수행원, 정부유관 인사, 지방유지 등 본 회의와 무관한 사람도 초청된다.

2) 총회(General Assembly / Plenary Meeting)

모든 회원들이 참석하는 회의로 회원들은 특정 의제에 관해 발표, 표결한 권한을 갖는다. 이러한 사항에는 정관수정, 방침결정, 집행위원의 지명 및 해임 등이 있다.

3) 커미션(Commission)

커미션은 보통 커미티와 같은 성격의 모임체로 본회의 참석자 중에서 지명된 사람들로 구성되는데, 위임받은 사항을 전문적으로 검토하는 역할을 한다. 본 회의 기간 중이나 다른 시기에 개최된다.

4) 카운슬(Council)

카운슬은 본 회의에서 선출된 사람들로 구성되는데, 본회의 기간 중에 개최되며 특정 문제에 관해 어느 정도의 결정권을 갖는다. 그러나 이 회의의 결정사항은 본회의에서 비준되어야 한다.

5) 커미티(Committee)

본회의 기간 중이나 휴회 중에 소집되면 위임된 사항에 대하여 연구 및 토의하여 결론 및 건의를 한다.

6) 집행위원회(Executive Committee)

본회의나 위원회에서 선정되는 10명 이내의 인원으로 구성되어 집행을 요하는 의제를 다룬다. 어느 정도의 결정권을 갖고 있으나 때로는 본회의에서 비준을 요한다.

7) 실무그룹(Working Group)

위원회에서 임명된 특정 전문가들로 구성되며 단기간 내에 구체적인 연구를 하여 전문적인 보고서를 작성한다.

8) 폐회식(Closing Session)

회의를 종결하는 공식절차로 회의성과나 채택된 결과를 요약하여 보고한다. 폐회사와 회의 주최 측에 대한 감사의 표시한다.

제2절 ▶ 국제회의의 효과

1 경제적 효과

국제회의의 경제적 효과(economic impacts)는 개최지역 혹은 개최국가에 국제회의 유치로 인해 발생하는 총 경제적 편익과 비용을 의미한다. 이러한 경제적 효과를 살펴보기 위해서 국제회의산업의 역할 자와 상호관계를 먼저 살펴보아야 한다. 이러한 국제회의산업의 개념적인 상호관계로부터 이들 역할자들의 상호 경제활동의 흐름을 파악할 수 있다. 이는 국제회의 참가자와 국제회의 공급자, 국제회의 참가자와 지역주민, 국제회의 참가자와 지방정부, 지방정부와 지역주민, 지방정부와 국제회의 공급자, 국제회의 공급자와 지역주민의 관계로 나타낼 수 있다. 한 예로 국제회의 참가자와 국제회의 공급자와의 관계는 국제회의 공급자는 국제회의 참가자의 참여 활동과 제반 활동에 필요한 제반의 서비스와 상품을 제공하고 국제회의 참가자는 이들 공급자들에게 돈을 지출하는 관계를 가지고 있다. 이런 경우 경제활동은 국제회의 참가자의 지출의 형태로 나타난다. 또한 정부는 국제회의 산업 공급자에게 전기·도로·기타 행정서비스를 제공하고 국제회의 공급 산업체들은 이에 대한 세금을 납부하는 형태를 지니게 된다.

국제회의산업의 역할 체는 국제회의 공급자, 정부, 가계(지역주민), 그리고 해외부분으로 표시된 국제회의 참가자로 볼 수 있다. 상기 국제회의 역할 자들의 경제활동의 흐름은 국제회의 참가자가 국제회의에 참가하면서 시작한다. 먼저, 국제회의 참가자는 자신의 국제회의 목적(정보교류, 경제적·정치적 협상, 문화교류, 친목도모 등의 목적)을 위해 개최지역을 방문하게 되고 이에 따라 지역의 국제회의산업 공급자는 이들의 요구와 국제회의 참여활동에 필요한 제반의 국제회의 상품과 서비스를 제공하고 국제회의 참가자로부터 지출을 받게 되는 것이다. 이러한 국제회의 참가자의 요구와 필요를 만족시켜 주기 위해 국제회의 공급 산업체들은 지역주민 혹은 외부주민을 고용하게 되고 이러한 인력들은 노동을 제공하는 반대급부로 임금의 행태로 국제회의산업 공급체로부터 돈을 지급받게 되는 경제적 활동을 나타낸다. 이런 관계는 국제회의 공급 산업체와 가계의 경제활동으로서 노동과 소비 그리고 임금과 소득의 부분으로 표시된 부분이다.

또한, 국제회의 공급 산업체와 가계의 이러한 경제활동을 유지하기 위한 제반의 물적·인적·행정적 서비스가 필요하다. 이러한 서비스를 제공하는 것이 바로 중앙정부 혹은 지방정부인데 이들은 이러한 서비스를 제공하는 반대급부로 세금 형태의 세금을 얻게 되는 것이다. 이는 정부와 가계 그리고 국제회의 공급 산업체의 경제활동의 관계로서 세금과 후생의 가계와의 관계, 세금과 인프라의 국제회의 공급

산업체의 관계로 표시된 부분이다.

이는 지역의 주민 혹은 자국민이 국제회의의 참여를 위해 외부지역 혹은 국가를 방문하여 국제회의에 참여하는 경우로서 이는 지역의 부가 외부로 유출되는 경제적으로 부(-)의 효과를 가져 오는 것으로 국가적으로는 수입의 효과와 동일한 것이다.

1) 지출의 증대

국제회의 참가자의 특성 중의 하나는 국제회의 참가뿐 아니라 다양한 관광활동에 참여한다는 것과 국제회의 참가자의 체류일수는 다른 관광 상품의 구매자에 비하여 길다는 것이다. 이러한 특성은 자연히 국제회의 참가자들의 지출을 증대하여 결과적으로 경제적 효과를 증가시킨다는 것이다. 참가자의 지출의 증대는 1차적 경제적 효과 또는 직접효과라고 한다. 이러한 국제회의의 직접효과는 관련 산업의 이윤을 증가시키고 추가적인 소비를 일으켜서 계속적인 지출의 효과를 나타내는 승수효과를 유발하게 된다. 국제회의의 경제적인 효과는 이러한 국제회의 참가자들의 지출로 인한 직접적인 효과와 아울러 이러한 직접효과의 2차 3차적인 효과로 인하여 관련 산업의 지출을 유발하여 승수효과를 통한 간접효과를 유발하고 나아가 총 경제효과를 증가한다는 것이다. 따라서 직접적인 경제적 지출의 증가와 다양한 산업의 관련 산업의 연관은 이러한 총 경제효과를 극대화 시킨다는 것이다.

2) 세수의 증가

지출의 증가를 통한 경제적인 효과와 더불어 지방정부 혹은 개최 국가의 경우 중앙정부의 세수를 증가시키는 효과가 있을 수 있다. 앞에서 설명한 바와 같이 국제회의 참가자, 정부, 지역주민, 국제회의산업체들의 상호 연관관계에서 정부는 국제회의 참가자에게, 지역주민에게, 국제회의산업체에게 다양한 인프라와 행정서비스를 제공하고 이와 반대급부로 이들로부터 세수를 거두어들인다. 국제회의 유치와 참가자의 수가 증가하면 이에 따라 지역주민과 관련 산업의 활성화가 이루어지고 이들의 수입 증가를 통해 정부가 거두어들이는 세금이 증가한다는 것이다.

3) 고용의 증가

이는 국제회의산업의 활성화로 인한 인력의 수급에 관한 것으로 국제회의 산업이 발전하면서 이에 따른 인력수요의 증가를 통해 이루어질 수 있다. 국제회의의 유치는 이와 연관된 산업의 활성화로 이어지고 이러한 연관 산업의 활성화는 보다 많은 노동력을 필요로 하고 이러한 노동력은 지역주민으로부터 유입될 수 있다. 그러나 이러한 노동력이 개최지역이 아닌 외부로부터 유입될 경우 개최지내의 고용의 증가는 기대하기가 힘들고 결국 국제회의 유치로 인한 고용의 증가는 극히 미비할 수밖에 없다.

최근 국제회의에 대한 관심이 고조되면서 많은 지방자치단체에서 국제회의 유치를 위한 컨벤션센터를 설립하기 시작했다. 국제회의 산업의 기반시설의 확충이라는 측면에서 동시에 국제회의와 연관된 건설의 활성화와 이로 인한 지방정부의 세수의 증가와 지역 노동력의 흡수라는 측면에서 아주 고무적인 일이 아닐 수 없다. 그러나 동시에 이러한 하드웨어적인 측면과 더불어 전문시설을 운영하고 전문적인 국제회의를 기획하고 상품화할 수 있는 전문 인력의 부족으로 인하여 전문인력의 외부영입을 유발하게 되어 국제회의 유치에 따른 중요한 경제적 효과인 고용을 감소시키는 부정적인 영향을 미칠 수 있다. 물론 비전문적인 부분에서 지역내 혹은 국내의 인력을 사용할 수 있지만 이는 전문적인 인력의 유입과 비교해서 임금과 지속적인 고용의 안정화라는 측면에서 하위의 효과라고 볼 수 있다.

따라서 국제회의 전문 인력의 양성은 이러한 국제회의 산업의 경제적 효과 중에서 고용의 효과를 극대화한다는 측면에서 중요한 과업이라고 할 수 있다. 동시에 인력의 고급화로 국제회의 참여자와 유치에 있어서 질적인 서비스와 안정적 공급이라는 측면에서도 중요한 의의를 지닌다고 볼 수 있다. 결국 국제회의 전문 인력의 수급이 중요한 실정이라고 볼 수 있다.

4) 국제수지의 개선

국제회의 그 정의에서 알려진 바와 같이 국내참가자뿐 아니라 다양한 외국 참가자를 포함하고 있다. 따라서 외국인의 유입으로 인한 외화의 유입이 이루어지고 이는 바로 국가의 국제경상수지의 개선으로 이어지는 것이다. 국제회의 참가자는 외부로부터 유입되어야만 경제적 효과가 극대화된다. 지역 내에서 혹은 국내의 참가자는 지역 내 혹은 국내의 경제적 효과에 도움이 되지 않는다. 이는 단지 지역 혹은 국내의부의 재분배에 불과하다. 따라서 국제회의 참가자는 외부로부터 보다 많이 유입되는 것이 지역 혹은 국내의 경제적 효과에 도움이 되는 것이다.

이런 측면에서, 국제회의는 외부의 보다 엄밀히 말하자면 참가자의 일정부분이 외국으로부터 유입되므로 이는 일반재화의 경우 수출에 해당되는 것이다. 수출의 증대는 결국 외화의 유입을 가져오고 이러한 외화의 유입은 국제수지의 개선이라는 긍정적 효과가 있다.

5) 부정적인 효과

국제회의 유치는 참가자의 지출의 증대로 인한 직접효과와 이의 간접효과를 유발하여 국내경제에 도움을 주고 고용을 창출하고 각종 관련 산업을 활성화시킨다. 이런 활성화와 아울러 이들^(국제회의 참가자, 지역주민, 국내인, 관련 산업체)로부터 세수를 거두어들일 수 있고 외국인의 참가의 증대로 인한 외화의 유입을 통한 국제수지의 개선의 긍정적인 효과가 있다는 것을 알 수 있다.

그러나 국제회의 유치는 긍정적인 경제적 효과와 더불어 부정적인 효과가 있을 수 있는데, 예를 들면 외부인의 지출의 증가는 지역 혹은 국가의 화폐 유동성을 증가시키고 동시에 관련 재화나 서비스의 수요 증가를 가져와 결과적으로 지역이나 국가의 물가를 상승시킬 수 있다.

이러한 물가의 상승은 지역 혹은 국내 실질임금을 감소시키는 부정적인 효과가 있다 화폐의 가치를 하락시키는 부정적인 영향을 미친다고 볼 수 있다. 화폐가치의 하락은 국가 전체적인 측면에서 환율의 상승(자국화의 가치하락)으로 이어질 수 있다.

2 관광산업 효과

앞서 언급한 바와 같이 국제회의는 관광산업의 일부인 동시에 관광산업을 포함하고 있는 것이다. 관광은 즐거움 혹은 사업상의 목적으로 집을 떠나 이동한다는 관광의 고유 의미를 볼 때, 분명 관광의 한 부분으로 인식할 수 있다. 실제로 Montgomery & Strick(1996)은 국제회의 산업을 관광의 4대 요소의 하나로 규정하고 있다. 반면에 국제회의의 프로그램의 기획의 입장에서 본다면 프로그램의 하나의 요소로 국제회의가 포함되고 있는 것이다. 어느 경우이든 국제회의는 관광과 불가분의 관계를 지니고 있는 것이다. 따라서 국제회의 관광에 대한 영향은 지대한 것이다. 관광산업과 긴밀한 관계를 지니고 있는 국제회의 활성화는 자연히 관광산업의 활성화로 이어질 수밖에 없다. 예를 들면, 국제회의산업의 활성화는 교통, 숙박, 식음료, 관광 상품 등의 활성화를 기할 수 있다. 보다 자세한 국제회의의 관광산업 효과(tourism impacts)는 다음과 같다.

1) 관광산업의 활성화

국제회의는 국제회의를 기획·개최하고 이에 참가자들이 국제회의를 참석하는 형태의 모임이라고 볼 수 있다. 이 경우 국제회의 기획하는 입장에서 모두 관광산업과 긴밀한 관련이 있다.

참석자의 입장에서 국제회의에 참석하기 위해 육상(버스, 자가용, 전세버스, 철도), 해상, 항공 교통수단을 이용해야 하고 숙박과 식·음료를 해결하여야 한다. 참가자들이 국제회의에 참석하기 위해 사용되는 수단들은 모두 관광산업에 속하는 산업들이다. 이러한 참석의 수단으로 이용되는 다양한 관광산업의 고려는 단지 참석자와 연관된 문제는 아니다. 국제회의 기획·개최하는 입장에서도 국제회의 개최장소의 선정과 숙박시설의 선정에 있어서 컨벤션센터나 컨퍼런스센터 그리고 호텔 등을 고려하고 협상과 계약을 수행하여야 한다. 또한 교통의 문제에 있어서도 공식항공사나 선박을 지정하거나 지역 내의 교통의 경우 기획·개최자의 입장에서는 셔틀버스의 운행하여야 하는 등 관광산업의 일종인 교통산업과 긴밀히 협조하여야 한다. 식·음료의 문제에 있어서도 메뉴의 선정과 행사에 따른 식·음료의 선정으로 역시 관광산업의 일종인 외식산업과 긴밀한 관계를 유지하여야 한다.

이러한 수단적 혹은 프로그램 중에서 Pre- 혹은 Post-Tour로 대표되는 관광프로그램은 국제회의와 관광산업의 직접적인 연관관계를 나타낸다고 볼 수 있다. 이러한 연계관광의 경우 국제회의 참석자들은 다양한 관광유인물^(자연·인공 관광유인물)을 접하게 되고 교통과 외식산업을 이용하게 된다.

따라서 국제회의가 활성화 된다는 것은 국제회의 기획·개최자나 참가자가 이용하게 되는 다양한 산업^(교통, 숙박, 외식, 음료, 관광 상품, 연계관광산업 등)의 활성화를 가져오며, 이는 결과적으로 관광산업의 전반에 긍정적인 영향을 미치게 될 것이다.

2) 관광의 문제해결

관광은 본질적으로 내재되어 있는 특성상 산업적으로 문제를 지니고 있다. 예를 들면, 관광은 이동이라는 특성을 내포하고 있고 또한 자연유인물이라는 자연자원에 긴밀히 연관되어 있으므로 계절성이라는 문제를 지니고 있다. 본 부문에서는 계절성이라는 관광산업의 가장 심각한 문제에 대하여 살펴보고 이러한 문제점을 해결하는데 국제회의가 어떤 역할을 하는지에 대하여 알아보겠다.

관광산업에 있어서 가장 커다란 문제 중의 하나는 계절성이다. 관광에 있어서 계절성이란 일 년을 기준으로 관광객이 비교적 짧은 기간에 몰리는 것을 의미한다. 계절성에 대한 연구는 Baron[1976]에 의해 처음 연구되었고 이에 대한 연구가 진행되고 있다. 계절성은 일반적으로 자연적 계절성으로 인식되고 있다. 자연적 계절성이란 자연적 현상 특히 기후가 관광의 수요 혹은 공급에 영향을 미치는 것을 의미한다. 이에는 스키장의 경우 강설량에 의해 스키장의 수요 혹은 공급이 영향을 받는다는 것을 알 수 있다.

이렇게 성수기보다는 수요가 상대적으로 낮지만 다른 비수기보다는 상대적으로 높아서 수요가 성수기와 비수기의 중간인 기간을 중간기라고 한다. 중간기는 수요의 형태에 따라서 존재할 수도 존재하지 않을 수도 있다.

계절성이란 성수기의 수요의 과도한 집중화와 비수기의 수요의 금갑이라는 계절적인 수요의 변화를 의미하는데 이로 인해 관광산업의 공급자와 수요자(관광객)의 측면에서 문제점을 내포하고 있다. 이런 문제점은 관광시설과 서비스의 단기적 비 탄력성과 관광수요의 탄력성이라는 관광산업의 내재된 특성에 기인한다고 볼 수 있다.

3) 관광의 질적 향상

국제회의 참가자들은 반드시 그렇지는 않지만 일반적으로 일반관광객에 비하여 교육수준과 사회적 지위가 높은 참가자들로 구성되어 있다. 이러한 양질의 참가자의 구성은 관광활동의 측면에서 또한 관광 상품의 기획과 서비스의 향상이라는 측면에 긍정적인 면을 제공한다.

양질의 관광객의 유치는 관광목적지의 오랜 숙원이었다. 다음의 사회적 영향의 부분에서 다시 언급하겠지만 관광객의 지역 내로의 유입은 경제적 효과의 측면에서 바람직한 부분이다. 그러나 동시에 지역주민과 관광객의 갈등으로 이어지는 사회문제를 야기할 수 있다. 이는 관광객과 주민간의 규범과 기분의 차이로 발생할 수도 있지만 관광객의 무분별한 행위나 활동에서 기인되기도 한다. 따라서 관광목적지는 이러한 문제를 최소화하기 위해 보다 양질의 관광객을 유입하려고 노력한다. 이러한 노력으로 탄생한 것이 바로 연성관광(soft tourism)이다. 이는 양질의 관광객의 유입으로 지역에 미치는 사회문제와 환경문제를 최소화 하여 지속가능한 관광(sustainable tourism)을 확보하려는 것이다. 이런 측면에서 국제회의 개최로 인한 양질의 관광객을 수용한다는 것은 개최지의 입장에서 혹은 관광목적지의 입장에서 긍정적으로 인식되는 부분이다.

이러한 양질의 관광객 혹은 참가자의 유입은 또한 다른 관광객의 활동에도 긍정적인 영향을 미친다. 자신의 관광활동을 즐기면서 다른 사람의 편의나 환경과 같은 주변부분에 대하여 고려하는 관광활동의 참여는 이러한 지역의 관광객이 이들의 행동을 반면교사로 본받을 수 있는 여건을 만들 수 있다는 것이다.

다른 측면의 효과는 관광 상품 기획의 질적 향상이라는 것이다. 일반적으로 국제회의 참가자들은 회의에만 참석하는 것이 아니라 다양한 관광프로그램에 참여한다. 이들의 관광 상품에 대한 요구수준은 일반관광객의 요구수준보다 상회하는 것이 일반적이므로 질적으로 향상된 관광 상품의 요구가 증가할 것이고 이러한 요구에 부응하기 위하여 관광목적지의 관광산업 공급자들은 보다 나은 관광 상품의 기획과 서비스의 향상을 가져온다. 예를 들면, 국제회의 참가자들의 요구수준에 맞는 객실의 재설비나 교통수단의 고급화, 식당의 인테리어나 메뉴의 다양화와 고급화, 관광시설의 고급화와 같은 질적인 향상을 가져올 것이고 서비스의 측면에서도 보다 적극적인 교육과 훈련을 통해 양질의 서비스의 제공으로 이어질 수 있다.

그러나 이러한 관광의 질의 향상, 즉 관광 상품과 시설 및 서비스의 향상은 외래 방문객의 입장에서 그들의 기회에 맞게 조절된 것이므로 자칫 지역의 고유한 관광문화의 상실을 가져올 수 있고 또한 이러한 관광 상품과 시설 및 서비스의 고급화는 관광활동의 전체적인 이용가격을 상승시켜 오히려 일반관광객의 방문이 줄어들 수 있다는 단점을 제공하기도 한다.

4) 관광목적지로서의 이미지 향상

관광객은 여행을 떠나기 전에 항상 여행목적지를 선정한다. 물론 일한 목적지의 선정 없이 여행을 떠나는 경우도 없지 않지만, 일반적으로 여행객의 행위이론에 비추어 보면 여행객들은 여행을 떠나기 전에 다양한 정보를 통해 여행목적지를 선정한다. 관광목적지를 선정하는 단계에서 여행객들은 가능한 모든 여행대상지를 선정하고 이중 자신의 목적에 부응하는 여행목적지를 가지고 있는 예산과 시간 등의 자원에 적합한 여행목적지를 최종적으로 선정한다.

이럴 경우 여행객들의 여행목적지의 의사결정에 도움을 주는 것은 바로 여행목적지의 인식(awareness of destination)이라는 것이다. 즉, 관광유인물은 여행자가 어느 장소를 선택하여 방문하는 동기를 부여하는 것이다. 관광유인물의 종류에는 자연관광유인물, 인공관광유인물, 이벤트로 나뉘는데 전통적인 시각에서 국제회의는 일한 이벤트의 일부로 포함되고 새로운 시각에서도 국제회의와 이벤트의 관계는 상당한 부분을 공유한 즉, 밀접한 관계를 가지고 있는 관광유인물이다. 이런 측면에서, 국제회의는 관광유인물의 일부로 간주되고 이를 통해 관광객이 특정의 장소를 선택하고 이는 곧 관광객의 이미지로 형성된다는 것이다.

이와 같은 이미지의 형성은 관광객이 다시 관광을 준비하는 의사결정의 단계, 보다 구체적으로 목적지 선정의 단계에서 관광객의 의사결정에 결정적인 역할을 한다는 것이다. 과거의 국제회의 참가로 인하여 특정지역에 대한 인식의 향상을 들 수 있다. 이는 만일 참가자가 국제회의를 참가하지 않았을 경우 이들 지역에 대한 인식의 부족으로 인하여 의사결정의 단계에서 이 특정지역에 대한 여행목적지를 고려하지 않았을 것이고 이는 바로 여행객들이 이들 지역에 대한 정보를 수집하지 않을 것이며 결과적으로 지역에 대한 방문의 기회도 줄어든다는 것이다. 따라서 국제회의의 성공적인 개최와 참가자의 만족은 특정지역 혹은 국가에 대한 인식의 향상과 함께 이미지의 향상도 도모할 수 있는 것이다.

이러한 관광목적지의 이미지 향상은 보다 많은 관광객의 유입과 재방문을 창출하여 지역의 경제의 활성화에 직접적으로 도움을 줄 수 있다.

3 사회 · 문화적 효과

국제회의를 통한 외부참가자의 유입은 지역사회와의 사회관계를 형성하게 된다. 일반적으로 국제회의 참가자들의 지역 내에서의 활동은 회의개최시설에 한정되어 있고 관광활동도 단체로 행하여지므로 지역대의 주민과의 관계가 그리 밀접하거나 이들이 미치는 사회·문화적 영향은 그리 크지 않다고 볼 수 있다. 그러나 국제회의는 일정기간에 대규모의 외부참가자가 유입되므로 이에 대한 사회·문화적 영향은 크다고 볼 수 있다.

국제회의 외부참가자와 지역주민의 사회관계에는 긍정적인부분과 부정적인 부분이 있다. 일반적으로 외부방문객과 지역주민의 사회관계는 부정적인 인식이 많았다. 지역주민과 외부방문객의 규범과 가치기준(norm and standard)의 차이로 인한 갈등은 바로 이러한 부정적인 영향의 대표적인 것이다.

긍정적인 부분은 지역주민과 참가자들이 사회적으로 함께 혼합되고 서로에 대하여 긍정적인 인식을 가짐으로써 가능해진다고 본다. 서로에 대한 성격이나 자질 그리고 서로에 대한 존경을 가지게 된다. 이에 대한 긍정적이 효과는 지역주민의 의식의 향상, 선진화된 행동양식의 도입, 외부문화에 대한 긍정적인 인식의 증대 등이 있을 것이고 부정적인 영향으로는 급속한 상업화로 인한 전통적인 문화와 사회적 규범의 파괴 혹은 훼손, 이로 인한 범죄의 급증이 있을 것이다.

또 다른 부정적인 영향은 지역주민과 외부참가자간의 경제수준, 행동양식, 외모, 경제적인 효과의 차이로 인한 외부참가자에 대한 분노가 있을 수 있다. 이러한 분노의 가장 큰 부분은 아마도 지역주민간의 열등감일 것이다. 지역주민은 다른 관광산업과 마찬가지로 국제회의 산업에서 노동력을 제공하는 역할을 수행한다. 예를 들면 국제회의 개최시설의 식당에 고용된 지역주민의 경우 다른 지역주민의 경에 비하여 많은 임금을 받을 것이다. 따라서 이러한 고용된 지역주민은 자신들보다 열등한 지역주민에 대하여 월등감을 가질 수 있고 이러한 열등감은 국제회의 참가자 전체에 대한 분노로 이어질 수 있다. 이러한 분노는 가끔 외부참가자들의 무분별한 행위로도 나타날 수 있다. 예를 들면, 외부참가자들이 자신의 지역의 자연을 훼손한다든지 아니면 범죄를 저지른다든지 하는 부정적인 행동으로 인하여 전체참가자에 대한 분노가 있을 수 있다. ASEM회의가 개최된 기간 동안의 교통의 통제, 영화관의 잠정휴업(ASEM 건물 내의 mega-box)과 같은 조치로 인하여 시민들이나 국민들이 분노하고 전체참가자에 대한 분노로 이어질 수 있다.

4 환경적 효과

관광은 굴뚝 없는 산업이라고 하여 자연환경에 대한 영향이 다른 제조업에 비해 적다고 알려져 왔다. 그러나 2차 세계대전이후의 서구사회에서 기술과 경제의 성장은 대중관광(mass tourism)이라는 형태의 관광을 탄생시켰다. 이러한 대중관광의 성장은 관광산업의 공급 산업의 성장에 기인하고 있다. 보다 많은 숙박업소와 외식업소가 생겨나면서 여행의 가격을 하락시켰고 이로 인해 보다 많은 사람들이 관광활동에 참여하기 시작했다. 역사적으로 이러한 대중관광은 환경과 사회에 미치는 영향의 고려가 상대적으로 약했다.

이러한 대중관광의 성장은 이들을 위한 관광자원의 무분별한 개발로 이어졌고 이에 따른 환경의 파괴와 훼손을 가져왔다. 이런 측면에서 최근 지속 가능한 관광개발(sustainable tourism development) 혹은 지속 가능한 관광으로 대표되는 대안관광의 개념이 등장하고 있다.

국제회의는 이런 대안관광, 즉 지역에 대한 환경적 피해를 최소화하고 동시에 경제적 효과를 극대화하는 대안관광상품의 일종으로 보는 것이다. 따라서 국제회의는 자연자원의 의존이 심한 다른 관광 상품에 비하여 환경에 대한 피해와 부정적인 영향을 극소화할 수 있는 대안관광상품으로서 중요한 역할을 한다. 또한 국제회의 참가자들의 활동이 주로 회의개최시설에 집중되어 있기 때문에 일반관광객과 같은 지역의 환경에 직접적으로 접촉하는 빈도나 강도는 제한되어 있다. 따라서 이러한 국제회의는 일반제조업에 비하여, 일반관광에 비하여 환경에 미치는 영향은 상대적으로 작다는 것이다.

이러한 긍정적인 영향과 더불어 부정적인 영향은 다수의 참가자들의 일시의 유입으로 인한 지역 내의 교통의 체증이나 소음 등으로 인한 생활환경의 저하를 들 수 있다.

5 기타 영향

국제회의 개최로 인한 경제적, 관광산업, 사회·문화적, 환경적 영향과 더불어 국제회의의 개최는 다른 제반의 영향을 지역사회 혹은 국가에 미친다. 가장 먼저 고려할 수 있는 것은 국가의 정치외교부분의 강화를 들 수 있다. 국제회의를 통해 정치적으로는 개최국의 입지를 강화하는 효과가 있다. 대표적인 예가 2000년 ASEM으로서 한·중·일 및 ASEM 7개국 등 아시아 10개국과 구주연합(EU) 15개 회원국의 국가원수 또는 정부수반과 EU 집행위원장 등이 모여서 2년에 한 번씩 개최하는 아시아·유럽정상회의로서 이를 통해 국내의 정치적 입지의 확보와 외교적으로 정치·경제·문화 등의 현안에 대하여 심도 깊게 의견을 교환하는 장을 마련해 준다.

지역의 정보교류의 장을 마련해 준다. 국제회의 개최의 주목적 중의 하나는 국제회의를 통한 정보의 교류이다. 이러한 정보의 교류를 통해 지역 내의 혹은 국가 내의 정보의 흐름이 향상되고 선진기술이나 정보가 국제회의를 통해 유입되므로 선진기술과 정보를 습득할 수 있는 장을 마련해 준다. 라스베가스에서 개최되었던 콤덱스(comdex)와 같은 산업박람회의 경우에는 최첨단의 컴퓨터 관련기술과 정보를 습득할 수 있는 좋은 기회를 제공한다.

또한, 국제회의 참석자들이 방문하고 자국으로 돌아가서 자신이 인식한 국가의 이미지를 전달함으로써 개최국가의 홍보에 도움이 된다. 특히 국가나 단체의 대표인 경우 이러한 홍보의 효과가 더욱 증대된다고 볼 수 있다.

국가나 지역의 기반산업의 발전이 가속화된다. 국제회의 개최는 다양한 시설과 서비스를 필요로 한다. 회의를 개최할 수 있는 개최시설, 참가자를 위한 공항이나 항만도로 등의 교통시설의 확충, 식·음료서비스의 향상 등으로 국가나 지역의 기반시설이 향상되어 지역주민이나 국민의 생활환경이 개선되고 국제회의와 관련된 산업들, 예를 들면, 숙박, 외식, 회의시설, 시청각시설, 서비스 등등의 관련 산업의 발전을 도모한다. 가장 대표적인 예가 ASEM을 위한 Coex의 ASEM회의장 건축을 들 수 있고 반드시 ASEM회의만은 아니지만 인천국제공항의 건설도 예가 될 수 있다.

Chapter 11 컨벤션 산업의 현황

　컨벤션 분야가 하나의 산업으로 가장먼저 정착한 곳은 유럽지역이다. 국제기구 및 본부의 65%가 소재하고 있는 유럽은 전 세계 국제회의의 약 57%를 개최하는 등 세계 컨벤션산업이 중심인 것이다. 이런 컨벤션의 역사적 배경은 로마시대의 체육 행사에서 비롯되었다고 볼 수 있다. 운동장과 같이 넓은 장소는 사람들이 모이기에 충분한 공간이었기 때문이다.

　그 후 국제회의는 근대 국가사회의 성립과 때를 같이 하여 국제사회 전반적 평화유지를 목적으로 비롯되었다. 이러한 국제회의의 효시는 1815년의 빈회의라고 할 수 있다. 이 회의를 계기로 정기적으로 국제평화와 질서유지에 관한 협의를 계속함으로서 컨벤션 발전의 획기적인 전환점이 되었다.

　우리나라의 컨벤션 역사는 선진국에 비해 매우 짧다. 우리나라 회의의 시초는 1915년 조선호텔에서 열린 '전 조선 기자대회'라고 할 수 있다. 1986년의 아시안게임과 1988년 서울 올림픽의 성공적인 개최를 계기로 세계 속에서 한국의 지명도가 높아지게 되어 국제회의 산업은 새로운 전기를 맞이하게 되었다.

제1절　외국 컨벤션산업의 현황

1　미국

　컨벤션이 개최지역의 경제에 미치는 파급효과가 큰 산업으로 인식됨에 따라 세계 각국은 컨벤션 전담기관인 CVB(convention & visitors bureau)를 설치하여 컨벤션의 유치 및 운영과 관련된 활동을 하고 있다. CVB의 구체적인 활동으로는 국제회의 개최 지원활동, 정보수립활동, 홍보 및 마케팅활동 등이며 이 외에도 시찰여행의 기획 및 수용 등의 활동을 한다.

미국에서는 국제행사뿐만 아니라 연간 1백만 건에 달하는 국내행사가 개최되고 있어 각 주는 이러한 엄청난 규모의 수요를 겨냥해 대규모 컨벤션센터를 갖추고 활발한 유치활동을 전개하고 있다.

미국의 CVB는 900여 개 도시나 지역을 대표하여 전 세계를 무대로 지역 이미지 홍보는 물론 방문객 유치를 위한 연방정부의 관광당국을 능가하며 그러한 막대한 예산과 인력을 투입하여 제반 관광산업을 활성화시키고 있다.

미국은 1960년대 초 건설된 시카고의 맥코믹 플레이스를 필두로 미국 전역에서 컨벤션센터의 건설 붐이 일어났다.

지금까지 미국이 국제회의 수요에 대응하기 위해 추진해온 방안들을 살펴보면 다음과 같다. 첫째, 컨벤션센터의 건설은 대부분 대도시의 경우 다운타운의 쇠퇴, 슬럼화를 해결하기 위한 수단이었으며, 또한 도심 내 부적격 기능을 전략적 차원에서 새로운 도시기능으로 대체하기 위하여 추진되었다.

대표적 사례로는 맨해튼의 워터프런트 재개발의 일환으로 건립된 제이콥 제이 재비츠 컨벤션센터와 미시시피 강 하구의 뉴올리언스 컨벤션센터가 있으며, 다운타운의 쇠퇴 및 슬럼화를 일소하기 위해 건설된 옴니 인터내셔널, 옴니 콜리 시움과 연계 개발된 조지아 월드, 콩그레스센터 등이 있다.

둘째, 컨벤션 참가자의 욕구에 부응하기 위해 관광도시에 컨벤션센터를 건립하는 방안이 추진되었다. 이 방안은 컨벤션 활동이 주로 일상의 생활을 떠나서 행해지며, 체재활동과 컨벤션 사전·사후에 관광활동이 이루어진다는 점을 고려한 것이다. 관광도시는 온난한 기후, 양질의 호텔시설, 평온한 분위기 등 환대 및 서비스 여건이 충실하여 타 지역에 비하여 컨벤션 참가자에게 더 매력적이기 때문이다. 관광도시에 컨벤션 시설을 도입한 대표적인 사례로는 텍사스 주 안토니오시의 컨벤션센터와 샌안토니오 돔, 라스베이거스의 컨벤션센터, 올란드의 월트디즈니 월드 내 컨벤션센터 등이 있다.

2 유럽

유럽각국은 각국의 경제성장 및 균형발전을 도모하는 차원에서 개최될 국제회의의 내용과 규모, 국제회의시설의 과거 개최실적 등을 고려하여 파급효과가 높은 지역을 선정하여 국제회의를 개최하고 있다.

본래 전시기능위주의 전시회에서 출발한 유럽의 컨벤션센터는 1950년대 이후 컨벤션 시설의 확장 및 시설개축을 통해 복합형태의 전문 컨벤션센터로의 단계적인 발전을 도모해왔다. 또 최근에는 텔레포트의 역할을 수행함으로써 국제회의시설이 도시기반시설로서의 역할도 담당하고 있으며, 국제회의의 수요증가에 대비해 장기적이고 종합적인 확장계획을 도모하고 있다.

유럽의 대표적인 컨벤션센터로는 영국 버밍햄 시에 건립된 내쇼날 엑스비션 센터(national exhibition centre)를 들 수 있다. 이는 영국 최대 회의시설로서 연간 300만 명 이상이 방문하고 있다. 또한 유럽의 대표적인 국제회의 국가가 독일인데 하노버,

프랑크푸르트, 쾰른, 뒤셀도르프, 뮌헨이 5대 국제회의도시로 지정되어 있다. 그 중 뒤셀도르프는 복합컨벤션센터인 뒤셀도르프메세를 보유하고 있다. 그리고 프랑스의 경우 팔레스 데 콩그레 드 파리(palace des congrès de paris)는 파리의 대표적인 컨벤션센터로서 1979년에 설립되었고, 대회의장 수용능력이 3,700명이고, 회의장 총수는 14개이다.

3 일본

1960년대부터 활발한 국제회의 유치 활동을 해온 일본은 이미 1987년 '국제회의 도시계획'을 세워 그 이듬해부터 컨벤션 도시를 지정하여 금융, 행정상의 각종 지원책을 마련하는 등 국가적 차원에서 컨벤션 수용체제 구축을 위한 지원을 아끼지 않고 있다.

특히, 1994년 6월 국제회의 유치촉진법 및 개최 원활화에 의한 국제관광진흥에 관한 법률이 제정되었고, 컨벤션 배중 계획이 운수성에 의해 발표되는 등 정부차원에서의 국제회의산업진흥과 건립지원이 충실하게 이루어지고 있다.

또한 1995년 6월에는 운수성을 비롯하여 국제관광진흥회, 도시 컨벤션 뷰로와 회의장 시설업체, 호텔, PCO 등 일본 내 국제회의 관련기관, 단체 및 업계를 회원으로 하는 JCCB(Japan congress & convention bureau)가 설립되어 국가, 지방자치단체, 민간단체 등 각 분야에서 국제회의산업 진흥을 도모하고 있다. 일본의 경우 컨벤션 도시의 조성은 컨벤션 시설부터 우선적으로 건설해 나가는 것이 특징이다.

지바 현의 일본컨벤션센터, 도쿄 임해부도심 개발의 일환으로 건립된 도쿄 국제컨벤션파크와 같은 컨벤션 시설들이 신도시 또는 대도시내 부도심개발의 특화수단으로 도입되었다. 또한 이들 시설들은 국제회의장 및 국제전시장이 별개의 건물로 구분되어 각 고유기능을 수행하게 하고, 센터 내에서 컨벤션의 복합적 기능의 원활한 수행을 위해 각 건물의 연계가 이루어져 있다.

4 싱가포르

싱가포르는 컨벤션산업의 중요성을 일찍 인식하고 컨벤션 유치 여건조성에 주력하고 대외적으로 각국의 언론과 정부 관계자들을 상대로 홍보에 적극적이다. 특히, 지리적 여건상 아시아 관문이며 자유무역항으로 잘 발달된 항공망과

편리한 교통, 숙박시설 등을 장점으로 컨벤션산업 국가로 성장하기 위한 국가적인 전략을 확립하였다. 대표적인 컨벤션센터로는 Suntec City로 1995년 완공되었는데 1백만^(1million) 평방피트 규모의 국제 회의장과 12만^(0.12million) 평방피트 규모의 전시장 그리고 국제회의장은 1만 2천명을 수용할 수 있는 전용회의 시설, 오피스빌딩, 오락시설, 쇼핑센터 등 각종 편의시설을 갖추고 있다. 또한 전 세계적으로 방송과 인공위성자료의 송수신용 스튜디오를 갖추고 있으며 12개의 통역시설과 컨벤션센터에서 호출기나 무선전화기를 사용할 수 있는 소형 전화국도 설치되어 있다.

싱가포르 관광청이 2015년까지 전 세계 컨벤션산업의 중심도시로 자리매김하기 위한 비즈니스 출장 및 BT & MICE^(business travel & meeting, incentive tour, convention and exhibitions) 산업 성장의 청사진을 제시했다.

이 청사진은 최근 레드닷^(red dot) 박물관에서 관련 업계 관계자 400명이 모인 가운데 림홍경 싱가포르 통상산업부 장관이 발표한 것으로 지속적인 투자와 마케

팅을 통해 매년 15%의 성장을 달성, 2015년에는 비즈니스 분야를 총 관광수입의 35%^(105억 싱가포르달러)까지 늘릴 계획이라고 밝혔다.

싱가포르 관광청은 컨벤션산업을 성공적으로 유치하기 위해 의료과학 관련 산업과 디지털 미디어 산업, 환경공학, 금융 산업, 관광산업 단지 등의 관계 기관이 긴밀하게 협조하도록 시스템을 구축할 예정이다.

또 향후 5년간 20억 싱가포르달러를 투자하고, 국제기관의 아태 본부를 싱가포르로 이전하거나 설립하도록 노력할 계획이다.

이와 함께 3년간 '싱가포르, 굉장한 일들이 벌어지는 곳^(singapore, where great things happen)'이라는 글로벌 마케팅 및 광고 캠페인을 실시, 싱가포르가 MICE 산업의 허브라는 것을 적극 홍보할 방침이다. 이 광고는 유럽, 미국, 중국, 인도, 일본 등에서 선보인다.

한편, BT & MICE 산업은 2004년 싱가포르 총 관광수입의 30%^(30억 싱가포르달러)을 기록할 만큼 싱가포르 관광 산업의 중요 부문을 차지하고 있다.

5 태국

태국은 인도차이나 반도의 중심지에 위치하고 있다는 지리적 이점을 적극 활용하고 있으며, 장차 방콕과 캄보디아의 프놈펜, 라오스, 비엔티안, 미얀마의 랭군, 중국 운남성의 쿤밍을 연결하는 광범위한 도로와 철도망이 완공되면 그 입지는 더욱 더 강화될 예정이다. 특히 2002년 9월 최대의 민간 소유의 전시 및 회의 시설인 방콕국제무역 전시센터의 개관을 계기로 국제회의 산업에 박차를 가하고 있다.

6 홍콩

1988년 건립된 홍콩컨벤션센터는 홍콩의 중국으로 주권 반환 식이 개최된 곳으로 이후 홍콩의 컨벤션산업을 지속적으로 성장시키고 있다. 1994년에는 하루에 14만 명을 수용할 수 있는 컨벤션센터의 별관을 증설하였으며, 1997년에는 제2컨벤션센터를 설립하였다. 홍콩은 앞으로도 국제금융센터, 중국투자의 관문, 중국 남부지역의 무역중심지역으로서 그 기능과 역할을 인정받고 있어 베이징과 홍콩이 역할을 분담하고 협력한다면 국제회의산업의 전망은 일본 다음으로 매우 밝아 한국의 최대 경쟁국가로 떠오를 예정이다.

제2절 ▶ 한국 컨벤션산업의 현황 및 문제점

1 한국 호텔컨벤션 사업의 시초

우리나라의 국제회의 개최 실적은, 1999년도 우리나라는 97건을 개최하여 세계 개최건수의 1%대를 차지하고 있다. 하지만 지금은 계속적으로 증가하고 있으며 그에 따라 국제회의 시설도 늘어나고 있다.

우리나라의 경우 2000년 국내 최초로 국제규모의 국제회의시설인 코엑스 컨벤션센터가 신축 개관되기 전까지 전문회의장이 없어 주로 호텔에서 회의가 개최되었고, 라이온스대회 등 대규모 회의를 개최할 곳이 없어 체육관에서 개최되기도 하였다. 하지만 2001년 부산, 대구에 전시컨벤션센터가 건립되었으며, 서귀포, 수원, 고양, 대전 등의 도시에서도 대규모 컨벤션센터 건립을 추진 중이거나 계획하고 있다. 컨벤션센터의 건립에 따라 호텔 등 회의 참가자들을 수용하기 위한 시설이 연계되어 개발되면서 지역의 관광기반시설 구축에 기여하게 될 것으로 보인다. 현재에 계획 중인 가장 큰 사업은 강화도에 국제적인 컨벤션센터를 설립하려는 계획으로 인천공항과 가까운 강화도에 센터를 설립하여 공항에서 내려 바로 회의장에 갈수 있도록 하는 방안도 모색 중이다.

컨벤션산업은 국제회의기획업체뿐만 아니라 회의장, 숙박, 수송, 식·음료, 사교행사, 통·번역 업체, 전시시설, 꽃장식 업자, 인쇄업자 등 다양한 서비스와 관련업체를 필요로 한다. 따라서 한 행사를 성공적으로 치르기 위해서는 많은 전문가가 상호 협조 하에 행사에 참여하여야 한다. 특히 국제회의를 성공적으로 개최하기 위해서는 국제회의 전문기획가, 즉 국제회의기획업체의 역할이 매우 중요한 부분을 차지하고 있다. 이에 따라서 2006년에는 그에 따른 관련업종이 많이 생겨났고 거기에 종사하는 사람들도 많이 늘어났다.

우리나라 컨벤션산업의 발전은 초기에는 정부 주관의 국제행사개최를 계기로 컨벤션산업이 발전되어 오다가 현재는 정부의 주관보다 기업의 주관이 많이 늘어나고 있는 추세이다.

롯데호텔과 힐튼호텔의 경우 각각 1979년 1983년 개관과 동시에 국제회의의 잠재성을 알고 '국제회의담당'을 판촉부 소속으로 하여 조직운영하고 있었다.

컨벤션이라는 것이 단일 호텔의 세일즈에 의한 유치보다는 정부 및 도시, 경제단체 등에 의한 유치가 많고 2002년까지는 호텔시장이 공급자(호텔) 시장 측면이 강해 대부분의 호텔이 컨벤션 보다는 FIT(fereign independent tour) 중심의 영업정책을 추진해오다가 매리엇호텔, 코엑스 인터콘티넨탈호텔과 같은 신규호텔, 프레져 스위스, 오크우드 등의 레지던스호텔과의 경쟁이 심화되고 코엑스의 대형행사 유치 등이 맞물리면서 객실의 기본물량 확보 차원에서 관심을 가지게 되었다.

밀레니엄 힐튼호텔이나 롯데호텔과 같은 호텔의 경우는 연회장을 개관 초부터 두고 컨벤션 사업을 전문적으로 시작하였으나 아직까지 우리나라의 실정은 국가적 관심도 부족과 협소한 연회장 규모 등으로 컨벤션 부문에서 취약한 것이 현실이다.

2 한국호텔 컨벤션산업의 문제점

1) 호텔 외부의 문제점

(1) 문화관광부와 산업자원부의 행정이원화

국제회의산업 육성에 관한 법률과 전시산업 육성에 관한 법률과 나누어져 있어 컨벤션산업의 정책적 육성을 위한 체계적 추진이 불과하다.

정부의 컨벤션산업의 건설 및 운용에 대한 자금과 세제상 지원을 지금보다 대폭 강화해야 한다. 법제도적, 정책적, 지원체제와 컨벤션산업 육성지원 시책을 실질적 지원 및 활성화를 위한 육성정책을 수립하고 컨벤션 센터와 배후도시를 연계한 지역 특구화 지정도 검토해 볼만하다. 세계 각국은 컨벤션 시장을 선점하기 위해 세금혜택, 투자 등 물질적·제도적 지원을 아끼지 않고 있지만 우리나라의 경우는 컨벤션센터의 전기요금을 산업용이 아닌 일반용으로 부과하는 등 지원책이 미흡하다. 그리고 특별숙박요금의 적용 등 국제회의 유치와 관련된 인센티브가 체계적으로 개발되지 못하고 있으며, 공공·민간기관과의 유기적이고 체계적인 활동이 예산관계로 인하여 여러 가지 요인으로 활발히 이루어지지 못하고 있다.

(2) 컨벤션 시설의 지역적 편중

첫째, 우리나라를 찾아오는 관광객은 국가별 도시별로 편중되어 일본, 중국, 미국 관광객이 주를 이루고 있고, 방문 관광지로는 서울, 부산, 제주도, 경주, 설악산 등 일부 지역에 편중되고 있는 실정이다. 컨벤션 시설이 서울, 부산, 대구, 제주도밖에 없고, 타 지역에서는 아직도 설계도 하지 않은 상태라서 편중될 수밖에 없다. 컨벤션센터가 여러 관계기관들하고 연계, 협조, 병행해야 하는 특수성 때문에 컨벤션센터만 지어서도 지역발전에 전혀 도움이 되지 않는다.

(3) 전문 인력의 부족

컨벤션산업을 실질적으로 움직이는 국제회의 전문 업체 PCO를 적극 육성해야 한다. 우리나라의 PCO들은 순수 용역업체에서 시작해서 국제회의 유치업무에 이르기까지 그 활동영역을 넓혀 괄목할 만한 성장을 이룩하였고, 2001년 8월에 민·관 협의에 의해 협의회가 발족되었다. 그러나 이와 같은 발전에도 불구하고 PCO의 영세성과 행사유치 능력부족, 국가재정보조 및 세제지원 미흡, 해외유치 파견 시에 PCO를 동시에 파견하지 않고 재정부족, PCO 협회 부재, PCO의 법 규정 불확실성 등이 우리나라 PCO의 문제점들로 부각되고 있다. 또한 현재 몇몇 대학에서 국제회의 관련학과가 개설·운영되고 있으나, 체계적인 국제회의 전문 인력 양성 프로그램이 개발되지 못한 실정에 있다. 따라서 체계적인 전문교육을 받아 외국에서와 같이 컨벤션 전문 자격증을 취득하여 관련 사업에서 종사하고 있는 전문 인력이 없고 국제회의 행사를 진행하면서도 체계적이지 못한 조직구조를 가지고 있어 컨벤션산업 발전의 저해 요인이 되고 있다.

(4) 컨벤션 유치를 위한 홍보활동 미약

유치지원책이 미흡하고 참가자들을 위한 다양한 연계상품과 이벤트, 특별숙박 요금의 적용 등 유치와 관련된 인센티브를 체계적으로 개발하지 못하고 있다.

2) 호텔 내부의 문제점

(1) 컨벤션전문시설 및 객실 확보 문제

외국인 참가 객수가 수 천 명에 이르는 국제회의를 유치했음에도, 일부 특급호텔을 제외한 대부분의 호텔이 2,000명 이상을 수용할 수 있는 회의장을 갖추고 있지 못하고 있으며, 대규모 컨벤션 참가자들을 동시에 수용할 수 있는 숙박시설의 부족으로 참가자들의 인근호텔 이용이 불가피하여 참가자들의 편의를 도모할 수가 없다.

또한 1988년 올림픽 이후 호텔객실이 늘어나지 않는 실정이다. 현재 순수 관광객이 아닌 상용관광객이 늘어나고 있는 상태에서는 호텔 객실 상황이 포화상태라

해도 과언이 아니다. 2007년 6월 현재 우리나라의 전체 객실 수는 약 60,000실이 있지만, 국제행사나 국제 컨벤션산업이 일부 지역에 편중될 경우 객실 부족 문제는 시급한 문제로 부각될 수 있다.

컨벤션산업의 하드웨어라 할 수 있는 국제회의 산업의 전문시설의 절대 부족 현상을 들 수 있다. 현재 서울 코엑스, 부산 컨벤션센터, 대구 컨벤션센터, 제주 컨벤션센터로는 컨벤션 시설이 절대 부족하고, 컨벤션산업이 갖고 있는 지역경제 활성화 기능을 제대로 살리지 못하고 있다. 각 지역에 전문 컨벤션센터가 없는 상태에서 국제회의 개최가 늘어나고 있으며 세계시장 점유율도 높아지고 있기 때문에 이러한 성장세에 맞추어 새로운 수요를 창출하기 위해서는 각 지역에 국제회의 전문시설이 절대 부족한 현상이다. 현재 여러 지역에 건립 예정 중인 컨벤션산업의 시설은 차질 없는 완공과 지역별 행사와 그 지역의 특성에 부합할 수 있는 차별화된 시설 건립과 특성 있는 행사를 기획하여 특성화된 그 지역의 컨벤션산업을 활성화해야 하며, 해외 공관 내 국제회의 및 전시회 유치활동 추진 등으로 국제회의 기관과의 체계적인 연계활동을 강화해야 한다.

(2) 지방자치단체의 경쟁적·중복적인 컨벤션산업 육성

서울에 밀집되어 있는 대부분의 회의장들은 번화한 시내 중심가에 자리 잡고 있어 적지 않은 불편함을 야기 시키고 있다. 대외적으로 자국으로의 유치 목적이라면 원거리 장애요소를 극복하기 위해 국제 항공노선의 확충이 대안이 될 수 있겠지만, 입국 후 참가자들이 회의 전반에 걸친 진행에 있어서는 아무런 부담 없이 원만한 활동이 이루어질 수 있도록 주변 환경여건이 충분하게 갖추어져 있어야 한다.

우리나라는 지방자치단체의 대규모 컨벤션산업이 경쟁적이고 중복적이며 체계적으로 이루어지지 못하고 있다. 중·장기적으로 수급전망과 지역특성을 살리지 못하면서 졸속과 주먹구구식을 시행되고 있어 예산을 낭비하고 있는 실정이다. 각 지방자치단체는 지방색과 개성을 충분히 살려 계획적이고 전문도시로 전략적으로 육성해나가야 한다. 계획적이고 대외적으로 전문도시의 거점을 확보하면서 대규모 국제회의 전문시설은 국제회의 개최능력과 인근 지역에 경쟁력 있는 관광자원을 갖춘 도시를 중심으로 시행하는 것이 바람직하며, 컨벤션 도시마다 국제회의산업도 특화해서 차별화되는 컨벤션산업을 이끌어나가야 할 것이다.

(3) 관광지 호텔의 컨벤션 시설 활용 문제

국제회의 참가자들의 주목적은 회의에 있기는 하지만, 최근에는 또 다른 목적의 프로그램이라든지 컨벤션 관광에 많은 관심을 두어 개최지 결정에 있어서도 주요 고려사항이 되고 있다. 다시 말해서 여행성격의 이미지가 가미되면서 컨벤션이 관광산업의 매력적인 한 부분으로서 자리 잡고 있으며, 컨벤션 상품화에도 상당히 큰 비중의 역할을 담당하고 있는 것이다.

(4) 컨벤션 사업에 대한 경영층의 자세

컨벤션을 개최함에 있어서 행사규모와 성격, 그리고 세부행사 내용을 상세히 파악하는 등의 연구 분석을 통해, 경영층 또는 관리책임자들의 행사에 대한 충분한 개념과 진행에 필요한 충족스런 전문 서비스를 제공할 수 있을 때에 공히 컨벤션 호텔이라 할 수 있는데, 아직 국내에는 국제수준의 전문 서비스를 관리할 만한 경영체제가 구비되지 못했다고 보여진다. 대부분의 호텔이 연회부에서 컨벤션을 관리하고 있어 국제회의에 대한 전담부서가 아쉬운 실정이다.

(5) 홍보활동 측면에서의 문제

국제행사를 호텔이 직접 유치하는 것이 아니라, 이를 유치할 수 있는 능력이 구비된 정부산하 기관을 마케팅 활동이 이루어지고 있는 실정이다. 물론 국가단위에서 실시되는 규모 있는 광고, 홍보 활동이 보다 넓은 범위의 효과를 얻을 수 있겠지만, 호텔이 직접 국내의 외국인 상사, 지사에 대한 마케팅 활동을 전개한다든지, OL(opinion leader)의 발굴을 통해 DM 발송을 목표시장 접근 측면에서 실시하는 등 호텔 자사의 자체적인 능력구비가 필요하다.

제3절 한국 컨벤션산업의 활성화 방안

1 정부의 효과적인 지원제도 마련

정부는 국제회의산업 육성에 관한 법률 개정안 마련과 관계부처 협의를 통해 지식기반 서비스산업으로서의 세제감면 추진, 관광진흥개발기금 융자지원 확대 등 국제회의 산업 육성을 위한 제도적 지원 방안의 강구가 요구된다. 또한 정부는 국제기구의 동향 파악과 국제회의 개최 정보의 입수가 용이한 입장에 있기 때문에 입수한 정보를 적시에 컨벤션 전담기구 등에 통보하는 지원체제의 구축이 바람직하다.

2 서울 및 지방자치단체별로 컨벤션 전담기관인 CVB 설립

서울 및 지방자치단체별로 컨벤션 전담기관인 CVB를 설립하여 전문적으로 컨벤션 유치 및 지원활동을 할 수 있는 환경을 조성해야 할 필요가 있다. 오늘날 세계 주요 도시를 대표하는 CVB를 설치하여 각종 회의 및 전시회를 유치하는데 중심적인 역할을 하고 있다. 특히 우리나라는 서울에 컨벤션 수요가 편중되고 있어 지방의 국제화와 지역경제의 활성화를 위해 지역을 대표하는 컨벤션 전담기관의 설립이 무엇보다 필요하다. 이로 인해 우리나라 컨벤션산업의 경쟁력을 강화시킬 수 있는 기반이 마련될 수 있을 것이다.

3 컨벤션 유치를 위한 홍보 및 마케팅 활동 강화

컨벤션 유치를 위한 홍보 및 마케팅 활동을 강화해야 한다. 컨벤션 시설 및 운영

능력이 발전되었다 해도 컨벤션을 유치하지 못한다면 국가적으로 손실이라 할 수 있다. 날로 심화되는 컨벤션 유치경쟁에서 우위를 차지하기 위해서는 보다 적극적인 홍보 및 마케팅활동이 필요하다. 이를 위해서는 먼저 국가적 차원에서 CVB를 통한 해외 협력 체제를 확대해야 할 것이며, 마케팅의 효율화를 위해 다양하고 유효한 정보 수집을 위한 지원체계를 마련해야 할 것이다. 홍보 측면에서는 특히 세계의 컨벤션 잠재수요를 끌어들일 수 있도록 국가적 이미지를 새롭게 구축하고, 지방자치단체도 각 도시를 대표하는 컨벤션 도시로서의 명확한 이미지를 창출하는 것이 필요하다.

4 컨벤션 전담기관과 관련업계간 공동의 체계적인 협력시스템 강화

컨벤션 전담기관과 관련업계간 공동의 체계적인 협력시스템을 강화해야 할 필요가 있다. 예를 들어 국내의 Coex의 경우 2000년 9월 3000여 명이 참여한 세계지리 학회를 비롯하여 11월에 세계 40여 개국에서 1만 2000여 명이 참석하는 새천년 환경창의성대회 등 500명 이상이 참석하는 국제회의를 13건 유치하였으며, 2001년에는 30건, 2002년에는 17건을 유치하는 등 상당한 성과를 거두고 있는데, 이러한 대규모의 컨벤션 유치가 성공적으로 개최되기 위해서는 호텔 및 항공사, PCO 등 관련 업체 간의 긴밀한 협력이 중요하므로 이를 위한 협력시스템을 체계화하여 강화할 필요가 있다.

5 관광지와 연계한 컨벤션센터 건설 및 운영

관광지와 연계한 컨벤션센터 건설 및 운영이 이루어질 필요가 있다. 미국은 컨벤션이 관광활동과 연계된다는 점을 고려하여 관광도시에 컨벤션센터를 건립하여왔다. 또한 현대의 컨벤션 참가자들은 회의전후를 통해 관광이 필수적인 코스로 인식됨에 따라 보다 매력적인 관광지 근처의 회의시설을 찾게 되므로 새로운 컨벤션센터의 건립이나 프로그램 기획시 관광지와 연계하여 진행하는 것이 컨벤션산업의 경쟁력 측면에서 유리하게 작용할 것이다.

6 전문적인 회의기획가 양성

컨벤션의 성공적 개최를 위한 소프트웨어적 측면에서 볼 때 전문적인 회의기획가(MP: meeting planner) 양성 노력에 주력해야 할 것이다. 컨벤션에 있어 회의기획가는 회의기획뿐만 아니라 회의참가자의 욕구를 충족시킬 수 있는 다양한 지식과 경험이 요구되므로 고도의 전문화된 지식 및 능력이 요구된다고 할 수 있다. 이러한 회의기획가의 부족으로 인한 컨벤션 개최 및 운영의 비효율 화는 결국 컨벤션산업의 경쟁력 약화로 이어지게 된다. 따라서 회의기획가 양성과정에 대한 프로그램을 체계화하고 양성기관을 보다 더 확충해야 할 것이다.

7 국제기구 고위직 진출에 대한 지원

우리나라의 경제규모나 스포츠 경기력에 비해 국제경제기구나 스포츠기구의 고위직에 진출한 한국인이 매우 적은 실정이다. 따라서 총회 및 관련회의의 유치 확대를 위해서는 한국인이 국제기구 고위직에 출마하는 경우 외교적인 지원이 적극 이루어져야 할 것이며, 중장기적인 차원에서 취업정보 제공 및 편의제공으로 대졸자의 국제기구 취업을 적극 유도하는 취업정책도 필요하다.

8 국제기관과의 공동교육 프로그램 개발

현행 국내 교육프로그램은 컨벤션 기획 및 유치전문가와 국제회의 진행전문가를 양성하는데 한계가 있으므로 해외 전문기관과 공동교육 프로그램을 개발하는 방안을 모색해야 한다. 컨벤션산업의 소프트웨어에 있어서 가장 중요한 요소는 컨벤션 전문 인력의 확보이며, 컨벤션의 성공여부도 전문 인력 자질에서 판가름 나게 된다. 컨벤션 기획사 제도에 못지않게 중요한 것은 이들 인력의 능력 및 자질을 지속적으로 개발시켜 국내 컨벤션 인력이 국제경쟁력을 갖추는 것이다.

9 패키징을 통한 상품화

컨벤션행사에 대한 관광 매력은 개최지 관광지의 자연 및 문화 환경에서 이루어지는 관광지 고유의 매력에다가 행사 매력요소를 가미시킨다면 더욱 매력 있는 상품화 시도가 될 수 있다. 특히 가장 노력을 기울이고 개발할 만한 가치가 있는 것은 컨벤션 상품의 패키징이라 할 수 있다. 회의시설, 객실, F&B시설 등을 주축으로 한 상품으로 패키지화를 위한 노력 여하가 판매기회를 좌우하게 된다.

이러한 패키징이 컨벤션 상품구성에 있어 핵심적 역할을 담당해야 될 이유로는 컨벤션 참가 객들이 정보교환 및 관광을 비롯한 다양한 욕구와 보다 경제적이고 특별한 경험을 바라는 기대에 부응할 수 있다는 점과 호텔을 비롯한 참여업체 주는 이점이라는 것이다.

그러나 패키지화에 있어 항상 염두에 두어야 할 점은 컨벤션 상품이 참가 객들의 욕구와 필요를 충족시키는 것이라 할 때, 참가자가 컨벤션에 관련한 전체로 평가할 수 있기에 컨벤션 상품의 질적 수준을 항상 유지해야 된다는 점을 전제조건으로 하여야 한다.

10 다양한 행사 유치

수입원의 다각화는 다양한 행사를 유치하여 시설의 활용도를 높임으로써 이룰 수 있다. 따라서 음악콘서트와 같은 문화예술 행사, 스포츠 행사, 학술세미나, 기업 세미나 및 회의, 각종 연회행사의 유치도 중요하다. 물론 컨벤션의 유치도 중요하겠지만, 수입확보 측면에서 전시회나 컨벤션 외의 행사 유치에도 적극적이어야 한다.

11 합리적인 가격구조 조성

컨벤션 유치를 위해서는 관련업계의 가격구조가 비교적 우위를 갖추어야 되는데, 우리나라는 공급업자 상호간의 협력부족으로 인하여 대외경쟁력을 잃고 있는 실정이다. 대표적인 예로 한국의 호텔체재비와 항공운임이 타 지역에 비해 아직도 비싸다는 사실이다. 따라서 각 업체 간의 지나친 이익 추구를 배재하고, 적어도 컨벤션 사업의 동종업체들만이라도 공동협력체를 유지할 수 있어야 된다.

대체로 관광 상품을 이용하는 소비자들은 그 질적인 평가가 가격에 비례한다고 느끼는 경향이 짙은데, 컨벤션 상품의 경우엔 차이가 있다. 때문에 컨벤션 시장에 대한 마케팅에서는 구성요소들이 되는 개별 상품들의 가격차별화 정책을 통해 이익을 올릴 수 있는 가격을 전략적으로 유용한 도구가 될 수 있도록 이용하는 한편 컨벤션 상품, 그 자체로서의 가격은 매우 적절하고 수긍이 가는 경비 또는 비용부담을 제시할 수 있어야 한다.

다시 말하면 컨벤션 참가에 있어 지나친 경비부담을 느끼지 않을 정도의 가격구조를 형성해 유치 및 많은 참가 객들의 수용을 꾀하고, 각 세부적인 행사 내용에 대해 매력적인 요소를 가미시켜 관련 상품 이용률을 높여 수익을 얻을 수 있는 방안을 강구해야 한다. 하지만 컨벤션 상품이 결코 저렴한 가격으로 구성되어져야 한 다기 보다는 고객이 필요와 욕구를 충족시키는 합당한 가격과 서비스제공이 서로 통합되고 조정되어야 할 것이다.

제4절 관광산업과 컨벤션산업의 관계

1 관광산업에서 컨벤션산업이 차지하는 비중

국제회의연합(UIA)의 자료에 따르면 컨벤션산업의 비중이 15%를 상회하고 있어 관광산업에서의 중요성을 더해가고 있다. 특히 컨벤션산업은 국경을 넘나드는 인적 교류이며, 정보, 문화교류이고 국제평화 증진이라는 점에서 관광의 기본개념과 일치한다.

2 컨벤션산업의 기본성격

컨벤션산업은 공공분야의 공익성과 민간분야의 기업 성을 성격으로 한다. 관광산업은 그 경제적 효과보다는 사회 문화적 효과가 공익적 측면에 더 많은 비중을 두고 있다는 점에서 공공, 민간분야의 공동의 노력을 요하게 된다. 컨벤션산업 역시 경제적 효과 이외에 사회, 문화적, 국가적, 정보교류 차원의 분야에서 민간분야의 힘만으로는 감당키 어렵다는 점에서 관광산업의 특성과 같다고 볼 수 있다.

3 심리적 효과

한국에서 개최되는 국제회의에 참가하는 각 국 대표들은 해당 국제회의 내용이 참가자 자신과 밀접한 연관성을 가지고 있어 일반 관광객과는 달리 한국에 대해 호기심 이상의 관심을 가지게 되고, 통례상 회의 개최지는 수년간에 결정되므로 비교적 충분한 심적 준비기간을 가지고 관심사항에 대한 자료나 정보를 수집하게 되어, 이들을 통한 효과적인 한국의 이미지 부각이 용이하다.

4 컨벤션산업의 복합성

컨벤션산업은 회의뿐 아니라 회의 진행에 필요한 부수적인 서비스, 즉 그 중에서 숙박시설, 식당, 여행사, 교통서비스 등의 관광산업과 밀접한 관계 속에 있다.

Chapter 12 국제회의의 유치 및 개최

제1절 ▶ 국제회의의 유치

국제회의는 정기적으로 개최되는 경
우와 필요에 따라 부정기적으로 개최되
는 경우가 있다. 정기적인 경우 그 주기
는 보통 반년, 1년, 2년, 3년, 4년, 5년 등
다양하며, 대개 대규모 회의는 그 개최
주기가 긴 편이다. 회의개최지의 결정은
국제기구에 따라 다르나 전전회의 회의
개최 시에 결정되는 경우가 많다. 따라

서 국제회의 개최국으로서 입후보하려면, 1년 주기의 회의는 2년 이상 전에, 3년
주기의 회의는 6년 이상 전에 회의 개최 입후보를 표명해야 한다. 물론 입후보 전
에 여러 각도에서 회의 개최 가능성을 충분히 점검해야 함은 당연한 일이다.

1 입후보의 조건

입후보하기 전에 주최국으로서 개최조건을 충분히 검토할 필요가 있다. 검토해
야 할 요소의 주가 되는 것은 다음과 같다.

1) 개최규모

과거의 회의실적과 회의테마 수에 의해, 참가자·동반자의 수를 추정하고, 개최 도시나 개최시기 등도 고려하여 회의규모를 예측한다.

2) 재무

금회의 추정규모와 과거의 예산을 참고로 하여 필요경비를 산출한다. 수지의 균형을 보아 부족자금의 조달방법을 중점적으로 검토한다.

3) 회기·시기

종래의 회기·시기를 대폭으로 변경하지 않고, 본부의 의향이나 전회의 회의개최에 입각하여, 회의의 주제나 개최국의 특수사정도 충분히 고려하여 회기·시기를 결정하는 것이 바람직하다. 한국에서는 기후적으로는 봄, 가을이 가장 좋으나 관광성수기와 중복되어 숙박 등의 예약을 하기 어렵고, 원만한 운영에 지장을 초래할 수도 있다.

4) 회의장

회의규모와 회의형태에 상응하는 회의장의 선정만이 아니라, 회의장, 전시장, 호텔, 기타 관련시설의 기능적인 배치를 염두에 두고 결정하는 것이 좋다.

5) 기타

그 밖에 외국인 대상 시설의 확보, 출입국에 관한 문제점의 유무, 정부관계자, 지방자치 관계자 등의 참가의 가능성, 회의장에의 접근에 관한 문제의 유무, 공항, 철도, 항만, 자동차, 도로 등의 정비 상황의 점검, 기타 특수사정(시설방문 및 관련행사 전반)의 점검도 충분히 고려할 필요가 있다.

이상의 기초조사에 입각해서 입후보를 검토할 때는 민간의 회의전문업체인 PC
O, 호텔, 여행사, 회의장 등과 의견교환을 하며 추진하는 편이 좋다. 수용이 결정
되고 나서, 이들 전문기업에 어떤 형태로든지 협력을 의뢰하게 되는 경우가 많기
때문이다.

2 입후보 표명

개최국의 결정은 앞에서 언급했듯이 국제기관에 따라 다르지만, 전전회의 회의
중에 행해지는 이사회나 임원회에서 결정되는 경우가 많다. 따라서 그 이전에 입
후보 취지서와 기타 필요서류 등을 본부의 임원이나 필요하다고 생각되는 관계자
에게 제출하여 의지를 표시해 놓는 것이 중요하며, 또한 개최국의 정부관계자, 지
방자치단체의 장, 한국관광공사 사장, 관련학회장 등의 명의로 초청장을 송부하는
것도 매우 유효하다. 입후보 취지서의 형식이나 형태는 일정하지는 않지만, 그 내
용은 대개 다음과 같다.

첫째, 개최의 의의를 비롯하여 회의시설을 포함한 수용체제가 완비되어 있다는 것.

둘째, 관광지로서 충분히 매력이 있는 나라라는 것(문화유산, 자연경관, 쇼핑 등)

셋째, 정치정세가 안정되어 있으며, 기후 등 회의개최 장소로서의 쾌적성의 확
보가 가능하다는 것.

정식적인 제출방법이나 수속은 본부국제기구의 결정에 따르는 것이 당연하다.
한국의 경우, 개최국으로서의 적합한 장점을 한국관광공사가 발행하고 있는 다음
의 각종 한국소개 인쇄물·필름 등을 이용하여 홍보할 수 있다.

3 유치활동

한국 외에 경쟁국이 없고 다른 문제가 없다고 판단되면, 자동적으로 한국에서의
개최가 결정된다. 그러나 실제로는 복수 국이 입후보할 경우가 많아 그 수는 10개

국 이상에 달할 수도 있다. 유치경쟁에서 승리를 획득하는 방법으로서는 다음사항이 고려된다면 유효한 방법이 될 수도 있다.

첫째, 본부임원이나 책임자를 한국에 초청하여 회의시설을 비롯한 수용능력, 관광매력 등을 홍보한다.

둘째, 본부임원에게 정부관계자, 도지사, 시장, 한국관광공사 사장, 관련학회 회장 등의 초청장을 송부한다.

셋째, 한국소개의 팸플릿 류, 호텔, 회의장, 전시장 등의 시설을 소개한다^(충실한 회의 제시설의 홍보).

넷째, 한국의 뛰어난 주거환경을 홍보한다.

다섯째, 편리한 교통편을 홍보한다.

여섯째, 총회 및 이사회 개최 시 다음과 같이 홍보한다.

4 준비 위원회^(사무국)의 설치

국내관계자가 입후보의 의사를 결정하고 정식으로 입후보함에 즈음하여 준비 위원회를 발족시킨다. 입후보의결과 개최가 결정되면 준비 위원회는 최고의 의사 결정기관인 "조직위원회"로 개칭되며 동시에 개최준비를 위한 사무국이 설치된다. 특수한 경우나 대규모로 사무 업무가 과중한 경우, 그 밖의 이유로 사무국 설치가 곤란한 경우는, 회의 전문용역업체에 업무를 일부 또는 전부를 위탁하는 방법이 있다. 사무국은 실무를 담당하는 중요한 역할을 수행하게 되기 때문에, 사무국장으로는 조직위원장과 같이 신뢰할 수 있는 인물을 뽑는 것이 중요하다. 또 빠른 시기에 조직위원회 운영요강과 회의규정 등을 작성해 넣는 것이 좋다.

5 국제회의 유치절차

일반적으로 국제회의 유치를 위한 순서로는 다음의 절차를 따른다.

① 국제기구 가입 국내기관의 유치의사(intention)확정: 예산확보 가능성 확인, 인력확보 점검

② 정부기관과 유치협의 결정(domestic agreement): 정부차원에서 국제회의 개최 사전준비사항 점검, 필요시 국무총리 행정조정실의 사전승인

③ 국제기구 본부에 개최 신청서 제출(bidding)

④ 회의시설 답사팀 안내(site inspection): 회의시설 소개 선전

⑤ 공식제의(official invitation): 개최의사 확인, 참가대표 비자발급 서약, 항공료 할인 보장

⑥ 개최지 결정(voting): 통상, 국제기구의 이사회에서 표결/필요시 효과적 로비활동(lobbying) 전개

⑦ 개최지 확인 공식 서한 접수(confirmation)

⑧ 전담반(host committee)구성: 회의준비업무 개시

제2절 ▷ 국제회의개최 사전준비

1 회의성격 및 취지 파악

국제회의를 개최하는 데는 목적과 취지가 있게 마련이다. 국제회의는 전문분야에 대한 학술연구결과를 발표하기 위하여 개최되는 학술회의라든가, 경제, 문화 등 상호 국가 간의 공동 관심사에 대한 협력증진을 도모키 위한 특정회의를 비롯하여, 관련업계 회원이나 공동이념을 추구하는 단체의 이해증진과 우의를 돈독히 하기 위한 친목회의 등, 국제간의 정기 또는 비정기 회의에 이르기까지 다양하다. 따라서 개최할 회의의 목적과 성격을 파악하고 동 회의가 어떤 이유로 이곳에서 개최되는지를 규명함으로써 이후 회의개최 준비계획을 수립하는 데 큰 도움을 주

게 될 것이다. 물론 회의를 개최함에 있어서는 회의 개최기구나 개최국의 대외 이미지를 부각시키는데 초점을 둘 수 있으며, 관례 및 순번에 의하거나 종전회의에 대한 답례로 개최하는 경우도 있고, 정치적 이유나 지리적 특성으로 특정국가에서 개최하는 경우도 있다. 이와 같이 회의 성격이나 개최취지에 따라서 회의개최 준비사항이 달라지므로 사전에 목표를 분명히 설정하고 회의개최 취지를 정확히 인지함으로써 회의주제 설정 등 해당 회의의 적합한 준비계획을 수립할 수 있다.

2 개회일자 결정

개최 추진 중인 회의의 과거 개최 연혁을 참고하여 가능한 많은 인원이 참가할 수 있는 시기와 기간을 잠정적으로 결정, 본부 측(organizing committee)과 협의 후 최종 결정한다. 대개 전례를 따르는 것이 좋으나 회의주제, 각종 회의 수, 행사내용과 참가자 구성원에 따라 개최일자를 조정할 수도 있다. 예를 들어 학술회의의 경우 교직자, 학생, 관련 연구원들의 많은 참여를 유도하기 위해 방학 기간을 이용하거나, 부인 동반자의 참가가 많을 경우는 기후 조건이 좋은 봄, 가을을 우선적으로 고려해 본다. 단, 연휴, 기념일 또는 대규모 스포츠 행사기간 등은 사전에 충분히 감안하여 개최일자를 정하는 것이 숙박, 관광, 쇼핑 등에 곤란을 초래하지 않을 것이다.

3 지원기관 검토

국제회의 개최에 앞서 지원해줄 수 있는 유관기관을 조사하여 필요한 행사지원 사항이나 준수사항 등을 사전에 협의함으로써 회의진행 중에 발생할지도 모를 제반 문제를 미연에 방지하여 회의를 원만하게 개최할 수 있는 것이다.

1) 컨벤션 뷰로

각국 정부 또는 도시 산하의 기구로 운영되는 국제회의 유치 및 운영에 대한 자문 또는 지원전담 기관으로 한국의 경우 한국관광공사 국제협력부가 이에 해당되는데, 국제회의 개최지 기술적인 모든 문제점에 대한 지원을 받는 것은 필수적이라 하겠다.

2) 국제노선 항공사

모든 국제노선 취항 항공사는 국제회의에 많은 관심을 가지고 있으며, 각종 회의참석을 여행일정의 수배 및 그 수송 등의 자문에 응할 수 있는 전문요원을 보유하고 있으므로 이들과의 상담은 많은 도움을 줄 것이다.

3) 기업체

회의의 성격에 따라 기업체와 제휴를 가질 수도 있다. 이와 같은 제휴는 인력, 자금, 자재의 3가지 기본적인 사항과 관련되며 이들 업체는 대회와 제휴함으로써 이익을 얻을 수 있는 경우 후원자로서 기꺼이 참여할 것이다.

4) 각 시·도 관계기관

각 시·도 관광기관은 당해 지역 관광관련업체에 대한 지도업무를 관장하고 있으므로 이들로부터 소관업무에 대한 지원을 받을 수 있다.

5) 정부기관

정부 관광관계 기관으로부터는 공항 통관, 숙박시설, 회의시설, 수송 등 사전점검 및 조정사항에 대한 지원을 받을 수 있다.

6) 가입단체

준회원자격을 가진 정부나 기업체 또는 협회 등으로서 회의의 기획이나 운영상의 문제에 지원을 하게 된다. 목표를 명확히 설정하고, 안내와 지원을 제공해줄 수 있는 모든 기관을 조사한 후 회의 개최에 따른 상세한 연구검토가 요청된다.

4 종전회의 경험 반영

회의개최 준비에 앞서 종전의 활동상황에 대한 조사검토는 개최자에게 많은 도움을 준다.

1) 회의장

회의장을 선정하는데 있어서는 종전에 회의가 어디에서 개최되어 왔는가 하는 회의장의 지리적 조건과 그 지역의 기후적인 특성을 검토하여 개최 예정지에 대한 적합성 여부를 조사·분석해야 한다.

2) 참가인원

3~5회 정도 지난 대회의 참가자수를 조사하여 증감추세 및 제반여건을 고려함으로써 회의에 참가할 인원수를 추정할 수 있을 것이다.

3) 국내회의 자문

국제기구가입 국내회원들은 그 간의 국제회의 참가경험이 풍부함으로 그들을 자문역으로 활용하게 되면 회의를 성공적으로 이끄는 데 크게 공헌할 것이다.

4) 국제기구본부의 조언

지금까지의 회의에서 야기된 여러 가지 문제점에 많은 경험을 갖고 있는 국제기구 본부의 조언은 기술적인 난제를 해결하는 데 필수적일 뿐 아니라 많은 유익한 정보를 제공해 줌으로써 대회를 성공적으로 마치는데 크게 기여하게 된다.

5 재정확보

회의개최에 있어서 재정확보는 필수불가결한 일로 개최지의 회원이나 이해당사자의 재정보조에 의하지 않고, 주관협회 휘하의 여러 기관으로부터 갹출한 자금으로 재정지원이 이루어지는 것이 통례이며 별도 후원회에 의한 재정지원은 별개의 문제가 된다. 회의관계로 지출되는 비용은 크게 2가지로 구분되는데, 하나는 필수기본 비용이며, 다른 하나는 사례발생에 따라 선택적으로 지출되는 임의비용이다.

필수기본비용은 참가 등록비로 지불하는 경우와 회의참가 여부에 관계없이 해당기구의 전회원의 모금으로 조성된 특별기금에 의해서 지불되는 경우가 있으며, 이외의 추가로 생기는 자금은 전시관의 운영이나 프로그램 등의 광고형태로 발생하기도 한다.

등록비를 선정하는 데는 어떤 사항을 포함시킬 것인가를 결정하는 일이 우선 문제가 되며, 그 기준을 2가지로 나눌 수 있는데 참가자의 등록비와 이들 동반자의 등록비다. 물론 이와 같은 산정은 위원회 결정사항에 달린 것이며 숙박 호텔과의 대금지불에 관한 계약의무를 성실히 이행하기 위해 처음부터 아예 등록비에 숙박료와 식비를 포함시키는 경우도 있다. 어떤 행사이든 간에 관계비용을 항상 계산하여 참가예상 인원수로 나누어 개인당 부담액을 결정하게 되며, 가끔 회의에서 쓰고 남은 잔액이 생기는 수도 있는데 이와 같은 자금은 기본자금으로 통상 당해 회의 종료 후 다음 회의의 주최위원회에 제공되기도 한다.

유의해야 할 사항은 가능한 개최지의 관계회원이나 그 지역 주관협회, 기업체 등에 너무 과도한 부담을 지워서는 안 된다는 점이다.

1) 필수비용 내역

① 프로그램 추진비

② 대회준비 비용

③ 연 사료 및 초청비

④ 특수시설 및 용역비

⑤ 사무실 임대비 및 요원인건비

⑥ 기록과 비품 비

⑦ 프로그램, 초청장, 등록서 등 인쇄비

⑧ 회의개최 통지문 준비 및 우송비

⑨ 행사 후 의사록, 결과보고 등 인쇄 배포 비

⑩ 전시 비

⑪ 배지 기타특수양식, 기념품제작비 등

2) 임의비용 내역

① 프로그램 사이에 휴식기회를 제공하기 위해 마련된 여흥

② 연예, 오찬 또는 만찬, 커피브레이크 등과 같은 사교행사

③ 개·폐회식 행사

④ 관광비

⑤ 예비비 등

6 요원확보

극히 소규모의 국제회의를 제외한 대부분의 회의에 있어 대회 개최 12개월 전부터 시작되는 기획기초단계에 회의 전담요원을 확보해야 하는데, 상호별개의 업무를 맡고 있는 각 위원회별 전담요원을 확보하는 일이 중요하다. 통상 요원확보

에는 상당한 시일이 필요하며 규모가 큰 회의에서는 더욱 절실히 요청된다.

국제회의 전문용역업체는 회의 개최 준비 초기단계에서부터 사후처리까지의 전반 또는 부분적인 행정업무와 실무를 담당해주므로, 이들의 전문성을 이용할 경우 인력과 시간을 절감할 수도 있다.

만약 예산상 제한을 받게 되거나 대안이 없을 경우에는 아주 열정적이며 헌신적인 지원자를 확보해야 한다. 각 위원회에 속해 있는 열성적인 지원자나 숙련된 요원들이 이와 같은 과업에 착수, 제반사항을 처리할 때에 만족한 결과를 얻을 수 있을 것이다.

7 회의참가 홍보활동 강구

국제회의를 개최하는데 사전 준비사항으로 상술한 내용 외에 특히 중요한 사항은 각국 대표들을 보다 많이 회의에 참가할 수 있도록 적절한 방안을 사전에 강구하는데 있다.

가급적 많은 인원을 참석케 하기 위해, 최소한 회의 개최 1년 전부터 국제노선 취항 항공사, 국제기구본부, 유관 기업체, 본부호텔 등과 공동 홍보활동을 전개하는 것이 매우 효과적이며, 참가 예상자 개인에게 직접 참가권유 서신과 등록양식, 행사 프로그램 등을 발송하는 방법 또는 효과를 거둘 수 있다.

제3절 유치방식과 과정

1 국제기구 특성에 따른 유치 방식

1) 직접초청(By Invitation)

특정 국가 1개국만을 초청이며 정부주관 회의, 소규모 회의를 말한다.

2) 제한초청(By Closed Bidding)

특정 지역에 한정해서 초청(아시아, 유럽, 북미 등)하며 대부분 국제회의를 말한다.

3) 제한적 오픈초청(By Limited Open Bidding)

세계를 대상으로 의향서를 받되, 2-3개 국가를 우선 협상대상자로 선정한다.

4) 완전 오픈초청(Complete Open Bidding)

전 세계 모든 회원국에 개방

2 국제회의 유치 과정

1) 유치가능 단체 발굴

(1) 가능단체 발굴 방법

국제기구 가입 국내단체 및 협회 대상 "유치의향조사"를 말하며, 국제기구 (ICCA) 등의 자료를 활용한다.

(2) 대상 국제회의 선정

① 한국에서 개최된 적이 없는 국제회의

② 아시아지역에서 개최된 적이 없는 국제회의

③ 지역회의를 개최한 적이 있으나, 세계회의를 개최하지 못한 회의

④ 한국이 앞서가는 분야와 관련된 회의

(3) 세일즈 콜(sales calls) 실시

① 목적 : 유치 가능성 사전 조사

② 조사대상 : 단체의 국제회의 개최능력^(조직, 재정능력 등), 국제기구에서의 활동내
　용, 한국으로 유치 가능성 등

2) 유치계획 수립

① 유치계획에 포함할 사항

② 유치타당성 분석

③ 소요예산 및 수지 분석

④ 예산 조달 방안

⑤ 경쟁국가 현황 분석

⑥ 협조요청 기관, 단체 등^(스폰서 포함)

⑦ 유치추진 일정

⑧ 유치위원회 구성

3) 유치대상 국제기구 관련사항

① 유치에 관한 제반 절차문의

② 경쟁국가 현황 파악

③ 유치 의향서, 제안서 포함내용 등^(과거 샘플 입수)

4) 유치계획서 제출

(1) 유치계획서 포함내용 (일반적)

① 초청 및 지지 서신

② 회의 개최 시기 및 장소

③ 출입국 항공 교통편/비자 등

④ 회의시설

⑤ 숙박시설^(숙박요금 포함)

⑥ 회의일정

⑦ 사교행사일정^(연회, 관광 등)

⑧ 수송방안

⑨ 홍보계획/출판계획

⑩ 소요 예산표^(등록비 산정기준 등 포함)

⑪ 조직위원회, 운영위원회 등

(2) 제안서 제출 방식

① 공식제안서^(Bidding Document)

② 비공식제안서^(서신형태)

(3) 제안서 형태

① 문서, 비디오

(4) 제안서 제출 처

① 국제기구 사무국^(공식)

② 개최장소 결정권자^(이사, 개최지선정위원회 등)

5) 국제기구 임원 답사

(1) 답사목적

① 제안서 내용의 진위 여부 심사

② 관련 기관과의 협조 여부 점검(CVB, NTO,시 또는 정부)

③ 시설확인: 회의, 숙박, 교통 등

(2) 답사시 준비해야 할 사항

① 회의 준비계획 전반에 관한 프레젠테이션

② 회의장, 숙박시설 등 답사

③ 주요 관광지 답사

④ 국내 유관인사 면담

(3) 답사비용 처리

① 관례상(또는 유치 조건상) 주최기관이 부담

② 과다한 비용부담, 선물 등은 부정적 영향을 줌

③ 사전에 지원 가능한 분야를 반드시 명시하여 통보

6) 로비활동

① 주체: 국내단체, 공사 해외조직망, 대사관, 영사관 등

② 대상: 개최지 결정권자

③ 내용: 개별 접촉 홍보활동, 기념품 전달, 한국의 준비상황브리핑 등

7) 프레젠테이션 실시

(1) 참가자는 개최지 결정권자로 규모가 큰 기구는 전담 PCO, Meeting Planner 등
   도 참여시킨다.

형태는 파워포인트, 슬라이드, 비디오, OHP^(비상시에 대비 파워포인트는 OHP필름 화하여 지참), 시간 대략 20분 설명 및 질의응답 한다. 발표자는 국내의 단체장, 유치위원장, 국제기구에서 인지도가 높은 회원으로 하며, 필요 시 출입국절차, 개최도시소개, 관광은 CVB 관계자가 발표한다.

(2) 프레젠테이션 내용 작성

① 제안서 내용을 간결하게 요약
② 경쟁국이 있을 경우 경쟁국 대비 장점을 집중 부각
③ 신빙성이 있는 구체적인 정보를 제공

8) 개최지 결정

① 결정방법은 합의 또는 투표 등 국제기구의 특성에 따라 결정 방법이 다르다.
② 결정시기는 1년 주기로 개최되는 회의는 약 2-3년 전에, 2-3년 주기로 개최되는 회의는 4-6년 전에 개최지를 결정한다.
③ 합의의 경우는 개최지 결정을 위한 회의 직전 공식행사^(환영연, 개막 등)에서 후보국들과 결정권자들과의 자연스러운 접촉을 통해서 세의 불리 유무를 판단하여 불리한 쪽이 양보하고 차기 회의를 기약한다.
④ 합의가 관례인 국제기구의 경우 합의가 되지 않으면 개최지 결정 자체를 뒤로 미루고 중재에 나선다.

9) 조직위원회구성

① 시기: 개최지 결정 직후
② 임무: 본부와 회의 개최 계약체결, 회의 전반에 대한 준비
③ 분과위원회구성: 프로그램, 회의준비^(수송, 숙박), 사교행사^(연회, 관광), 홍보 등으로 구성

10) 5년 전

① 개최일자 및 장소 확정

② 국제기구의 회의 개최 담당 임원의 현장 답사 필요 계약 체결

③ 객실 블록 및 요금 협상

④ 회의시설 가계약

11) 3년 전

① 홍보계획 수립

② 1차 홍보물 제작 및 배포^(전차대회)

③ 주요 프로그램, 개최지 소개 등 객실, 회의시설 최종 계약소요예산 책정 및 본부 보고^(승인)

12) 2년 전

① 잠정 예산 확정^(본부 보고, 승인)관련 지역회의, 유관 회의 등 참가 홍보 2차 홍보물 제작 및 배포 주요 회의 프로그램 확정

② 기조연설, 주제 발표자 확정

③ PCO계약 체결

④스폰서 확보

13) 1년 전

① 최종 프로그램 ^(등록서 포함) 제작, 배포국제기구 간부 최종 현장 답사

② 최종 예산 보고, 승인수송, 관광, 사교행사 계약 체결기조연설, 주제 발표자 등 점검, 계약 등 관련 매체에 광고

14) 6개월 전

① 회의장 사용계획 확정
② 수송, 관광, 사교행사 등 부대행사 세부 계획 확정 등록 접수, 초록접수 객실
블록 해제

15) 3개월 전

① 인력사용계획 확정
② 각종 행사용품, 원고 등 인쇄
③ 기념품 제작
④ 시뮬레이션 실시
⑤ 전시자 매뉴얼 제작 배포
⑥ 할인등록 마감, 등록확인서 송부

16) 1개월 전

① 사무국, 초청인사 항공권 송부
② 현장 스텝 및 임시 인력 교육(1차)
③ 객실블럭(Room Block) 최종 해제
④ 최종 시뮬레이션

17) 1-2주 전

① 모든 회의 및 행사용품 제작 및 입고 완료(배지, 참석자 명부 포함)
② 연회행사 최종 계획 및 계약(개런티)
③ 임시고용원 업무분장 및 현장 교육

18) 회의 종료

① 결과보고서 발간(회의록 정리, 등록자 명부 갱신)

② 경비 정산

③ 감사서신 발송

④ 조직위원회 해산

제4절 ▶ 국제회의 관련사항

1 정부관계 기관 협조사항

1) 국제대회 조정신청

정부행사로서 국제회의 조정신청의 내용은 국제대회 개최에 관한 사전승인 및 지원 협조사항을 협의·조정하는 것이고, 관계법령은 국제회의의 조정위원회 규정(국무총리 훈령 제229호, 1989. 1. 31. 시행)을 참조하면 된다. 정부행사로서 국제대회 조정신청 실시의 협조 처는 국무총리 행정조정실이고, 건의절차 및 방법은 국제회의 유치·조정에 관한 규정을 참조하면 된다.

2) 출입국절차

출입국 절차에 있어서 정부관계기관의 협조가 필요하다. 우선 참가대표의 비자 발급을 원활히 하기 위해서 입국편의를 위한 비자 발급기준을 시달하고, 미수교국 대표 및 사전 입국비자를 받지 않은 대표의 경우에는 보세구역 내에서 즉석으로 발급한다. 또한 통관절차의 간소화 및 편의를 제공하는데, 대표전용 통관 대를 지정하고, 검색을 완화하고, 총회용 물품관세를 면세하도록 한다. 출입국절차의 협조 처는 외무부, 법무부, 안기부 등이고, 건의절차 및 방법은 외무부를 통하여 참가국 해외주재공관에 비자발급 협조공문을 하달하고, 비자 미발급대표의 명단과 인적사항 등을 법무부에 통보하도록 한다.

3) 영 접

영접내용으로는 환영아치·현수막 등 가두장치물을 설치하고, 가로기를 게양하여 환영분위기를 조성한다. 또한 신변보호 및 사고 예방조치, 선도차 배치, 국제호 1의 참석자 대표임을 표시한 영접업무의 협조 처는 총무처, 서울특별시, 치안본부 ^(관할경찰국) 등이다.

영접의 건의절차 및 방법으로는 정부기관 및 산하단체에서 주관하는 각종 행사의 가두장식 승인요구는 주무부장관이 설치예정일 20일 전까지 설치기간·장소 및 도안물을 첨부하여 요청하도록 하고, 주요 인사명단, 주요행사장 및 투숙호텔, 교통수송 운영계획서 등을 첨부하여 사전에 협의하도록 한다.

4) 수 송

수송은 정부특정승인서 발급, 항공료 할인 등 참가대표의 출입국 항공 이용 편에 편의를 도모하고, 특별열차운행, 특정구간에 대한 버스운행, 기타 교통수단을 확보하여 국내 교통수송수단의 원활화를 꾀한다. 수송업무의 협조 처는 건설교통부, 철도청, 서울시 등이고, 건의절차 및 방법으로는 귀빈 등 초청대상 중 무료항공권 발급 수혜자를 위하여 항공사에 협조요청과 함께 건설교통부에 정부특별승인서 발급대상명단을 제출해 발급을 요청한다. 또한 철도청과 협의하여 차량소요 대수, 운행스케줄, 차내 식사 조달방법을 결정하고, 기타 교통수단으로 대형버스나 승용차의 소요량을 파악하여 해당부처와 협의하도록 한다.

5) 숙 박

숙박에는 호텔등급별 소요객실을 지정하여 객실종류, 객실 수, 객실요금의 할인

율 등의 사항을 고려해서 문화관광부에 협조를 요청한다.

6) 전화 및 기타 통신

공항과 호텔, 호텔과 행사장, 사무국과 유관기관 간에 전화를 가설하고, 국제전화 및 텔렉스를 설치하고, 우체국을 설치하며, 우편 및 수화물과 기념우표를 발행한다. 협조처로는 한국 전기통신 공사 및 정보통신부이고, 건의절차 및 방법으로는 전용전화인가, 직통전화인가 등 설치종류별 소요대수 및 설치장소를 명기해서 신청한다. 또한 우체국의 임시가설장소에 대한 위치도면과 함께 국제전화나 텔렉스의 소요대수, 운영인원 등 취급운영종목을 명기하여 협의·요청하며, 기념우표의 도안 및 소요매수 등을 협의해서 발행을 신청한다.

7) 홍 보

국제회의에는 다각적인 홍보가 필요하다. 그 방법으로는 CATV 방영, 언론인 취재지원, 주요인사 특별면담 주선, 촬영금지지역에 대한 허가, 관광관련 자료에 게재 등 여러 가지가 있다. 홍보업무의 협조처는 문화관광부와 한국관광공사 등이다. 건의절차 및 방법으로는 CATV 방영은 전파 관리법상 규제사항이므로 사전에 협의하도록 하고, 제반신청 및 서식은 수시로 변동되므로 관련부처에 문의, 처리함이 무난하다.

2 국제회의 참석자의 서열

1) 서열의 일반원칙

(1) 개요

정부관리 또는 그 대표자가 참석하는 모든 행사에 있어서 참석자의 서열을 존중해야 한다는 것은 의전에 있어서 가장 중요한 원칙의 하나이다. 이러한 원칙은 공식행사 또는 연회 등에 참석하는 정부관리 및 일반내객의 좌석을 정하는 데도 적용되어야 한다. 서열의 중요한 원칙으로는 Rank Conscious^(서열위주원칙)와 Lady On The Right^(숙녀 우측 배석원칙), Reciprocate^(대접에 상응하는 답례), 그리고 Local Custom Respected^(현지의 관행에 우선)이다.

(2) 공식서열과 비공식서열

① 공식서열

공식서열이라 함은 왕국의 귀족, 공무원, 군인 등 신분별 지위에 따라 공식적으로 인정된 서열인 바, 국가에 따라 제도가 상이하다. 한국에서는 공식 서열에 관하여 명문상 규정은 없으나, 의전업무상의 필요에 따라 공직자의 서열관행이 어느 정도 확립되었다. 그러나 이러한 서열을 실제적으로 적용할 때는 필요에 따라 적절히 조정되어야 할 경우가 많다.

② 관례상의 서열

공식적인 지위를 가지고 있지 않은 일반인에게 사회생활에서 의례적으로 정해지는 서열을 말하며, 동 서열을 정함에 있어서는 아래와 같은 일반원칙이 존중되어야 한다.

지위가 비슷한 경우에는 여자는 남자보다, 연장자는 연소자보다, 외국인은 내국인보다 상위에 둔다. 여자들 간의 서열은 기혼부인, 미망인, 이혼부인 및 미혼자의 순위로 하며, 기혼부인간의 서열은 남편의 지위에 따른다.

공식적인 서열을 가지지 않은 사람이 공식행사 또는 공식연회 등에 참석할 경우의 좌석은 개인적 및 사회적 지위, 연령 등을 고려하여 정해야 한다.

원만하고 조화된 좌석배치를 위해서는 서열결정상의 원칙은 다소 조정될 수도 있다. 남편이 국가의 대표로서의 자격을 가지고 있는 경우 등에는 ady First의 원칙은 적용되지 않아도 좋다.

한 사람이 2개 이상의 사회적 지위를 가지고 있을 때에는 원칙적으로 상위직을 기준으로 하되, 행사의 성격에 따라 행사와 관련된 직위를 적용하여 조정될 수도 있다.

(3) 한국의 서열관행

서열을 실제적으로 결정할 때는 그의 현 직위 외에도 전직, 연령, 특정행사와의 관련성의 정도, 관계인사 상호간의 관계 등을 다각적으로 검토하여 결정하게 되는 것이나, 외무부를 비롯하여 기타 의전당국에서 실무처리상 일반적 기준으로 삼고 있는 비공식 서열을 소개하면 대략 다음과 같다.

① 대통령
② 국회의장
③ 대법원장
④ 국무총리
⑤ 국회부의장
⑥ 감사원장
⑦ 외교통상부장관
⑧ 외국 특명전권대사, 국무위원^{(재정경제부, 통일부, 내무, 재무, 법무, 국방, 교육, 문화관광, 농수산,} 산업자원 부, 건설교통, 보건복지, 정보통신, 정무1, 정무2, 국회상임위원장, 대법원판사)
⑨ 3부 장관급, 국회의원, 검찰총장, 합참의장, 3군 참모총장
⑩ 차관, 차관급

2) 서열의 조정

상시서열은 어디까지나 비공식적인 것이므로 이를 실제적으로 적용할 때는 적절히 조정해야 할 경우가 있다. 서열을 조정할 경우에는 아래와 같은 원칙에 따르

는 것이 바람직하며, 부득이한 사유로 상위 서열 자를 하위로 조정하는 경우가 있으며, 특별히 배려하여 조치해야 한다. 그러나 서열기준을 조정할 경우에도 아래와 같은 원칙에 따르는 것이 좋다.

대통령을 대행하여 행사에 참석하는 정부각료는 외국대사에 우선한다.

외빈방한 시 동국 주재 아국대사가 귀국하였을 때에는 주한외국대사 다음으로 할 수 있다.

한국의 대사관 이외에 별도 정부기관을 설치하였을 경우 동국 대사관원과 기관원간의 서열은 동국 국내법이 정하는 바에 따른다.

대사가 여자일 경우의 서열은 자기 바로 상위 대사부인 다음이 되며, 그의 남편은 최하위의 공사 다음이 된다.

외국대사와 아국 정부각료간의 명백한 서열상의 구분을 피하기 위하여 경우에 따라서는 교환 제(alternate system)를 원용할 때가 있는데, 이때에는 대사, 각료, 대사, 각료의 순으로 한다.

우리가 주최하는 연회에서 아 측 빈객은 동급의 외국 측 빈객보다 하위에 둔다.

대통령 기타 3부 요인이 외국을 공식 방문할 경우, 현지 주재대사의 서열은 국내직급에 불구하고 적절히 조정할 수 있다.

확립된 국제관례에 따라, 외국특명전권 대사간 또는 특명전권 공사간의 서열은 그들이 대통령에게 신임장을 제정한 일자를 기준으로 하여 정하며, 대리대사간 또는 대리공사간의 서열은 그들이 외무부장관에게 임명장을 제정한 일자 순으로 하고, 대리 대사간 또는 공사 대리간의 서열은 그가 지명된 일자를 기준으로 한다.

3) 상위 석

일반적으로 오른편을 상위 석으로 하는 것이 한국의 관례인바, 이 관례는 많은 나라에서 통용되고 있다(일반관례).

4) 서열의 실제

2인 이상 이동시 요령은 다음과 같다. 단, 중국, 터키 및 가톨릭 의식에서는 좌측이 상위가 된다.

① 자동차 승차 시

한국에서는 일반적인 경우 우측운행으로서 상위자가 마지막에 타고 먼저 내리는 경우와 상위자가 먼저 타고 먼저 내리는 두 경우가 있다. 후자의 경우에는 하위자가 자동차 뒤로 돌아 반대편 문으로 승·하차한다. 한편, 프랑스에서는 우측통행이거나 좌측통행이거나 간에 상위자가 먼저 타고 내린다.

② 비행기, 선박 탑승 시

상위자가 제일 마지막에 타고 제일 먼저 내리며, 승강기 탑승 시에는 상위자가 제일 먼저 타고 제일 먼저 내린다. 기타의 대 원칙은 위험시에는 하위자가 먼저 타거나 내린다.

5) 국제회의에서의 좌석

국제회의에서의 좌석은 회의규모·회의장소 등에 따라 결정될 문제이며, 일정한 원칙이 있는 것은 아니다. 그러나 회의에 참석하는 대표간의 서열은 각 대표 간에 특별히 정한 바가 없는 한, 회의에서 사용되는 주 공용어 또는 영어 알파벳순에 의한 국명의 순서에 따라 결정하는 것이 일반적인 관례이다. 따라서 회의장에서의 좌석배치에 있어서는 각 대표개인의 계급은 문제가 되지 않으며, 각 대표는 누구나 동등한 지위를 갖게 된다.

① 대표간의 서열

각 대표가 회의장 밖에서 각종행사에 참가할 경우에는 각 대표간의 서열은 그의 계급에 따라 정부각료, 대사, 전권공사 및 기타 대표의 순으로 되어 있다. 이때에 주최국 측 인사도 포함될 경우에는 외국의 정부각료, 주최국의 정부각료, 대사급 외국대표, 주최국의 대사급 관리, 외국의 전권공사 급 대표, 주최국의 전권공사 급 관리의 순으로 된다.

3 정부 측의 국제회의 참가절차

1) 국제회의의 참가초청

국제회의에의 초청범위는 회의주최자가 국제기구인 경우에는 기구규약 또는 결의가 정하는 바에 따라 결정되고, 일국 또는 다수 국가가 새로운 국가회의를 소집하는 경우에는 회의주최국이 관계국과 사전에 충분한 협의를 거쳐 결정한다. 참가초청의 범위는 회의 성격에 따라 다르나 대체로 다음과 같이 유형별로 구분할 수 있다.

- 회원국: 경우에 따라 준 비원 또는 찬조회원 등을 포함
- 옵서버(observers): 비회원국 대표, 여타 국제기구 대표, 기타 민간단체 또는 개인
- 보도기관(news representatives)

그리고 이들이 파견하는 회의참가자들의 자격은 정부 간 국제회의에서는 정 대표, 옵서버, 자문관, 초청연사 등으로 구분한다. 초청장은 정부 간 회의인 경우에는 적절한 외부경로를 통하여, 외무부장관 앞으로 발송되며, 준 정부 간 회의의 경우에는 외부경로를 통하여, 또는 직접 국내 관계기관의 장에게 발송된다. 비정부 간 회의 초청장은 국내 관계단체, 또는 개인에게 직송되는 것이 보통이다. 초청장은 충분한 시간적인 여유를 두고 발송되며, 적어도 회의개최 3~4개월 전에 발송되는 것이 보통이다. 시일이 촉박한 경우에는 전보로 초청할 수도 있으나 이때에도 추후 정식 초청공한을 발송하고, 회의가 다급하게 소집된 사유를 설명하는 것이 원칙이다.

2) 초청장 내용

초청장의 내용은 회의에 따라 다르나 일반적으로 다음과 같은 내용이 포함된다.

① 회의목적

② 회의명

③ 회의개최일시

④ 회의의제, 의제별 의견제출 여부

⑤ 회의 일정

⑥ 신임장 또는 전권위임장 필요 여부

⑦ 대표단 규모

⑧ 대표단 홍보처, 통보시한 등

3) 대표단 구성

정부 간 국제회의 대표는 외무부장관의 건의로 대통령이 임명한다(단, 정부대표로서 조약이나 협정체결 목적이 없고, 수석대표가 각료급이 아닐 때는 외무부장관이 이를 임명한다). 외무부는 정부 간 국제회의 참가초청장을 접수하면 이를 관계부처에 통보함과 아울러 대표단 추천을 의뢰한다. 관계부처가 행하는 대표단 추천에는 아래 사항이 포함되어야 한다.

ㄱ. 참가필요성

ㄴ. 참가후보자 약력

ㄷ. 대표단 일정 및 업무분담을 포함한 구체적인 활동계획서

ㄹ. 기초연설 문안

ㅁ. 경비내역

ㅂ. 기타 참고사항

(1) 추천을 접수한 외무부는 회의성격, 중요도, 각 대표의 직책·경력·어학능력 등을 고려하여 대표단을 구성한다. 대표단이 구성되면 각 대표의 자격, 직위

및 서열을 포함한 대표단의 구성내용을 관계재외공관장을 통하여 해당기구 사무국 및 회의 개최국 정부에 이를 통보한다(이 경우 주한관계국 공관에 참고로 이를 알려 줄 수도 있다).

상기와 같은 정부대표 임명절차는 정부 간 회의의 경우에 한하며, 기타의 경우에는 공무국외여행규정에 의거하여 공무해외여행 심사위원회를 경유한다.

(2) 대표단의 규모에 대해서는 별도 제한규정이 없으나, 회의의 중요성, 의사진행방법, 타국 대표단의 규모, 선례 등을 고려하여 합리적이고 정상적(reasonable and normal)인 규모의 대표단을 파견하여야 하며, 정부 간 회의인 경우 2명 내지 10명이 보통이다.

(3) 대표단원의 자격과 명칭도 회의마다 달라 어떤 원칙이 있는 것은 아니다. 대표단의 자격은 우선 정 회원국에서 파견되는 정 대표단(delegation)과 준 회원국 또는 비 회원국에서 파견되는 옵서버 대표단(observer delegation)으로 대별되며, 대표단 구성원의 자격 및 명칭은 일반적으로 아래와 같이 나누어진다.

① 수석대표(head of delegation): Chief Delegate라고도 하며, 유엔 기구에서는 이를 보통 Chief Representative라고 한다. 그는 대표단의 활동을 총괄지휘하며, 대표단을 대외적으로 대표한다. 수석대표 유고시에는 필요에 따라 기타 대표 중에서 수석대표대리가 임명되기도 하는데, 보통 교체수석대표가 그 임무를 맡는다. 그러나 예외적으로 대표가 아닌 자 가운데서 임명될 수도 있다.

② 교체대표(alternate delegate): 정 대표 임명이 1명으로 제한되어 있는 경우에는 1명 또는 수명의 교체대표를 임명하며, 이 중 1명을 교체수석대표로 임명하여 수석대표를 보좌하게 하기도 한다.

③ 준 대표(associate delegate): FAO에서와 같이 준 대표제도가 확정되어 있는 경우

도 있다. 그러나 수석대표, 교체대표, 준 대표 등의 구분은 1차적으로 대표단 내부의 서열표시에 불과한 것이며, 별도 규정이 없는 한 각 대표의 회의참가 자체에 실질적인 차등을 두는 것은 아니다.

④ 자문관(adviser): 대표단 활동에 필요한 일반적 자문에 응하는 보좌역이며, 신분·직책상 대표로 임명함이 적당치 않는 경우에 흔히 이용되는 직책이다.

⑤ 전문가(expert): 기술적·전문적 분야에 관여여 대표단을 보조·지원하는 대표 단원이다. 자문관과 전문가는 민간인 중에서 임명되는 경우도 적지 않으며, 그 수도 대표단의 재량에 맡기는 것이 보통이다.

Chapter 13 컨벤션 기획수립 및 계약체결

제1절 ▶ 국제회의 기획의 일반적 흐름

국제회의는 주체별 특성에 따라 협회/학회, 기업, 정부회의 등으로 구성되며 각 회의의 형태와 성격에 따라 목표와 운영방법에 있어 다소 차가 있다. 그러나 여기에서는 주체와 성격에 따른 회의의 형태와 상관없이 일반적 회의 기획의 흐름을 중심으로 살펴보고 차후로 주체별 회의 특성에 따른 기획과정을 다루고자 한다.

1 유치 단계

• 유치 가능단체

발굴 ➡ 유치 계획 수립 ➡ 유치 위원회구성 ➡ 유치 제안서 ➡ 제출 ➡ 국제기구 ➡ 임원답사 ➡ 프레젠테이션 ➡ 개최지 결정

국제기구에 가입한 국내 단체나 국제기구(ICCA)에 속한 단체들 중에서 유치 가능한 단체 및 대상국제회의에 대해 사전 조사 등을 통해 발굴하는 것이 중요하며, 유치 계획을 세울 때 유치 타당성에 대한 철저한 분석, 경쟁국가의 현황 분석, 예산 조달 방안 등에 대한 충분한 검토가 사전에 이루어져야 한다. 개최국의 시설 등을 포함한 수용 조건 등에 대한 판단을 하기 위한 FAM tour(familiarization tour)의 일환으

로 이루어지는 국제기구 임원 답사 시는 관광 물에 대한 매력적 요소와 시설 등에 대한 개최지의 장점을 극대화하고 준비사항에 대한 프레젠테이션 등의 준비를 철저히 해야 한다.

2 기획 단계

조직위원회 결성 ➡ 회의 목표 및 기본 방침 수립 ➡ PCO 선정 ➡ 예산계획 수립 ➡ Site Selection

기획단계는 회의 준비 단계의 가장 핵심 부분으로 기본 전략과 목표를 수립하는 단계이다. 이를 위해서는 개최 단체의 역사 및 참가자 특성에 대한 분석이 전제되어야 한다.

조직위원회는 회의 준비와 운영과정에 대한 전반적 의사결정 기관으로 위원장, 고문, 감사, 위원 등으로 구성되며 그 하부조직으로는 사무국과 분과위원회를 둘 수 있다.

조직위원회 위원은 관련 분야의 인사 등으로 구성되나, 전문성과 동시에 관련 분야에 영향력을 가진 사람이 위원으로 선정되는 것이 바람직하다.

목표는 프로그램을 기획하는데 기본이 되는 요소이기 때문에 이를 효과적이고 명확하게 제시해 줄 수 있는 참가자에 대한 양질의 정보를 수집하는 것이 중요하다. 참가자의 특성과 니즈를 정확하게 파악하는 것이 목표설정의 제 1단계이다. 회의 목표는 실현가능성(possible), 목록 화(listed in writing), 평가 성(assessable), 계량화(numerical) 등의 요소를 고려하여 설정해야 한다.

국제회의 예산을 책정하는 것은 회의예산 예측과 통제의 두 가지 면이 있다. 회의예산의 예측의 측면은 예비예산을 책정하고 예비예산 지침 내에서 비용조사를 통해 최종적인 운영예산을 책정하는 것이며, 예산 통제는 재무관리의 영역으로서 여기에는 회계 원리에 관한 기초지식과 예산관리시스템에 대한 지식이 요구된다. 장소선정은 회의 성패의 열쇠가 될 만큼 중요한 요소로 모든 행사가 각 각의 개별적인 특성을 가지고 있고, 장소별로 장단점을 가지고 있다는 복잡함에 도 불구하고 장소선정(site selection process)은 회의기획가(meeting planner)가 반드시 거 쳐야 하는 과정으로 기획가의 뛰어난 인지능력과 세부사항에 대한 주의력을 요 구하는 부분이다.

3 준비 단계

홍보 ➡ 등록 ➡ 숙박 ➡ 프로그래밍 ➡ 사교행사 ➡ 인쇄 및 출판 ➡ 관광 ➡ 수 송 ➡ 인력운영 ➡ 전 시 ➡ 안전관리 ➡ 각종 제작물

회의운영을 위한 준비단계로서 세부계획 수립/실행하는 단계이다.

준비 및 실행, 현장운영에 이르기까지의 일련의 과정을 보여주는 Critical Path를 여러 가변적 요소를 고려하여 작성하여야 하며, 부문별 예상업무에 대한 실행계획 서를 작성, 업무의 효율성 및 과학적 배치를 위한 상세 계획이 수립되어야 한다.

이 단계에서 중요한 사항은 잠재적 참가자를 실제 참가자로 전환하여 참가자 유 치를 극대화할 수 있는 홍보 세부계획이 대회 성공의 중요한 요인이 된다. 국제회 의의 참가자 유치를 위한 홍보계획 시 고려해야 할 중요한 수단은 "미디어와 DM" 이다.

DM에는 일반적 정보를 포함하는 브로슈어, 프로그램 아젠다, 등록신청서 및 회 신용 카드 등이 포함되며, DM의 효과를 최대화하기 위한 일환으로 적절한 시기 선택이 중요하다.

한 가지 정보에 대해 사람이 반응을 일으키고, 실제 행동에 옮기기 까지는 동일 한 정보를 규칙적인 간격으로 3번 정도 반복적으로 정보를 제공해야 한다.

미디어는 인쇄매체뿐 아니라 전자매체를 포함하는 의미로 회의 전 과정에서 참 가자 유치에 결정적 영향력을 미치는 요소 중 하나다. 그러나 비용 대 효율성의 관

계를 치밀히 분석해서 시기와 형태를 결정해야 한다. 보도자료 작성요령은 이후에 계속해서 제공하겠다.

4 실행(현장운영) 단계

계획을 아무리 철저히 하더라도 어쩔 수 없이 예기치 않은 여러 상황이 발생한다.

항공사 직원의 파업, 호텔의 더블 부킹, 예상인원보다 많은 연회 등과 같은 준비 주체의 의지와 상관없이 언제나 발생할 수 있는 위기 상황이다. 회의 기획가는 이러한 위기상황에 능동적으로 대응할 준비를 갖추어야 한다. 다음의 가이드라인을 참조하자.

가상의 위험요소를 사전에 찾아서 이에 대한 대비책을 마련해야 한다.

참가자의 관점과 스태프의 관점에서 프로그램 상에서 일어날 수 있는 모든 요소를 가시화 한다. 수시로 커뮤니케이션을 통해 문제파악과 해결방안을 모색한다.

시설물을 수시로 점검하고, 외부 공급업체에 대한 명세 사항을 수시로 확인한다.

이러한 노력에도 문제가 발생할 수 있다는 점을 명심하고, 문제가 발생했을 시는 문제해결을 우선적으로 생각하고, 사후에 문제제기를 해야 한다.

운영 매뉴얼 과 체크리스트를 작성하는 것이 현장운영을 위해 필수적 항목이다. 각 요소를 예측하고 각각의 대응방안을 문서화하면, 어느 상황에서건 각각의 스태프가 이를 참고로 신속한 문제해결이 가능하기 때문이다.

5 사후 단계

이 단계에서 가장 중요한 것은 회의 평가이다. 평가는 중요한 요소임에도 자주 간과되거나 형식적으로 행해진다. 평가는 3가지 부분에 대한 중요한 정보를 제공한다.

① 과거 회의에 비해 다른 점은 무엇인가.

② 참가자들이 회의 각 세션에 대해, 발표자에 대해, 전체적 회의에 대해 어떤 생
각을 가지고 있는가,

③ 회의목표를 얼마나 충족했는가.

* 평가 시 고려해야 할 사항들은

① 무엇을 중심으로 평가할 것인가(what to evaluate),

② 언제 평가할 것인가(when to evaluate),

③ 어떻게 평가할 것인가(how to evaluate),

회의 결과를 어떻게 분석하고, 해석하고, 활용할 것인가(how to analyze, interpret, and use evaluation findings)이며, 여기에서는 각각의 요소의 내용을 간단히 살펴보고 이후에 평가에 대한 독립적 항목을 통해 게재하고자 한다.

What To Evaluate항에서는 개최 시설과 프로그램에 대한 평가를 중심으로 진행하는 것이 좋다.

When To Evaluate항에서는 세션이 끝났을 때, 회의가 끝났을 때, 참가자들의 평가내용을 취합한 후에 등의 시기로 나눌 수 있으나, 각 시기별 평가는 장단점을 가지고 있고 대체로는 위의시기를 필요에 따라 혼합해서 진행하는 것이 일반적이다.

How To Evaluate 항목에서는 질문지의 작성이 중요하다.

질문 작성 시 표현방법은 예를 들어 나쁘다, 좋다, 훌륭하다 등의 질문은 사람마다 해석하는 것이 다를 수 있다

질문지 Layout - 응답자로 하여금 끝까지 질문에 응할 수 있게 하는 등에 대한 사항을 고려하여 질문지를 작성한다.

1 국제회의 개론

세계화의 가속화로 MICE산업, 즉 컨벤션산업에 대한 관심이 나날이 증가 추세에 있다. MICE는 Meeting, Incentive Tour, Conference, Exhibition의 앞 자를 따온 것으로 컨벤션산업의 범주를 말하는 것이다. UN, NATO, CC, APEC, ASEM 등의 국제기구설립이 활성화하고 다국적 기업의 증가, 교역확대, 그리고 국제협회조직의 증가로 컨벤션산업은 성장 일로에 있다. 한편 정보교류에 대한 수요증가, 교통·관광·호텔산업의 발전, 과학기술의 발전, 컨벤션 전문시설의 설립 등도 컨벤션산업의 성장배경으로 꼽히고 있다. 이 컨벤션산업은 사회전반에 적잖은 파급효과를 가진다. 즉 국제교류 및 이해증진, 개최국가 및 도시인지도 제고, 세수증대, 고용창출 효과가 기대되는 것이다. 뿐만 아니라 시민의식향상 및 정보화·지식화 촉진, 사회기반시설 정비 빛 확충을 가져오고 관광산업을 비롯한 관련 산업에의 파급효과가 크다. 컨벤션산업의 국제 경쟁력 결정요인은 회의시설의 규모와 수준, 숙박시설 규모와 서비스 수준, 접근성, 개최지역의 회의에 대한 후원 및 관심, 분위기, 기후, 안전성, 개최지의 마케팅능력, 경험, 평판 등이다. 따라서 우리나라도 중앙정부 및 지방정부 차원에서 컨벤션산업을 실질적인 전략 산업화하여 컨벤션 관련법규 정비, 컨벤션 전담기구설립, 컨벤션 기반시설 확충지원에 나서고 있다.

〈 컨벤션은 국제회의, 전시회, 이벤트로 나뉜다. 〉

국제회의란 국제기구 또는 국제기구에 가입한 기관 및 단체 또는 국제기구 미 가입 기관 단체가 개최하는 회의를 말한다. 국제회의의 법적 정의에 따르면 전자는 적어도 5개국에서 300명이 참석하여 3일 이상 지속되어야 하는 반면 후자는 외국인 참가자가 150명 이상이며 회의기간은 2일이 넘어야 한다. 한편 제도적 정의에 따르면 국제기구가 주최·후원하거나국제기구의 국내지부가 주최하는 경우, 참가자가

300명 이상이거나 외국인 40% 이상, 참가국 5개 이상, 회의기간은 3일 이상이어야 한다.

전시회란 사전적 정의에 따르면 일정 기간 동안 기업의 상품, 기술, 서비스에 대한 홍보 마케팅의 일환으로 구매자, 무역업자, 전문가, 관련종사자, 일반인을 대상으로 경제적 목적을 달성하는 것이다. 학문적 정의에 따른 전시회는 방문자를 위한 환경을 조성하는 데 그 근간을 두는 커뮤니케이션 수단이라고 할 수 있다.

이벤트는 그 특성에 따라 시·공간성, 생 현장성, 일회성, 다기능 일시 투입성, 양방향 커뮤니케이션, 광고효과 등으로 분류될 수 있다.

- 분류형태 : 이벤트를 목적으로: 사회이벤트, 촉진이벤트, PR 이벤트.
- 이벤트가 치러지는 형식을 기준으로: 공연, 전시, 시민참여 등이 있으나 성격에 따라 더욱더 세분할 수 있다.
- 이벤트를 담당하는 주최를 기준으로: 개인, 각종 사회단체, 공공단체, 기업, 국가로 분류한다.

2 유관기관 및 역할

국제회의가 개최지역 경제에 미치는 파급효과가 매우 큰 고부가가치산업으로 인식됨에 따라 세계 각국이나 도시들은 국제회의 전담기관인 컨벤션 뷰로를 설치하여 각종 회의유치 및 유치된 회의의 운영지원 활동을 활발히 전개하고 있다. 컨벤션 뷰로는 회의 주최 지를 위해 주요인사 명의의 환영서신 발송, 공동유치활동, 시설정보제공 및 시설답사팀 체재지원, 회장수배와 숙박예약, 회의관련업자 소개, 관광 및 여가활동 기획자문, 홍보물의 제공 등의 일을 한다.

3 국제회의 관련업체

최근 국제회의 기획을 위해 급성장한 조직의 대표적인 예는 국제회의 기획업체이다. PCO는 국제회의 개최와 관련한 다양한 업무를 행사 주최 측으로부터 위임받아 부분적 또는 전체적으로 대행해 주는 영리업체이다. 우리나라의 경우 현재 약 38여개의 PCO가 있다. PCO의 주요 업무에는 회의운영, 회의예산편성, 회의 사무국 업무대행, 통역제공, 회의의사록·프로그램·초대장 등 회의관련 자료의 제작 및 발송, 리셉션·관광·동반자 프로그램 등 관련행사 프로그램의 계획과 실시, 필요인력제공, 회의운영 종합 컨설팅 등이 있다.

이 외에 통역업체, 인력파견업체, 여행사, 인쇄업자, 장식 간판업자, 사진 및 비디오업자 등도 국제회의 관련업체로 들 수 있다.

4 국제회의와 동시통역

앞서 정의된 바와 같이 국제회의에서는 최소한 5개국에서 참가자들이 모이게 된다. 대형 컨벤션에서는 공식 언어가 정해지지만 다국적회의 특성으로 인해 동시통역이 필요하게 되기 마련이다. 이러한 맥락에서, 회의의 성공 여부는 동시통역의 질에 달려있다고 말해도 과언이 아니다. 아무리 주최 측에서 완벽한 준비를 했다하더라도 우수한 통역이 없이는 회의는 실패할 수밖에 없다. 따라서 모든 준비과정에 주최 측과 통역사들 간에 원만한 대화 통로가 열려 있어야 함을 명심해야 한다.

통역사는 빠른 사고력, 순발력, 새로운 지식에 대한 풍부한 호기심, 강한 자제력, 지구력 있는 고도의 집중력, 능숙한 언어구사력, 박학다식함, 논리 전개·유추 능력을 겸비하도록 지속적으로 노력해야 한다.

회의기획가는 통역사에게 연사의 명단, 직책에 대한 정보, 발표원고 및 자료를 사전에 전달해야 하며, 연사와의 미팅을 주선해야 한다. 또한 통역부스 내에 음료수 및 조명을 제공해야 하며, 통역부스 위치선정시 연단 및 스크린과의 위치를 고려해야 한다.

5 국제회의 참가요령

참가자의 분류에 따라 다양하다. 그러나 대체적으로 국제회의 참가자의 입장에서 몇 가지 참가요령을 알아두는 것이 도움이 된다.

먼저 등록할 때 회의 장소 프로그램 숙소 동반자 여부 등을 확인한다. 회의 성격 ^(정기적 회의)에 따라 지난 회의기록을 숙지하고 개최국에 관한 전반적인 정보를 수집한다. 또한 참가자나 동반자가 특수 체질이라든지 종교적인 문제로 특정된 음식을 섭취할 수 없을 경우 사전에 이 사실을 사무국에 통보하여야 한다.

참석기간 중에는 언제나 적극적인 태도와 개방된 사고가 유익하다.

6 회의목표 설정

국제회의를 기획할 때 가장 먼저 해야 할 일은 목표를 설정하는 일이다. 목표란 최종적인 도착지 혹은 나아갈 방향을 말한다. 따라서 목표는 행사의 위치 선정에서부터 프로그램을 짜는 것까지 전반적으로 행사가 나아갈 방향을 제시한다고 할 수 있다. 목표선정 시 과거에 참가했던 참가자들이나 예상되는 참가자들에 대한 통계나 기타정보를 수집하는 것은 회의목표를 설정하는데 있어 매우 중요하다. 회의기획가는 참가자들이 회의에 왜 참가하는지에 대한 이유와 참가가 예상되는 단체나 기업·협회에 대한 분석이 필요하다. 프로그램을 기획하는 데 가장 기본이 되는 목표를 설정할 때는 명확한 문장으로 나타낼 수 있도록 신중을 기해야 한다. 가능성, 문 장성, 접근성, 수지성 등이 목표 설정의 기준이 된다.

7 프로그램 구성

프로그램 구성은 설정된 목적을 이루기 위한 시간적 틀과 방향을 제시한다는 측면에서 매우 중요하다. 행사프로그램은 아주 단순할 수도 있고 동시 다발적인 회의진행과 각종 사교행사, 연회, 동반자행사 등이 포함된 복잡한 프로그램일 수도 있다. 프로그램의 구성요소로는 크게 교육, 정보교류 및 네트워킹, 동기부여 세 가지로 나눌 수 있다. 회의를 성격별로 분류할 경우 포럼, 심포지엄, 패널토론, 컨퍼런스, 세미나, 워크숍으로 나누어진다. 유형별로는 총회, 분과 회의로 나뉜다. 한편 식음료(F&B)는 프로그램에서 중요한 부분이라고 할 수 있다. 또한 사교행사에는 리셉션, 여흥, 특별행사가 있다. 이 외에도 동반자행사, 행사전후 관광을 기획해야 한다.

8 등록 / 숙박 / 장소선정

등록에는 사전등록과 현장등록이 있다. 회의기획가는 필요한 정보를 사전에 미리 결정해야 하며 참가자들과 직원 모두가 알아보기 쉬운 등록양식을 작성하는 것이 중요하다.

회의장소의 선정은 회의의 성패를 좌우할 수도 있을 만큼 중요한 사항이다. 모든 행사가 각각의 개별적인 특성을 가지고 있고, 장소별로 장·단점을 가지고 있다는 복잡함에도 불구하고 장소선정은 회의기획가가 반드시 거쳐야 하는 과정이다. 장소선정은 다음의 6단계로 나뉜다. 즉, 회의목적의 확정, 회의프로그램 기획, 회의의 물리적 요구상황에 대한 결정, 참가자의 기대 및 욕구분석, 개최지와 시설형태 결정, 세부항목에 대한 평가가 그것이다.

9 인쇄 및 A/V 장비

홍보 인쇄물과 기타 회의선전용 자료제작을 위한 비용은 주요 예산항목 중 하나이므로 가능한 이 분야의 전문용어나 기술적인 부문에 관해 많이 배워 두는 것이 유리하다. 행사에 필요한 모든 인쇄 작업도 미리 결정해 둘 필요가 있다.

시청각 장비는 참가자의 학습과정에 도움이 된다. 강의가 시청각 설비들로 보충될 때 참가자들은 프로그램 내용을 더 잘 기억하게 된다. 대부분의 회의시설은 시청각 설비들을 갖추고 있으며 이를 대여한다. 행사에 필요한 설비가 없을 경우는 외부 장비대여 업체를 활용할 수도 있다. 시청각 장비가 매우 중요하기 때문에 회의기획가는 장비에 대한 어느 정도의 지식과 작동 법을 숙지하고 있어야 한다. 사전에 연사가 활용할 시청각 장비를 파악할 필요가 있다. 연사의 발표에 적합한 장비를 준비하는 것은 회의기획가의 책임인 것이다.

10 연회식음료

연회식음료 서비스란 연회가 이루어질 수 있는 호텔 연회장이나 식당 또는 기타 장소에서 각종연회를 상황에 맞게 운영하기 위해 제공하는 모든 서비스를 말한다. 연회 서비스는 메뉴, 인원수, 가격 등이 미리 정해지고 거의 확정되어진 사항에 의해 식음료뿐 아니라 필요한 장비·비품 준비와 같은 기타 연출과 함께 이루어지기 때문에 계획을 가지고 지배인의 지휘 아래 수준 높은 서비스를 원활하게 제공할 수 있다. 따라서 사전의 철저한 준비와 관련 부서와의 협조가 잘 이루어 조화를 이룬다면 성공적인 연회행사를 운영할 수 있다.

11 전시 프로모션 및 관리

전시회의 목적은 기업의 인지도 상승, 이미지 제고, 새로운 시장에 대한 욕구 파악, 신 시장 개척, 정보수집과 교류, 매출증대, 수출촉진 등이다.

전시회를 개최함으로써 회의행사 부대수입의 확보, 회의에의 참가동기 촉진, 회

의 목적에 부합된 교육적 효과 등 부수적 효과들도 나타난다.

전시회가 대중, 출판사, 판매자, 구매자를 접점으로 해서 주목을 모으고 있는 이유는 전시회가 그 자체 또는 여러 가지 측면에서 대중매체로서의 요소를 갖고 있기 때문이다.

일반적으로 대중매체라 하면 최초로 머리에 떠오르는 것은 신문, 잡지일 것이다. 그리고 다음으로 TV, 라디오라는 전파매체일 것이다. 이러한 전파매체의 공통특징은 일방적이라는 것이다. 이에 반해 전시회는 쌍방향 커뮤니케이션 수단이며 다수의 입장 자에 의해 유지되는 판매촉진에 즉효성이 있는 매체라고 할 수 있다.

제조업자인 전시 자와 사용자인 고객 간에 전시장에서의 만남을 통해 직접적인 PR이 발생하는 것이다. 최근에 기업의 사회적 책임이 크게 인식되어져 단순히 상품제공만이 아닌 소비자와의 사이에 상호신뢰 관계야말로 기업이나 업계의 발전을 가져오는 원동력이 되고 있다. 즉 전시회라는 대중매체를 매개로 한 기업 및 업계와 소비자와의 PR(public relation), CI(corporate identity)의 확립이 상품판매를 촉진하는 것이다. 이와 같이 전시회는 개별기업의 판매촉진이라고 하는 상업주의적 요소가 강한 활동인 동시에 사회적 영향력도 커서 산업이나 경제의 발전에까지 밀접한 관계를 갖고 있다.

현재 세계적 경향으로는 초대형 축제인 만국박람회와 같은 전시회와 고도로 전문화·세분화한 무역 쇼로 양극화하는 현상이 급속히 진행되고 있고 그 다음으로 전문전시회를 진일보시킨 형태로써 한 기업이 자사를 위해 주최하는 단독전도 일반화되고 있는 경향이다. 국제전은 외국기업의 유치라는 측면에서 자국뿐만 아니라 출전국에도 커다란 이익을 가져온다. 외국기업이 다수 진출하면 해외선진국의 최첨단 기술을 우리가 한 번에 파악할 수 있게 되는 한편 입장자의 국제화나 전자

부문을 중심으로 한 첨단기술이 세계적인 관심을 모을 수 있는 것이다. 전시장에 입장하면 상품이 도처에 진열되어 있다.

자국의 출전회사 측에서 보면 고객자신이 출장비를 써가며 세계에서 기계와 기술을 사러 오는 것이다. 유명한 전시회가 되면 특별히 그 전시회를 구경하기 위해서 자국출장을 몇 개월 전부터 계획하고 있는 기업이 세계 도처에 있다. 이처럼 전시회는 한 기업의 판매촉진에만 멈추지 않고 산업발전에서 외국의 무역과 국제화와 같이 제3의 대중 매체로써 끝없는 파급효과를 잠재하고 있어 이후로도 형태의 변화는 있어도 점점 유행할 것은 틀림없다.

전시회 주최자는 단순히 하나의 산업과 관계있는 기업의 통합이라는 역할에서 탈피하여 한국경제의 내일의 번영을 가져다주는 산업육성을 목표로 한 보다 우수한 전시회를 기획하고 보다 면밀한 운영으로 종사해야만 한다.

12 수송, 관광 및 홍보

1) 수송

수송대상은 사람과 화물이다. 사람의 수송에 문제가 되는 것은, 공항에서 숙소, 숙소와 행사장, 회의장 및 숙소에서 관련 행사장, 관광 등 집단을 대상으로 한 수송과 행사요원, 특별 초청객 등 의례적인 개인 대상 수송이다.

- 수송시 필요한 체크리스트
  - 일정별 수송인원의 산정
  - 탑승방법 (티켓/ 배지)
  - 관계자별 수송인원의 산정
  - 수송수단 (버스/전속차)
  - 회의장별 수송인원의 산정
  - 주차장

- 수송방법 파악 ^(단체/개인별)

- 주차스티커

- 운행스케줄 작성 ^(셔틀버스)

- 도로지도

- 절차

- 참가예상 인원 추정

- 종합수송계획 수립

- 행사별 차량동원 계획

- 운행코스 및 시간 검토

- 수송차량 계약

- 셔틀버스운행 시간표 작성

- 승차장 운영관리

- 주차카드준비

- 승차안내요원 선발

2) 관광행사의 분류

(1) 회의전 관광(Pre-Conference Tour)

회의 전 미리 도착한 대표들을 위하여 편성된 프로그램으로서 회의 개최지에서 원거리에 있는 약 1박 2일 코스의 지방관광이 주 내용이다. 이러한 숙박관광은 실비의 참가요금을 받게 되며 전문여행사가 주관하는 것이 보통이다.

(2) 회의중 관광(Mid-Conference Tour)

회의 개최 도중에 휴식을 겸하는 행사이므로 주로 시내관광을 그 내용으로 하고 있다. 일반적으로 이 관광은 무료로 제공되며 전문여행사가 주관하고 조직위원회는 주최가 된다. 중간에 중식이 끼어 있으면 관광코스 도중에 식당을 정하여 무료로 제공한다.

(3) 회의 후 관광(Post-Conference Tour)

폐회 후 참가자들이 귀국길에 오르면서 지방관광도 겸하고 있다. 여기서 주의해야 할 점은 참가대표들이 일단 투숙소에서 여장을 정리하여 떠난 후 지방관광을 마치고 다시 출발지로 되돌아오는 것은 바람직하지 못하다. (바람직한 예: 회의개최지 서울 관광지 부산국제공항에서 곧장 출국)

(4) 옵쇼날 투어(Optional Tour)

다양한 코스를 설정하여 참가자가 선택적 신청을 하도록 하는 관광행사이다. 설정된 코스가 각기 특색을 갖는 것이 이상적이며 참가자를 관광지별로 분산시키는 효과가 있으며 기본 관광행사의 부가가치를 높이는 효과가 잇따른다.

3) 홍보

회의의 성패는 대부분 기획의 질에 기인한다. 그러나 일당 회의가 조직된 후에 홍보는 회의의 중요한 요소가 된다. 성공적인 홍보를 하기 위해서 회의 기획자는 목표로 삼는 참가자를 확인하고 그들로 하여금 회의에 참가하도록 유도해야만 한다.

- 홍보방법

  전문인들을 위한 시장 목표로 한다: 전차회의 참가자, 관련 저널 구독자 그리고 회원들을 고려한 목록작성은 최고의 방법이다.

(1) 텔레마케팅

표본이 되는 참가자에게 초점을 맞추고 텔레마케팅을 하는 방법도 추천할 만하다. 이 방법의 장점은 저렴한 비용과 홍보대상자의 반응을 바로 알 수 있다는 점에 있다.

(2) 팸플릿

팸플릿 작성시 표지는 관심을 끌고 흥미를 유발시켜야 한다. 팜프렛 등 홍보인쇄물 제작시 고려할 여러 가지 사항이 있다. 그 중 몇 가지만을 제안한다. : 표지 디자인과 내용이 어울려야 함, 상투적인 내용은 삼가야 함, 중요한 점을 강조함, 진신을 말함, 독자가 참여할 수 있는 기회를 줌, 신뢰성을 뒷받침할 수 있는 증언 이용 등이 있다.

(3) DM 발송

DM은 팸플릿이나 편지와 같은 인쇄물을 예상 참가자들에게 직접 발송하는 것으로서 DM 작업 시에는 전체적인 구성, 표지, 내용 그리고 발송시기 등을 고려해야 한다.

13 의전

1) 개념

의전은 좁은 의미에서 국가행사, 외교행사, 국가원수 및 고위급 인사의 방문과 영접에서 행해지는 국제적 예의를 의미하지만 넓게는 사회구성원으로서 개개인이 지켜야 할 건전한 상식에 입각한 예의범절을 포함한다.

사교 의례란 외교행사 및 외교관간 행해지는 의전에서부터 일상생활에서의 예의까지 사회구성원으로서 개개인이 상호간 지켜야 할 예의범절이고, 건전한 상식(Common Sense)에 기초한 사회구성원이 지켜야 할 최소한의 예의범절이다.

2) 회의 주최와 참가에 있어서 고려해야 할 의례 사항

(1) 국기의 게양

① 밖에서 보아 문의 왼쪽

② 건물 옥상에는 중앙에, 회의장이나 강당에서는 앞에서 보아 전면 중앙이나 왼쪽

③ 외국기와 함께 게양 시 알파벳 순서로: 홀수일 경우 태극기를 중앙에, 짝수일 경우 앞에서 보아 맨 왼쪽에

④ 태극기와 외국기의 교차 게양시 앞에서 보아 태극기 깃 면이 왼쪽으로 오도록 하고 깃대가 외국기의 깃대 앞쪽에 위치

⑤ 태극기와 외국 기를 나란히 부착 또는 게양시 태극기가 왼쪽에 위에서 밑으로 걸 때는 깃대가 위로하고 태극기의 건○이 오른쪽에, 차량에는 앞에서 보아 왼쪽 전면에 차량 전면보다 기폭만큼 높게: 외국 원수가 방한, 우리 대통령과 동승시 앞에서 보아 태극기는 왼쪽, 외국 기는 오른쪽.

(2) 사교 의례

① 소개

연로자나 상위자에 대해 그의 이름을 먼저 부른 후 연소자나 하위자 소개, 남자를 여자에게 소개.

② 악수

③ 윗사람이 먼저 손을 내밀었을 때만, 남녀가 서로 소개받을 때 여자가 먼저 악수를 청할 때만, 악수와 함께 절을 한다거나 두 손으로 악수할 필요 없음.

④ 손에 입 맞추기 및 포옹

신사가 숙녀의 손에 입술을 가볍게 대는 것을 Kissing Hand라 하며, 이 경우 여자는 손가락을 밑으로 향하도록 손을 내민다. 유럽의 프랑스 이태리 등 라틴께나 중동지역 사람들의 친밀한 인사표시로 포옹을 하는 경우가 있는 바 이 경우는 자연스럽게 응한다.

(3) 연회

초청자 선정 시 주빈보다 직위가 높거나 너무 낮은 인사는 피하되 좌석 배치의

편의상 상하계급을 적절히 배합할 수 있도록 선정함.

이 외 초청장을 인쇄할 때는 R. S. V. P.(respondez, s' Il vous plait) 또는 Regret Only, 동영부인(해당경우에만), 복장(informal 또는 lounge Suit, black tie 또는 tuxedo)을 기입해야 함을 명심. 이 외 메뉴와 좌석 배치 판 인쇄를 잊지 말아야 함.

① 식탁예절

착석, 몸가짐, 대화, 손가방, 재채기와 하품 등, 이쑤시개와 화장, 냅킨 사용법, 포크와 나이프 사용법, 빵 먹는 법, 스프 먹는 법 등에 대한 에티켓을 준수해야 함.

② 기타

Lady First문화와 자동차의 상석 등에 관한 상식을 익혀두어야 함.

14 예산

국제회의 예산책정은 회의예산 예측과 통제란 두 가지 면이 있다. 회의예산의 예측은 예비예산을 책정하고 그 예비예산 지침 내에서 비용조사를 통해 최종적인 운영예산을 설정하는 것이며, 운영예산 통제는 재무관리의 영역으로서 여기에는 회계 원리에 관한 기초지식과 예산관리시스템에 대한 지식이 요구된다. 예산 작성 시에는 행사의 예상 참석자 수도 고려되어야 한다. 참석자들의 재정분포와 그들이 프로그램 성과로 얻어지는 이익을 위해 기꺼이 지출하고자 하는 금액은 예산의 전 과정에 영향을 미친다. 지출예산에는 인건비, 광고비, 일반운영비, 보험료 등 고정비용과 장비비용, 연회행사비, 전시비용, 수송비용, 인쇄 출 판비, 행사장 경비 등의 가변비용이 있다. 위의 항목들에 대한 정확한 예측을 위해서는 몇 가지 준비가 필요하게 되는데 무엇보다도 큰 도움이 되는 것은 전차회의의 재무자료이다. 한편 수입예산도 지출예산처럼 등록비, 전시장 수입, 후원, 행사, 투자수입 등 몇 가지 분야로 구성된다. 각각의 부분에서 결정되는 수입 계산은 정확하고 자세하게 되어야 한다. 그리고 가급적 수입견적은 신중하고 보수적으로 판단하는 것이 좋다.

제3절 ▷ 컨벤션 계약 체결 시 유의사항

컨벤션산업이 발전함에 따라, Meeting Planner와 호텔과의 계약체결이 일반화 되었지만, 경험 및 상식부족으로 피해를 입는 경우가 종종 일어나고 있다.

성공적인 컨벤션운영을 위해서 컨벤션계약 체결시 포함되어야 할 조항은 무엇인 지 알아보기로 한다.

1 컨벤션계약 조항

1) 취소조항(Cancellations)

계약서 체결시 가장 관심을 기울여야 할 조항으로서, 동 조항 없이 예약취소를 했을 경우에는 계약위반이 된다. 동 취소조항을 삽입할 경우에는 취소시 예약금 등의 처리문제 등에 대해서도 구체적으로 언급해야 한다. 단체나 기업에서 회의 를 개최할 경우에는 각종 사교 연회도 같이 열리므로, 음식취소조항(food cancellation policy)도 포함하는 것이 새로운 추세로 대두되고 있다.

2) 호텔의 시설 개보수시를 대비한 조항(Renovations)

수년전에 계약을 체결해야 하는 회의의 경우 호텔의 개보수시기를 예측하기 어 려운 것이 일반적이다. Meeting Planner들은 호텔의 정기적인 개보수시기가 언제 인지를 확인하여 회의기간이 이 기간과 중복되지 않도록 해야 하며, 만일의 경우 에 대비 계약 체결시 호텔 개보수조항을 삽입하여 회의기간 중 시설 개보수로 인 한 피해를 입지 않도록 대비하는 것이 바람직하다.

3) 예약한 객실을 확보받기 위한 조항(Dishonored Reservations)

일정수입을 보장받기 위해서 호텔에서 객실을 초과예약(over booking)하는 것이 관레로 되어 있으나, 행사가 임박해서 호텔로부터 예약한 객실을 100% 내어 줄 수 없다는 이야기를 종종 듣는 경우가 있으므로 이런 사태를 미연에 방지하기 위해서 동 조항을 삽입할 필요가 있다.

4) 호텔서비스에 관한 조항(Hotel Service Standards)

수준 높은 회의를 개최하기 위해서는 호텔서비스가 매우 중요함으로, 호텔로부터 제공받기를 원하는 서비스 내용도 계약서에 삽입할 필요가 있으며 일반적으로 포함되어야 할 내용은 다음과 같다.

회의참가자가 집중적으로 몰리는 시간대에 추가의 Check-In, Check-Out 담당자 및 벨맨(bell staff)을 배치하여 회의참가자의 편의 도모. 만찬시 여유 있는 웨이터 수 확보. Vip에 대한 신속한 룸서비스 및 하우스키핑 서비스문제 발생 시 해결방법

5) 노동조합(Labor Union)

노조조항 삽입은 호텔에서 종종 노조를 빌미로 미팅플래너에게 무리한 요구를 하는 사태를 미연에 방지할 수 있다. 노조가 결성되어 있는 도시에서 회의를 개최할 경우 미팅플레너들은 해당 지역의 노조관련 법규를 잘 알고 있어야 하며, 시간당, 일당 임금, 시간외 근무수당 등에 대해서도 계약서에 명시할 필요가 있다.

6) 보험(Insurance)

참가자에게 주류가 제공되는 회의(각종 사교모임, 전시회 등)의 경우에는 알코올 조항을 삽입할 필요가 있다. 주최(시설)측이 주류의 판매 및 서비스에 대해 통제하도록 계약서상에 명시할 것을 미팅플레너들이 요구하는 것이 추세이지만, 회의 참가자들의 음주로 인한 문제 발생 시 이 조항만 가지고는 미팅플레너들이 책임을 면하기는 어려운 실정이다. 따라서 계약당사자(호텔 및 meeting planner)들은 음주책임보험

(liquor liability insurance)을 가입해 둘 필요가 있다.

7) 장애자조항(Americans With Disability Act: ADA)

미국에서 제정 실시되어오고 있는 Ada 조항에 대해 많은 미팅플레너들이 아직까지도 모르고 있는 경우가 많으나, 미국에서는 회의장이 공공시설로 분류되어 장애자들을 위한 부대시설 설치가 필수적이다.

회의 종료 후 ADA관련 소송에 걸리지 않도록 하기 위해서는 계약 체결시 ADA 조항을 삽입할 필요가 있다.

8) 중재 조항(Arbitration)

계약 당사자 간에 문제가 발생했을 경우, 제3자를 불러 중재를 요청할 수 있는 기반을 만들 필요가 있다.

2 국제계약 체결 시 고려사항(International Contractual Considerations)

1) 한 국가에서 작성된 계약이 다른 국가에서는 구속력이 없을 수 있다.
2) 어느 국가의 법이 계약 당사자에 대해 구속력을 가지게 될 지 명시 필요가 있다.
3) 모든 용어에 대한 의미가 규정되어야 한다.
4) 회의에 영향을 미칠 수 있는 사항, 즉 세금징수 절차, 에너지규제, 통금, 주류 사용 등에 관해 적용받을 수 있는 당해 지역 및 국가 법률의 내용을 명시해야 한다.

3 컨벤션계약의 향후 전망 및 대비책

컨벤션계약의 향후 추세는 대형 체인호텔의 동향에 크게 좌우될 것이다.

기술발달 및 MPI 등 컨벤션관련 국제기구에서 벌이는 노력에 힘입어 표준 계약서를 사용하는 쪽으로 움직일 전망이다. 몇몇 대형 호텔체인들이 미팅플래너들을 만족시키기 위해서 노력을 하고 있고, 다른 많은 호텔들이 이 뒤를 따르고 있다. ITT Sheraton 체인이 이러한 노력의 선두주자이고, Marriott 및 Radisson 호텔체인도 체인 간 계약서를 표준화하는 쪽으로 나아가고 있다.

오늘날과 같이 경쟁이 치열한 국제회의 시장에서, Host Facilities 들은 Meeting Planner들의 기대에 부응해야만 살아 남을 수 있다. 성공적인 컨벤션 운영을 위해서 호텔 쪽에서 노력해야 할 부문은 다음과 같다.

호텔의 컨벤션서비스 매니저를 판촉의 초기단계부터 포함시켜서 미팅플래너들의 요구가 잘 반영될 수 있는 기반을 조성한다. 통상, 계약은 판촉담당부서에서 이루어지고 계약이 끝난 후에야 컨벤션서비스 매니저에게 업무가 이관됨으로 컨벤션서비스 매니저는 계약 당시 미팅플래너들의 요구사항이 무엇이었는지 잘 모르는 경우가 많다.

잦은 인사이동으로 인한 담당자의 변경으로 업무가 단절 되는 것을 예방한다.

컨벤션서비스 담당자들을 교육시켜 미팅플래너들의 요구에 부응하도록 한다.

시설 및 주최측과 미팅플래너들은 직업윤리를 준수해야 한다. Host Facilities 들은 종종 수입을 극대화하기 위해서 초과예약을 하는데, 이것은 바람직하지 못한 관행으로 자칫 계약위반이 될 수 있으며, 미팅플래너들도 필요이상의 객실을 예약하고 난 후, 행사가 임박해서 객실 수를 줄이는 관례에서 벗어나야 할 것이다.

강한 직업윤리의식이 성공적인 회의개최에 마지막 손끝이 될 것이다. 문제를 법으로 해결하는 것은 비용이 많이 들고 시간 소모적이다. 계약 당사자들은 상호 신뢰관계를 잘 유지해서 더 큰 문제로 이르는 오해를 낳아 법적소송에 이르지 않도록 하는 것이 최선책이다.

Chapter 14 국제회의 개최 준비 및 구성위원회 구성

제1절 ▶ 국제회의 개최기획

국제회의 개최 기획(convention planning)은 되도록 조기에 작성하여 준비단을 조직하고, 업무분야별 담당자 선발, 각 위원회별 위원 임명 등 모든 준비활동을 조직기구를 통하여 조정해 나가도록 한다.

1 공식담당 요원 선정

국제회의 개최 준비 위원회 의장(회장), 부의장(부회장), 사무국장, 준비 위원회 위원 선정 등 회의 준비단을 구성하는 각 담당 인물을 결정하여 회의개최를 위한 다음의 기초과정을 준비한다.

준비 위원회 하부기구로써 각 분과위원회를 구성하여 개별 업무를 부여한다.

① 분과 위원회별 책임자 지명

② 기획 마감일 선정

③ 사무국 요원 선출, 지명, 고용

④ 재정 및 감사활동 통제

⑤ 특별활동에 대한 자문 및 결정

⑥ 모든 프로그램 및 공식행사 확인

⑦ 제반 서한문 통제

⑧ 정책관련 제 결정사항 인준

2 회의명칭 및 주제 결정

- 회의명칭: 영문, 국문 또는 필요한 외국어로 공식 명칭 결정
- 회의주제: 회의목적을 쉽게 이해할 수 있는 제목으로 결정하여 기본적인 회의주제를 선택, 모든 활동을 회의 주제에 관련시키며, 대표들의 관신 환기로 많은 참석을 유도할 수 있는 주제를 선택한다.

3 개최지 선정(Site Selection)

① 어느 도시 또는 지방이 회의 운영에 적합한가? - 도심지 또는 휴양지

② 예상 참가자 수의 수용에 적절한 회의장이 있는가?

③ 여행거리에 따른 참가자들의 반응 여부

④ 숙박시설이 충분하고 수준급인가?

⑤ 회의실 수와 크기는 적절한가?

⑥ 교통상의 문제점은?

⑦ 적절한 여흥 프로그램 준비가 가능한가?

⑧ 관광측면에서 특수한 매력이 있는가?

⑨ 기후문제는?

- **회의개최지 결정의 중요요인**

국제회의 전문잡지 Meeting & Convention지가 회사 및 협회의 회의 기획자들이 회의개최지를 선택할 때 어떠한 점을 가장 중요시하는가에 대하여 설문 조사한 '1990년 국제회의시장조사'에 따르면, 회사의 회의기획자들은 호텔선택에 있어서

는 식사의 질을, 행선지 선택에 있어서는 회의 개최에 적합한 호텔 및 기타시설을 구비하고 있는가 하는 점을, 협회의 회의 기획자들은 호텔 선택에 있어서는 회의실의 수와 규모와 질을, 행선지 선택에 있어서는 회사의 회의 기획자들과 마찬가지의 점을 가장 많이 고려하는 것으로 나타났다.

4 공식일정

① 1년 중 특수한 시기를 선정할 만한 이유가 있는가?
② 가장 적절한 시기는 언제인가?
③ 관광성수기와의 경합여부, 공휴일, 부활절, 크리스마스와 지역축제, 스포츠 행사 등 현지사정 고려
④ 기타 회의 개최시기 중복으로 인한 지장 여부
⑤ 각종행사 일정과 기상관계 고려

5 참가예상 인원

① 국가별 참가예상 인원
② 행사별 참가예상 인원
③ 예상되는 언어분포 및 공식 언어 결정

6 회의장 선정

① 개·폐회식, 각종 회의, 사교행사, 전시회 등 용도별 개최장소 유무
② 컨벤션호텔의 경우 필요한 제반 서비스를 제공받을 수 있는가?
③ 대다수 객실을 이용 숙식할 경우 회의실 요금 할인이 가능한가?

④ 회의장 위치가 참가자들의 자유 시간을 이용하여 쇼핑 또는 관광을 할 수 있는 지역과 가까운가?

- **회의장 제반시설 점검**
  - 시청각시설, 폐쇄회로 텔레비전, 동시통역시설
  - 적정조명시설 및 냉·온방 장치
  - 방에 기둥이 없을 것
  - 천장 높이와 연단 높이 비례 관계
  - 출입문은 참가자, 전시물 등의 입장에 지장이 없는가?
  - 음료수, 화장실, 세면실

2) 별실유무(휴게실/상담실)

㉠ 식·음료 제공

㉡ 전시장, 회의장, 호텔 간의 거리

㉢ 전시장 면적은 전시물의 규모, 배치 등에 적당한가?

㉣ 연회장의 규모, 임대료, 각종 설비물의 적합성 여부

7 숙박 장소 선정

① 회의장과 가까운 곳, 교통편이 좋은 곳, 쇼핑, 오락, 관광 등이 용이한 곳

② 객실 수는 충분한가?

③ 서비스 및 숙박요금 : 객실종류별, 최저에서 최고요금까지 명시/기타 부대시설(수영장, 미용실, 헬스클럽 등) 사용시간, 요금 명시

④ 객실 위치 안내도면 비치

⑤ 제반시설 및 서비스 : 에어컨, 전화, T. V, 목욕, 샤워시설, 방음벽, 융단, 옷장 및 충분한 휴식공간, 룸서비스, 주차시설 등

8 수송계획

1) 항공수송 계획

① 회의참가 대표들에게 원활한 항공편 제공 및 계획된 일정에 차질이 없도록 한다.

② 회의 참가자들의 도착예정 파악, 이동계획 작성 및 출국일자 조사

③ 지역별, 노선별 운송 수요 판단

④ 관광계획에 따른 국내선 항공 수송계획

⑤ 필요시 전세기 운행 진행

⑥ 항공노선 시간표 제작

⑦ 예약데스크 운영

2) 차량운행 계획

① 회의일정, 숙소, 회의장, 관광코스, 기타 행선지별 수송인원 및 화물량 등 수요판단

② 계획별 차종 및 차량동원 기본 방안 수립

③ 수송을 위한 표시물 제작 및 차량운행 안내책자 발간(안내판, 스티커, 화물표, 현수막 등)

④ 교통 통제계획 수립

제2절   회의개최 준비위원회 구성

1 준비위원회

    국제회의 개최를 위한 세부 계획이 구체화되면, 본
격적인 준비활동을 추진해 나아갈 준비위원회(organizing
committee와 host committee) 를 발족시키고, 세부 업무별 담당
분과위원회를 조직한다. 정기적으로 국제회의를 개최하
는 국제기구의 경우에는 기구 본부 측의 준비위원회(O/C)
와 그 회의를 유치한 국가내의 개최준비위원회(H/C)가 준
비업무를 분담하며 상호협의 조정관계를 유지한다. 즉,
본부 측 준비 위원회는 회의 운영에 관한 준비로서 프로
그램 편성, 참가자격 결정, 회의 진행시 절차, 연사선정

및 회의내용과 활동기록 등 회의 운영에 관한 준비를 담당한다. 그리고 개최국 준
비 위원회에서는 회의 개최를 위한 회의장 또는 전시장 확보, 제반설비, 관련요원
확보, 숙박업무, 수송, 각종 사교행사 및 관광 등을 맡는다. 각 준비위원회의 소요
경비는 자체부담이나, 경우에 따라서 본부 측 경비를 개최국에서 일괄 부담하는
예도 있으므로, 상호 협의 조정 시 분명하게 결정해 두는 것이 좋다.

2 사무국

    사무국(secretariat)의 업무를 시기별로 나누면, 회의 준비기간 중에는 국제기구 본부
와 연락(liaison)담당, 준비 위원회 보좌 및 각 분과위원회 준비업무를 조정하며, 회의
기간 중에는 서무담당, 그리고 회의 후에는 잔무정리 및 사후 처리를 하는 일이다.

사무국을 조직하기 전에 먼저 예상되는 업무량을 파악할 필요가 있다. 단계별 추진계획에 의한 조직적 활동계획을 세우는 것이 중요하며, 세부적 업무 추진 량에 따라 인원을 보충한다. 회의의 규모에 따라 차이가 있으나 처음에는 3~4명으로 준비를 개시하고, 회의가 임박함에 따라 차차 증원을 하게 되므로 충분한 공간의 사무실을 확보해 두는 것이 좋다.

국제회의 준비는 대체로 장시간의 노력을 요하게 되므로 인격구성에 있어서는 고용원보다는 유관업계 파견요원, 관계전문인, 해당기구 요원이 가장 핵심적인 구성원이 되며 국제회의 전문용역업체를 이용할 수도 있다.

- **사무국의 일반적인 기능**
- 회의준비 기본계획의 수립^(사업 및 예산)
- 회계 및 행정절차의 수립
- 각 분과위원회와의 회의준비 추진 협조 조정 및 행정사무지원
- 준비 및 진행사항에 대한보고
- 소요물자의 종합조정 및 조달
- 회의준비용 사무장비, 비품, 집기, 사무용품의 확보 및 관리
- 각종 준비를 위한 실무진 회의 개최 및 결과처리 업무
- 준비 위원회 위원, 행사, 기타 동원 인원의 명단확보
- 회의준비 추진일지 및 각종회의록의 기록유지
- 자문위원, 고용원, 사무국 유급요원에 대한 인사 급여 관리
- 국제기구 본부와의 연락업무 및 행정처리

3 분과위원회

국제기구 본부 및 준비위원회의 결정에 따라서 구체적인 회의의 준비 및 운영을 하는 것이 분과위원회(subcommittee)의 일이다. 분과위원회와 같은 실제 업무담당 조

직에 있어서 숙박, 회의장 준비, 수송, 관광 등의 준비 및 진행시 전문 업자를 참가
시키는 방법이 편리한 점도 있다. 각 분과위원회는 다음과 같은 업무를 담당하게
된다.

1) 홍보분과위원회

① 국내 및 해외에 대한 홍보선전
② 선전간행물의 제작
③ 기자회견의 준비
④ 언론인 초청 및 기자실 관리
⑤ 기타 홍보, 선전에 관한 일체의 업무

2) 재무분과위원회

① 운영자금 조달 및 소요재원 확보
② 예산집행계획 수립
③ 운영자금 수납, 관리 및 제경비의 지출
④ 물품의 조달계획 및 출납관리
⑤ 결산보고서의 작성
⑥ 기타 재무에 관한 일체의 업무

3) 수송분과위원회

① 대표 수송계획의 수립
② 국제, 국내수송 및 수송기관과의 연락, 수배
③ 교통 통제소 및 항공예약데스크 설치운영
④ 기타 수송에 관한 일체의 업무

4) 숙박분과위원회

① 사용호텔의 결정 및 객실 보호

② 숙박요금의 결정

③ 각 호텔별 객실배정 및 조정관리

④ 각 호텔과의 연락조정

⑤ 상담실 운영

⑥ 숙박데스크 설치운영

⑦ 기타 숙박에 관한 일체의 업무

5) 사교행사분과위원회

① 각종 리셉션의 실시계획 및 주최자와의 연락조정

② 각종 리셉션의 초청장 작성 및 발송

③ 리셉션 장소 확보

④ 문화행사 및 스포츠행사 실시계획 및 연락조정

⑤ 동반지 행사실시

⑥ 리셉션 데스크 설치운영

⑦ 기타 사교행사에 관한 일체업무

6) 관광분과위원회

① 회의전후 관광종합계획 수립

② 관광데스크 설치운영

③ 관광선전물 및 제작물의 작성

④ 관광지 환영행사 주선

⑤ 기타 관광에 관한 일체의 업무

7) 등록분과위원회

① 마스터 카드의 작성

② 회의참가자의 접수

③ 참가자 리스트의 작성

④ 등록데스크 설치 운영

⑤ 기타 등록에 관한 일체의 업무

8) 의전영접분과위원회

① 출입국 편의제공

② 환영 및 안내 표지물의 제작과 부착

③ 주요행사의 영접안내

④ 기타 영접에 관한 일체의 업무

9) 회의 및 회의장 분과위원회

① 프로그램 편성, 강연내용 등에 관한 국제기구 본부와의 협의

② 초청인사 선정에 관한 국제기구 본부와의 협의 및 국내연사 선정

③ 연설문, 발표문 등 접수 및 편집

④ 회의진행 전문요원(사회자, 동시통역사, 속기사, 타자수 등)의 수배와 관리

⑤ 프로그램의 편집

⑥ 개·폐회식 기획 진행

⑦ 각종 회의장 확보

⑧ 문서 처리소 확보

⑨ 기타 회의 및 회의장에 관한 업무

10) 시설분과위원회

① 통신시설 확보설치

② 기타 부속설비에 관한 사항

11) 전시분과위원회

① 전시관설치운영

② 전시품 통관 편의제공

③ 기타 전시에 관한 일체의 업무

4 PCO

PCO는 국제회의 개최와 관련한 다양한 업무를 행사 주최 측으로부터 위임받아 부분적 또는 전체적으로 대행해주는 영리업체이다. PCO는 여러 형태의 회의에 대한 풍부한 경험과 회의장, 숙박시설, 여행사 등 회의관련업체와 평소 긴밀한 관계를 유지하여 모든 업무를 종합적으로 조정/운영할 수 있을 뿐만 아니라, 주최 측의 시간과 경비를 상당히 절감해 줄 수 있다.

대규모 관광수요를 유발하는 국제회의의 계획, 준비, 진행 등 필요한 업무와 행사를 주관하는 자로부터 위탁받아 대행하는 업으로 각종 국제회의 및 전시회 등의 국내유치를 위한 촉진활동을 전개함과 더불어 회의개최 관련 업무를 부분적 또는 전체적으로 대행해 주는 조직체로 보다 효율적인 회의준비와 운영을 위해 회의전문기획사, 속기사, 통역사 등을 고용하여 각종의 전문용역을 제공하는 관광 사업이다.

1) PCO의 특징

국제회의 기획 업은 국제회의의 주최자로부터 국제회의 업무를 위임받아 초기

기획 단계부터 행사를 완결하는 전 과정을 책임지고 일괄 처리하는 총괄 운영 시스템(total processing system)을 운영하므로 전문성·효율성·경제성 등의 특징을 가진다.

PCO의 특성을 구체적으로 살펴보면 첫째, 전문성을 갖는다. 국내·외 행사의 기획·준비 및 진행 각 분야별 실무경험을 축적한 전문 인력 팀으로 구성된 총괄운영시스템을 통하여 초기 기획 단계부터 결과보고에 이르는 업무 전 과정을 동시관리하고 업무단계별 제반 사항을 예측하여 기획·추진함으로써 완벽한 대회준비 및 개최를 가능하게 한다.

둘째, 효율성을 갖는다. 총괄운영시스템을 통하여 등록관리 및 회계·정산업무의 정확한 통계유지뿐만 아니라 기획수립부터 대회를 준비·진행하고 결과보고에 이르는 업무 전 과정을 전산화하여 관리하며, 특히 대회 개최 시 부수적으로 발생하는 숙박·수송·관광 등의 일반여행업무까지 일괄 수행함으로써 업무의 효율성을 극대화시킨다.

셋째, 경제성을 갖는다. 업무 전 과정을 관리하는 총괄운영시스템을 통하여 대회준비 및 진행과정에서 발생하는 시행착오로 인한 예산낭비를 최소화하고, 최소의 전문 인력만으로 대회준비와 진행을 가능하게 함으로써 가장 규모 경제적 대회로 이끌 수 있다.

2) PCO의 역할

국제회의와 전시박람회는 그 준비과정이나 운영에 있어 개최성격에 따라 부대시설에서부터 행사진행에 이르기까지 다양성을 가진다. 따라서 국제회의의 준비를 위해서는 고도의 전문성이 요구된다.

이렇게 국제회의산업에서 요구되는 전문성과 다양성은 국제회의 전문기획업체(PCO)의 출현과 발전을 가져왔으며, 대규모 국제회의가 빈번하게 개최되는 나라에서는 이들 기획업체들이 국제회의의 국내유치를 위한 촉진활동은 물론, 준비 및 운영업무를 주최 측으로부터 위임받아 수행함으로서 시간 및 비용절약과 함께 효과적인 회의진행을 유도하고 있다.

우리나라는 급증하는 국제회의에 대비하여 수용태세 정비를 위해 관광 진흥법을 개정하고 1987년부터 국제회의 기획 업을 관광 사업에 포함시켰다. 현재 우리나라의 국제회의 기획업자들이 수행하는 역할은 다음과 같다.

첫째, 관광공사 등의 공적 기관과 협력하여 국제회의와 박람회의 국내유치를 위해 공동협력 방안을 연구하고 촉진활동을 벌인다.

둘째, 주최 측으로부터 위임받은 회의의 성공적인 개최와 운영을 위해 회의 주최 측과 상호 긴밀한 협조 하에서 제반업무를 조정, 운영한다.

셋째, 관광회사, 항공사 등의 교통운송회사와 쇼핑업체, 숙박업체와 같은 국제회의 관련업체, 그리고 관련정부기관과 국제회의 전담 정부기구 등 원활한 회의운영에 필요한 모든 외부기관 및 업체들과 긴밀한 업무협조 관계를 유지한다.

넷째, 이와 같은 외부기관과 업무협조 하에서 회의안을 전문적으로 편성하고 회의장, 숙박시설 및 전문 인력 등의 관련용역과 시설을 효과적으로 관리하는 한편, 이러한 모든 업무를 전체적으로 조정하고 주최 측이나 참가자들로 하여금 행사가 가장 효율적으로 조직되도록 한다.

3) PCO의 업무내용

• 국제회의 개최 사전준비

(1) 회의성격 및 취지파악

회의 목표의 명확한 설정과 회의개최 취지를 정확히 인지함으로써 회의주제 설정 등 해당 회의에 적합한 준비계획 수립이 가능.

(2) 개최일자 결정

과거 회의개최 연혁을 참고하여 많은 인원이 참가할 수 있도록 시기와 기간을 주최 측과 협의, 결정한다. 대체적으로 전례를 따르는 것이 좋으나 회의주제, 각종 회의 수, 행사내용 및 참가자 수에 따라 개최일자를 조정할 수도 있다.

(3) 지원기관 검토

회의개최에 앞서 지원기관이 될 수 있는 유관기관을 조사하고 협의를 함으로써 회의 중 발생할 가능성이 있는 모든 문제에 대비한다. 유관기관 지원으로는 컨벤션 뷰로, 항공사 중앙 및 지방의 정부기관, 기업체 및 가입단체 등이 있다.

(4) 이전회의의 경험반영

이전의 회의 개최 시에 있었던 각종 활동상황, 예컨대 회의장의 지리적 조건과 그 지역의 기후적인 특성 그리고 참가인원 수 등에 대해 검토한다.

(5) 재정확보

개최지의 회원 및 이해당사자의 재정보조, 주관협회 산하 여러 기관으로부터의 후원금 등 재정확보에 대한 연구와 아울러 필수비용과 임의비용(친교행사 및 관람비 등)의 산정.

(6) 요원의 확보

회의개최 준비의 초기단계에서부터 사후처리까지의 전반 또는 부분적인 행정업무와 실무를 담당하게 될 열성적이고 헌신적인 요원의 확보.

(7) 회의참가 홍보 활동의 전개

회의개최 1년 전부터 국제노선 취항항공사, 국제기구본부, 유관기업체, 본부호텔 등과 공동홍보활동을 전개하는 한편 참가예상 개인에게도 참가서신과 등록양식 및 행사프로그램의 발송.

4) 우리나라 PCO의 현황 및 전망

국제회의 산업의 성장과 더불어 국제회의의 유형과 규모도 다양해지고 단체의 종류 또한 다양해졌다. 그러므로 국제회의는 경영의 원리에 유의하지 않으면 성공할 수 없으며 특히 재정적으로 성공하기는 힘들다.

이런 까닭에 국제회의 기획자라는 전문직종이 생겨났고, 그 유형은 조직과 단체의 성격에 따라 기업단체회의 기획자(corporate meeting planners), 전문가단체회의 기획자(association meeting planner), 정부기관회의 기획자(government meeting planner), 개인회의 컨설팅회사(independent meeting consultants), 전문가단체 관리회사(association management companies), 그리고 여행사(travel agencies)로 구분된다.

그러나 우리나라에서는 전문적인 국제회의 기획자가 없는 관계로 그 유형가운데 독립된 회의 컨설팅 회사에 속하는 국제회의 용역업체가 그 업무를 전담하고 있는 실정이다.

5) 서비스 제공자로의 PCO의 역할 확대 방안

PCO를 선정하려고 하면 우선 처음 제안서에서부터 PCO에게 원하는 업무가 무엇인지를 정확히 명시해야 한다.

누군가가 해외에서 혹은 국내에서 행사를 개최할 예정이고 적당한 PCO를 찾고자 한다면, 어떤 PCO를 선정하는 지가 매우 중요하다. 자신의 행사에 적합한 PCO를 선발하려면, 초기에 제안서 요청 공문에서부터 PCO에게 요구하는 사항이 어디서부터 어디까지인지를 명확하게 명시해야 할 필요가 있다. 다음의 질문들이 이상적인 PCO를 선발하는데 도움이 될 수 있을 것이다.

(1) 회의 개최자에 대한 정보

• 회의의 주된 주제와 중요사항이 무엇인가?
• 회의 개최 목적이 무엇인가? (수익창출인가, 교육목적인가 등)

- 일정이 확정되지 않았다면, 언제 개최할 것인가? 유사한 주제로 대규모 회의가 개최될 경향은 없는가?
- 개최장소가 선정되었는지 그렇다면 예약 정보를 제공해야 하고, 그렇지 않다면 어떤 종류의 개최장소를 원하는지, 학교 캠퍼스, 회의실, 혹은 호텔인지 등을 알려줘야 한다.
- 영어로 회의가 진행될 것 인지, 아니면 다른 외국어가 필요한지, 동시통역이 제한적인 언어를 사용해야 하는 것은 아닌지, 모든 인쇄출판물이 번역이 필요한지 등에 정보가 제공되거나 파악되어야 한다.

(2) 참석자에 대한 정보

- 유료 컨벤션이라면, 얼마나 많은 회원 참석자가 지난 3회의 회의에 참석하였는지, 참석 비는 어느 정도 되는지를 알려줘야 한다.
- 초청 회원 참석자가 있다면, 얼마나 많은 회원이 초청자로 참석 예정인지, 지난 3년간은 실제로 어떤 분포를 이루고 있었는지 알려줘야 한다.
- 이번 행사에 얼마나 많은 참석자가 있을 것으로 예상하는지를 비공식적인 숫자와 새로운 시장 창출 측면에서 기대되는 숫자로 분리하여 공지한다.
- 참석자들의 목표시장(target market)이 어디인지, Mailing List가 있는지, 지역 사람들을 모두 대상으로 하는 홍보활동이 필요한가도 알려줘야 한다.

(3) 프로그램에 관한 정보

- 프로그램의 형태가 무엇인가? 예를 들어, 얼마나 많은 세션과 워크숍으로 이루어져 있는지를 알아야 한다.
- 프로그램 내용은 누가 결정하고, PCO로부터 프로그램 내용까지 제공받기를 원하는지, 아니면 프로그램 내용은 자체적으로 주최자가 해결할 것인지를 명확히 해야 한다.

- 논문 초록을 받을 것인지, 그렇다면 지난 3회의 행사에서는 얼마나 받았는 가?
- Poster Session이 개최되는 지와, 개최 예정이면 얼마나 많은 포스터를 하루 에 전시해야 하는지를 알려야 한다.
- 행사는 개최 기간은 어느 정도 인지와 Pre-Meeting에 대한 설명이 필요한지 를 알려야 한다.

5 회의 기획자(Meeting Planner)

회의를 기획, 지휘하는 총괄책임을 맡은 자로서 성공적 회의 운영을 위해 모든 작업을 진행시킨다. 이를 위해서는 주최 측 및 P C O요원들과의 효과적인 의사소 통이 매우 필수적이다.

6 회의 후원자(Meeting Sponsor)

기업, 협회, 교육기관, 노조, 정당, 언론기관, 종교단체 등 회의, 전시회, 행사 등 을 후원하는 기관이다.

Chapter **15** 전시회의 개념 및 이해

1 전시회의 정의

1) 외국의 경우

북미의 경우, 전시회라는 용어는 Fair, Exhibition 등 각 용어별로 서로 다른 의미를 지니면서 사용되어 왔다. Morrow는 그녀의 저서 "The Art Of Show"에서 전시회를 지칭하는 용어로 Exposition이라는 단어를 사용하면서 "전시회(exposition)란 구매

자(buyer)와 판매자(seller)가 진열된 상품 및 서비스를 서로간의 상호작용을 통해 현재 홍은 미래의 시점에 구매할 수 있도록 개인이나 기업이 조성해주는 일시적이고 시간에 민감한 (time sensitive) 시장(market place)"이라고 정의하고 있다.

2) 국내의 경우

한국국제전시회에서 나온 전시학 개론을 보면 저자는 전시회(교역전, trade shows,

trade fairs, exhibition)이란, 특정제품(상품이나 기술, 서비스)을 특정장소(전문전시장)에서 일정한 기간(전시일정)동안 홍보와 마케팅 활동을 함으로써 관람객(즉, 구매자)나 무역업자, 전문가, 관련종사자, 일반인 등에게 경제적 목적을 달성시키는 광의의 경제활동이라고 했다.

2 전시회의 분류

- **CEIR**(center for exhibition industry research)**의 분류**

    CEIR은 북미에서 개최되는 전시회(exposition)가 취급하는 시장- Industrial, B2B, Health Care, Scientific, Engineering, Consumer의 특성에 따라 전시회를 다음의 3 가지로 분류하였다.

1) Trade Show

- 산업범주: Industrial, Business To Business, Scientific And Engineering, Health Care
- 전시참가기업(exhibitor) : 제조업체, 유통업체
- 방문객(buyer) : End-User(최종소비자)
- 입장제한 : 바이어나 초청장 소지자만 입장가능
- 비율 : 미국내에서 개최되는 전시회의 49% 차지

2) Consumer Shows

- 산업범주 : 소비재 산업(consumer)
- 전시참가기업 : 소매업자(retail Outlets), 직접 End-User를 접촉하려는 제조업자
- 방문객 : 일반대중(general public)
- 입장제한 : 입장제한 거의 없음

- 비율 : 미국 내에서 개최되는 전시회의 13% 차지

3) Combined Of Mixed Shows

- 산업범주 : Trade Show + Consumer Show의 혼합적 성격
- 전시 참기기업 : 제조업자 유통업자
- 방문객 : 바이어, 일반대중^(general public)
- 입장제한 : 방문개의 조류^(buyer, public)에 따라 입장시간에 차등을 둔다.
- 비율 : 미국 내에서 개최되는 전시회의 38% 차지

표 15-1 전시회의 유형별 차이점			
구분 항목	전문 전시회	종합전시회	만국박람회
유사명칭	Trade Show, Trade Fair Exhibition, 국제견본시, 산업전람회, 상품전시회, 삼품전람회, 교역전, 박람회, 견본시	International Trade Fair 국제무역박람회	Exposition World'S Fair, Expo, 만국박람회
품 목	특정산업 또는 분야의 상품 또는 서비스	다양한 산업 및 분야의 제품	과학 기술, 문화, 예술 등 전 분야 망라
기 간	4~5일	2~4주	3주 이상 6개월 이내
참 가	관련업체	개별기업체 및 국가 단위	세계 각국
대 상	Buyer	Buyer 및 일반대중	일반대중
목 적	특정품목의 전시를 통한 수주 및 수출거래 계약 유발, 시장동향 파악	전반적인 자사나 자국의 이미지 메이킹, P.R.	미래 지향적인 인류문명에 관한 전시주제를 가지고 일반대중의 교육 및 계도
성 격	각론적, 세분화, 품목별 마케팅 기법, 세련된 선진국형	총론적, 종합적 마케팅 기법, 후진국 또는 개발도상국형	박람회 국제사무국 (Bie:Bureau International Des Expositions)의 승인을 받아야만 개최가능
사례	서울국제조명산업전시회	서울국제무역박람회	대전 엑스포

3 전시회의 기능

1) 판매촉진수단

마케팅 믹스 중에서 촉진(promotion)을 그 내용별로 분류하면 광고, 인적판매, 판매촉진, 홍보활동으로 나누어지는데 전시회는 판매촉진의 일환으로 볼 수 있다. 일반적인 산업시장에서 인적판매에 지출되는 비용은 전통적으로 마케팅 지출비용에서 가장 큰 부분을 차지해왔는데, 거의 모든 산업 분야에서 인적판매에 소요되는 지출은 마케팅 예산의 50% 정도를 차지하였다. 따라서 광고와 마찬가지로 전시회 역시 인적판매활동의 보조수단으로 자주 인식되어 왔다. 그러나 최근의 연구 결과들은 기업의 판매촉진 수단으로서 전시회가 갖는 비중과 중요성이 점차로 커지고 있음을 보여주고 있다. CEIR(center for exhibition industry research)보고에 따르면, 미국 기업들의 전체 마케팅 예산의 14%를 전시회가 차지하였는데, 이는 인적판매에 이어 두 번째로 높은 수치이며, 광고에 지출되는 예산(11.5%)보다도 많은 것이었다.

광고가 일반대중을 향한 매체라면 전시회는 기업의 상품이나 서비스에 이미 관심을 갖고 있는 표적고객을 대상으로 한 것이다. 따라서 광고와 비교하여 전시회가 가지는 이러한 차별성으로 인해 보다 효율적인 촉진매체를 찾는 기업으로서는 일반대중을 대상으로 하는 광고보다는 표적고객을 대상으로 한 전시회에 대한 투자비용을 늘려가고 있다고 볼 수 있다.

CEIR의 또 다른 연구결과를 살펴보면, 기업의 다양한 마케팅 목적 달성에 전시회가 가장 효과적인 것으로 나타났고, 광고는 그 다음이었다.

2) 커뮤니케이션 매체의 기능

전시회는 일종의 커뮤니케이션 매체이다. 방문객을 위한 환경을 조성하는데 근간을 두는 커뮤니케이션 수단으로 이러한 환경에는 도안, 사진, 영상, 문안(copy), 색상(color), 음향, 동작(motion), 실연, 인적 커뮤니케이션 및 감각과 후각을 이용하는 기술이 포함된다. 따라서 전시회가 효과적으로 활용된다면 기업의 전반적인 마케팅 프로그램의 종합체가 될 수 있다. 더욱이 전형적인 산업전시회의 경우 참가자격이 해당 산업분야에 종사하는 사람들로 제한되기 때문에 전시회 방문객은 적격의 (qualified) 구매자들로 이루어져 있어, 다른 방법으로는 몇 년이 걸려야 달성할 수 있는 많은 고객과의 접촉이 가능하며 이를 통해 많은 계약이 이루어진다. 또한 제품의 시험판매와 유통업체의 반응을 조사할 수 있는 좋은 기회를 제공하기도 한다. 반면, 전시장 방문객도 전시참가기업의 여러 제품 중 시장성과 판매 잠재성이 가장 좋은 제품을 선택할 수 있고, 해당 제조업체와 직접 접촉하는 기회를 가질 수 있다.

4 전시의 구성요소

전시회는 현대사회에 있어서 아주 중요한 산업으로 어떤 한가지 특정 부분이나 몇 사람의 전문가가 어울려 만들 수 있는 것이 아니다. 주최자와 출품사, 관람객 그리고 전시장이라는 네 가지 요소가 결합하고 참여해 만들어지는 것이다.

1) 주최자(Organizer)

주최자는 전시회를 기획하여 출품업체를 모으고 전시회의 진행을 맡아 전반적인 업무를 관리하는 등 전체적인 책임을 지는 주인이다. 주최자의 능력은 전시회의 성공과 실패를 결정짓는 중요한 요소이다.

2) 출품사(Exhibitors)

출품사란 상품이나 제품, 기술과 서비스를 가지고 각종전시회나 박람회에 출품하는 기업이나 단체, 개인을 통칭한다. 주최자를 주인이라 하면 출품사는 고객이 되는 셈이다.

3) 관람객(Audiences)

관람객은 구매자와 무역업자, 연구가, 관련종사자, 그리고 일반인이나 학생 등 전시회에 찾아오는 모든 부류의 사람을 총칭적으로 일컫는 말이다.

4) 전시장(Exhibition Center)

위의 3가지 요소 중에서 가장 비중이 적은 요소이다. 위의 3가지 요소들은 창조적인 요소들이지만 전시장은 고정적인 것이기 때문이다. 따라서 전시장을 제외한 주최자, 출품자, 관람객을 전시회의 3요소라고 부르기도 한다. 그러나 전시장을 선정하는 문제는 대단히 중요한 일로서 전시회의 특징과 주제를 살려 전시회의 성격과 가장 잘 어울리는 적합한 여건을 갖춘 전시장을 선택해야 한다.

제2절 ▶ 쇼 오거나이저의 업무

1 Show Organizer의 업무 개념

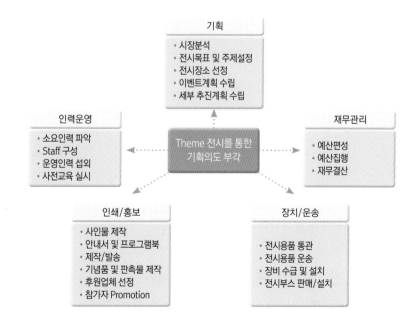

1) 기획가, 경영자, 마케팅 담당자

2) 수익 창출자

3) 협회나 사설

4) 새로운 이벤트 창조

2 Show Organizer의 업무 내용

1) 전시회 기획 및 전개

(1) 전시회 생성의 4단계

일반적으로 신규 전시회 ^(또는 기존 전시회) 생성은 다음의 네 단계로 구분할 수 있다.

초기기획단계는 전시회의 기본개념, 사업계획, 추진일정 수립을 포함한다.

세일즈프로덕션은 모든 마케팅과 프로모션 활동을 포함하며 이것은 전시업체와 참가자를 전시회에 참가하도록 하는 것이다.

쇼프로덕션은 물리적으로 전시회를 생성하는 것이다.

평가는 전기획 과정과 생성과정으로 성공적인 차기 전시회를 위한 것이다

(2) 1단계 - 신규전시회 기획

가. 개념 수립: 전시회 속에 숨겨진 아이디어와 목표를 탐색

어떤 중요한 신념이 이러한 개념을 전시회라는 형태를 통해 추구해야 할 가치로 만드는가? - 〈신념〉

이 기업은 왜 이 전시회를 개최하려고 하는가?

우리가 달성하려고 하는 것은 무엇인가?

"이 새로운 전시회를 만들어서 달성되는 목표는 무엇인가?"

"이 전시회가 만들어진 이유는 무엇인가?"

전시회의 신념, 비전, 미션을 문서화 하는 것이 바람직하다. 이것은 향후

필요한 기획결정을 이끌어 낼 수 있는 핵심이 된다.

나. 사업계획: 기업의 장기적 목적결정과 계획수립 과정

신규전시회를 위한 효과적인 사업계획은 명확하고 함축적이고, 측정 가능한 목표; 잘 만들어진 조직적 보고체계; 명확하게 정의된 목표시장; 건전한 재정원과 정보시스템; 기획과 전시회 개최에 영향을 미칠 수 있는 변수 식별 및 계획 등에 기초해야 한다.

다. 목표: 희망하는 최종 결과

목표는 구체적이어야 한다.

평가나 측정의 형태가 반드시 각 목표와 연결되어 그 목표의 생존성과 생산성을 평가해야 한다.

목표는 반드시 달성될 수 있는 것이어야 한다. 즉 목표는 시간, 비용과 같은 타당한 변수범위 안에서 달성되어야 한다. 목표는 현실적이어야 한다. 제한된 시간과 비용안에서 달성가능할 뿐만 아니라 가능한 인력과 재정 범위에서 실행되어야 한다.

목표는 시간을 한정시켜야 한다. 적절한 목표가 설정되면 다음 단계는 전략과 전술을 세워 목표와 전시회를 완성시킨다. 전략은 현재, 미래의 기업자원을 이용한 각각의 목표달성 방법을 말한다. 전략을 정한 다음 기구조직, 관리정보시스템, 인력과 자원 할당을 한다. 전술은 단기적이며 이미 정해진 전략을 달성하기 위해 취하는 행동 과정이다. 전시회를 기획할 때 전략은 전시장부스 판매나 참가자 프로모션이다. 전술은 DM발송, 캠페인, CD-ROM, 비디오를 참가자에게 발송하여 참가를 유도하는 것이다.

라. 조직구조: 효과적인 커뮤니케이션 조직 구성

효과적인 커뮤니케이션 조직 구성하여 업무를 수행하는 것은 "각자의 업무권한과 책임을 할당하고 정의하는 것이다."(lewis, 19995., 13) 개인이 최대한 능력과 잠재력을 발휘하여 업무를 수행할 수 있는 범위 내에서 효과적이고 기능적인 조직을 구성하라.

마. 목표시장: 신규전시회 개최 시 원하는 산업이나 소비시장 선정

어느 국가에 위치한 목표시장인지 파악해야 한다. 일단 목표시장의 위치가 정해지면 잠재 전시업체와 참가자의 위치를 아는 방법은 무엇인가? 다음 문제는 접촉이다. 전시회 참가를 유도하기 위해 목표시장을 어떻게 연결할 것인가? 신규전시회의 신용도를 높이기 위해 어떻게 기존산업 또는 기존관계를 활용하여 다른 전시업체나 참가자를 전시회에 참여하도록 독려할 것인가? 마지막 문제는 질적 문제와 관련된다. 목표시장이 전시회 성공에 가장 중요한 요소인가? 특정산업으로 초점을 좁히거나 넓혀야 할 것인가? 전시회는 목표시장이 없어도 살아남을 수 있는가?

바. 재정정보시스템: 재정계획의 확립

보고시스템 - 전시회의 재정건전도 반영

- 대차대조표: 일정기간에 재정 상태를 설명
- 손익계산서: 일정기간동안 수입, 지출
- 현금 흐름표: 일정기간동안 대차대조표상에 나타난 수입과 현금 상태를 설명
- 예산과 예측치 : 미래 시점에서의 목적과 목표 결정 및 지출통제 가이드라인 제공
- 판매 예측치: 각 프로젝트나 프로그램 수행에 개요 설명하고 전체 전시회 설명
- 프로젝트예산: 각 프로젝트의 직접적인 비용 개괄설명
- 총예산: 일정기간동안 지출되는 모든 간접비용 개괄 설명

재정자료 중에서 신규전시회 기획단계에서 필요한 자료는 초기비용 즉 초

기자금으로 전시장이 아닌 전시회 조직구성에 필요한 자본경비, 고용, 인건비가 있다. 다음에 연구개발비를 산정해야 한다. 연구개발비는 잠재전시업체와 관람객 목표시장을 정의, 선정하는데 필요한 경비다. 그리고 기존전시회와 경쟁전시회 영향을 평가하는데 유용하다.

재정정보 : 실제의 전시회를 홍보하고 만드는데 필요한 경비 재무제표와 예측치는 전시회를 발전시키기 위한 기본계획이 된다.

사. 기획변수: 변수선정

시간은 변수로 고려해야 한다. 비용은 업무수행과 시간, 범위에 따라 달라진다. 일반적으로 비용은 프로젝트를 달성하는데 필요한 최적시간이 줄어들수록 증가하는 경향이 있다. 인구통계학적인 패턴변화, 산업의 경제적 안정성 변화, 노동법규와 규제의 변화는 신규전시회 기획 시 반드시 생각하고 있어야 할 통제 불가능한 변수다.

아. 추진계획: 전시회 추진계획일정의 확립

전시회추진계획일정은 이미 정해진 일정에 따라 전시회를 실현시키는데 필요한 전략과 전술을 설명한다. 각 전략과 전술은 업무담당자, 할당된 비용과 특정업무수행에 필요한 시간제한을 세부적으로 설명한다.

(3) 2단계 - 판매촉진

전시관리 부문에서 판매촉진은 다르지만 서로 관련된 두 가지 분야-전시부스 판매와 참가자 프로모션에서 운영된다. 이 두 가지는 마케팅과 프로모션과 관련된다. 전시부스 판매와 관람객 프로모션은 모두 중요하고 신경을 써야 한다. 전시부스 판매와 관람객 유치간의 적절한 균형을 찾는 것은 전시 관리자가 매일 직면해야 할 문제다.

(4) 3단계 - 쇼프로덕션

쇼 프로덕션은 전시회 개념을 전개하는 것이다. 다음단계는 적절한 전시장소를 찾는 것이다. 실제로 물리적인 전시회 프로덕션은 전시회 개막일로부터 약 1년 전부터 시작된다. 그 이유는 기획단계의 여러 부문이 함께 진행되고 실제로 업무를 처리하여 전시회를 생성하기 시작하기 때문이다. 전시회를 시작하는 마지막 해는 업무 지향적이어야 한다. 그러나 전시회를 성공하기 위해서 기획-전략, 목적, 목표-를 수정하는 것과 전시회 기획자가 제대로 일정표대로 진행하고 있는가 또는 목적한 바로 진행되고 있는가를 파악하는 것이 중요하다.

(5) 4단계 - 평가

전시회 기획과 생성단계의 모든 과정을 심도 있게 살펴보는 것이다.

가. 기획단계

우리가 달성한 목적과 목표는 무엇인가?

이목적과 목표를 왜 달성하는가?

다음 전시회에도 동일한 상황이 도래할 것인가?

달성하지 목한 목적과 목표는 무엇인가?

왜 이런 목적과 목표를 달성하지 못했는가?

전체적인 목적을 향상시키기 위해 달리 무엇을 해야 하는가?

전시회 평가에서 두 번째 단계는 주요한 참가자, 전시업체, 관람객에게 질문 하는 방법이다.

나. 전시업체

가장 일반적인 방법은 사후 서베이다. 이 서베이는 DM이나 텔레마케팅을 통해서 이루어진다. 서베이를 하기로 했다면 설문지 설계에 따라 원하는 정보를 얻을 수 있다는 점을 명심해야 한다. 조사자 편견은 서베이에서 생기기

쉽기 때문에 전문조사기관으로 하여금 사후 서베이를 실시하고 분석하도록
하는 것이 바람직하다.

다. 관람객

관람객은 전시회의 기본요소다. 관람객은 전시업체가 부스를 사는 이유
다. 전시회에 대한 관람객의 태도는 전시회 수명에 중요한 영향을 미친다.

잘 짜여진 등록신청서에서 얻어진 정보로부터 관람객의 복합적 프로파일뿐
만 아니라 인구통계학적 형태를 파악할 수 있다. 이런 정보를 검토하여 목표
한 관람객과 실제로 관람한 참가자가 얼마나 일치했는지를 알 수 있게 된다.

많은 전시관리 회사는 DM이나 텔레마케팅을 이용하여 참가자의 태도와
동향정보를 얻는다. 수 십 만명이 참가하는 대규모전시회에서는 DM이나 텔
레마케팅을 통해서 관람객을 조사하는 것은 경제적으로 물리적으로 불가능
하다. 이런 경우에는^(더 작은 규모의 전시회뿐만 아니라) 현장내 목적 집단, 일대일 무작
위 조사, 터치스크린을 이용한 무작위 전산자료 조사를 이용하는데 이것은
이 분야의 전문회사가 수행할 수 있다. 자료는 관람객의 태도나 프로파일을
정확히 분석하고 추정할 수 있어야 한다. 이런 특별한 방법을 통해 전시회
의 신뢰도를 홍보할 수 있다. 관람객 프로파일과 수치의 타당성은 전시산업
에서는 여전히 논란이 일고 있는 문제다. 참가자 자료 관리업체를 따로 두고
있는 전시관리 회사는 전시 부스 판매 시 이 자료를 관리하고 있지 않는 회사
보다 우위를 확보하고 있다. 그 이유는 확신 가능한 수치를 갖고 있기 때문
에 프로모션과정에서 여러 이점을 얻을 수 있기 때문이다.

라. 기타 평가과정

전시업체와 관람객 이외에 전시회에 관여한 모든 기업, 기관, 협력업체로
부터 피드백을 받아야 한다. 일반서비스업체, 전문협력업체, 시설업체, 호텔
과 케이터링 담당자와의 회의는 전시회가 끝나면 즉시 실시해야 한다. 이 사

후 회의는 된 일과 되지 않은 일을 파악하는 검토 과정이다. 정해진 업무를 수행해야 할 업체는 다음에 있을 전시회를 위한 개선과정에 가장 좋은 정보원이 된다.

마. 마지막 과정

모든 스탭이 참가한 가운데 보고회를 개최하는 것이다. 스탭은 전시회와 관련된 모든 활동을 실행하고 감독하는 실무담당자를 말한다.

References 참·고·문·헌

· 국내문헌

그랜드 힐튼호텔 식음료 서비스 매뉴얼

김성섭·이강욱, 국제회의 산업의 경제적파급효과

김성혁·고호석(1999), 호텔이벤트 이용객의 만족도에 관한 실증적 연구, 호텔경영학
　　연구, 제8권, 제1호

박성식(1990), 한국 국제회의 사업 진흥방안에 관한 연구, 관동대학교

박오성(1999), 우리나라 국제회의산업의 육성방안에 관한 연구, 관광정보연구, 제3호

박지연(1997), 컨벤션서비스의 요인별 중요도 연구, 경희대

빈봉식·김옥재, 한국컨벤션산업의 활성화방안에 관한 연구

서승진(2002), 컨벤션산업론, 영진닷컴

서승진, 윤은주(2002), 컨벤션산업론

서승진, 컨벤션 전문인력의 수급현황 및 전망에 관한 연구

성경자, 우리나라 국제회의산업의 추진성과와 전망

손재권·구태희(2000), Catering Service의 합리적 운영에 관한 연구, 관광정보연구,
　　제5호

송홍규·안성근, 백산출판사, 2014.

스위스그랜드호텔 세일즈·마케팅 매뉴얼

스위스그랜드호텔 연회 서비스 매뉴얼

신윤숙, 아시아 국제회의산업 동향

신윤숙, 아시아 국제회의산업의 추진성과와 전망

신혜숙, 컨벤션산업의 경쟁력 제고방안에 관한 연구, 관광연구저널 제14호

오길창 외, 컨벤션산업 진흥을 위한 CVB 활성화에 관한 연구, 호텔경영학연구 제14권 제2호

오정환(1997), 한국국제회의 유치활성화 방안에 관한 연구, 호텔·외식경영학연구, 제5권 제2호

원유석·조춘봉, 연회·컨벤션 매니지먼트, 2013.

유자와 아키라(1994), 이벤트 소프트(기획·전개·실시), 김정로 번역, 삼신인쇄

이광우·안경모(2001), 국제회의 기획경영론, 백산출판사

이범열(1995), 호텔 컨벤션서비스 만족도에 관한 실증적 연구, 세종대

이원봉, 컨벤션산업의 발전방안에 관한 탐색적 연구, 호텔관광연구 제5권 제2호

이정학, 호텔연회실무, 기문사, 2017.

이진식, 컨벤션산업 현황과 육성방안

정종훈, 식음료 경영론, 백산출판사, 2002.

정진구(1997), 호텔조리과의 부대사업 운영에 관한 연구, Culinary Research, 제3권

조명환·장희정(2002), 이벤트·컨벤션 관리론, 형설출판사

조연이(2001), 컨벤션산업종사원 직무만족의 기대와 지각비표 및 영향 요인 분석, 한림대

조춘봉(1999), 호텔 연회서비스품질이 종업원만족 및 업무효율화에 미치는 영향, 경기대학교 서비스경영대학원 박사학위논문

조춘봉·신용모(2000), 호텔연회서비스의 직무만족과 업무의 효율화 방안, 외식경영연구, Vol. 3, No. 1

조현숙(1997), 연회 상품 구매행동에 대한 호텔 선택 결정 속성에 관한 연구, 호텔·외식경영학연구, 제5권, 제2호

주현식 외(2003), 컨벤션 실무기획과 마케팅

최동열, 연회실무, 백산출판사, 2002

최민우(1999), 호텔 연회매출에 영향을 주는 요인분석에 관한 연구, 관광정보연구, 제3호

최영준, 컨벤션산업개론, 형설출판사

한진영(2003), 우리나라 컨벤션/전시 유치전략에 관한 연구, 경희대

황희곤(2003), 미래형컨벤션산업론, 백산출판사

황희곤, 김성섭(2002), 컨벤션 마케팅과 경영

• 국외문헌

Allen, Judy(2000), Event Planning, John Wiley & Sons

Astroff, Milton T. & James R. Abbey(1998), Convention Management & Service, American Hotel & Motel Association

Chan, Wilco and Norman Au(1998), Profit Measurement of the Menu Items in Hong Kong's Chinese Restaurants, Cornell Hotel & Restaurant Admin. Vol. 39, No. 2

Chung, Beth and K. Douglas Hoffman(1998), Critical Incidents: Service Failures That Matter Most, Cornell Hotel & Restaurant Admin. Vol. 39, No. 3

Daryl, Ansel and Chris Dyer(1999), A Framework for Restaurant Information Technology, Cornell Hotel & Restaurant Admin. Vol. 40, No. 3

Dopson, Lea R. & David K. Hayes & Jack E. Miller(2007), Food & Beverage Cost Control, John Wiley & Sons

Getz, Donald(1991), Festivals, Special Events, and Tourism, Van Nostrand Reinhold

Heung, Vincent C. S. & et. al.(2000), Airport-restaurant Service Quality in Hong Kong, Cornell Hotel & Restaurant Admin. Vol. 41, No. 3

Jackson, C. J.(2001), Food for Feasts and Festivals, Haper Collins Publishers

Jogaratnam, Giri & Eliza C. Tse, and et. al.(1998), Matching Strategy with Performance: How Independent Restaurateurs' Competitive Tactics Relate to Their Success, Cornell Hotel & Restaurant Admin. Vol. 40, No. 4

Kimes, Sheryl E.(1999), Implementing Pestaurant Revenue Management: A Fivestep Approach, Cornell Hotel & Restaurant Admin. Vol. 40, No. 3

Knutson, Bonnie J. (2000), College Students and Fast Food-How Students Perceive Restaurant Brands, Cornell Hotel & Restaurant Admin. Vol. 41, No. 3

Lynn, Michael & Joseph Mykal et. al. (1998), Reach Out and Touch Your Customers, Cornell Hotel & Restaurant Administration, Vol. 39, No. 3

MacLaurin, Donald J. and Tanya L. MacLaurin(2000), Customer Perceptions of Theme Restaurants in Singapore, Cornell Hotel & Restaurant Admin. Vol. 41, No. 3

McCabe, Vivienne & Barry Poole & et. al. (2000), The Business and Management of Conventions, John Wiley & Sons

Montgomery, Rhonda J. (1995), Meetings, Conventions, and Expositions, An Itroduction to the Industry, Van Nostrand Reihold

Muller, Christopher C. (1990), A Simple Measure of Restaurant Efficiency, Cornell Hotel & Restaurant Admin. Vol. 40, No. 3

Muller, Christopher C. (1998), Endorsed Branding: The Next Step in Restaurant-Brand Management, Cornell Hotel & Restaurant Admin. Vol. 39, No. 3

O'Tolle, William & Phyllis Mikolaitis(2002), Corporate Event Project Management, John Wiley & Sons

Oh, Haemoon(2000), Diners' Perceptions of Quality, Value, and Satisfaction: A Practical Viewpoint, Cornell Hotel & Restaurant Admin. Vol. 41, No. 3

Padma, Patil and Beth G. Chung(1998), Changes in Multi-unit Restaurant Compensation Packages, Cornell Hotel & Restaurant Admin. Vol. 39, No. 3

Pollo, Campero & Crist Inman(1998), A Central American Approach to QSR Development, Cornell Hotel & Restaurant Admin. Vol. 39, No. 3

Reynolds, Dennis(1998), Productivity Analysis in the On-Site Food-Service Segment, Cornell Hotel & Restaurant Admin. Vol. 39, No. 3

Reynolds, Dennis(1999), Inventory-turnover Analysis: Its Importance for On-site Food Service, Cornell Hotel & Restaurant Admin. Vol. 40, No. 2

Rupert, Spies and Gretel Weiss(1998), Is Germany's Traditional, Restaurant a Dying Breed?, Cornell Hotel & Restaurant Admin. Vol. 39, No. 3

Schmidt, Arno(1990), The Banquet Business, Van Nostrand Reinhold

Still, Brian and Robert Decker(1999), Applying Capacity-management Science: The Case of Browns Restaurants, Cornell Hotel & Restaurant Admin. Vol. 40, No. 3

Thompson, Gary M.(1999), Labor Scheduling, Part 4: Controlling Workforce Schedules in Real Time, Cornell Hotel & Restaurant Admin. Vol. 40, No. 3

저자소개

원유석

- 현, 한남대학교 컨벤션호텔경영학과 교수
- 경기대학교 대학원 호텔경영학과 졸업(관광학 박사)
- 재단법인 국제한식문화재단이사
- 한국관광호텔업등급 평가위원
- 국가직무능력표준(NCS)개발 심의위원
- 한국서비스품질우수기업인증 심사위원
- 한국서비스대상 심사위원
- 농림수산식품기술기획 평가위원
- 반얀트리호텔 운영이사(2012)
- 알펜시아리조트(IHG Group) 인사부장(2009)
- 아난티리조트호텔(GHM) 인사부장(2008)
- 그랜드힐튼호텔 인사부장(2003)
- 스위스그랜드호텔 식음료부·객실부(1987)
- 한국콘티넨탈식품(주) 외식사업부(1985)
- 서울밀레니엄힐튼호텔 식음료부(1983)
- 서울웨스틴조선호텔 식음료부(1981)

〈주요저서〉

- 호텔객실관리실무론
- 호텔경영론
- 호텔컨벤션마케팅
- 호텔기업의 정보시스템
- 호텔연회기획관리론
- 호텔사업계획
- 호텔인적자원관리, 외 다수

조춘봉

- 현, 청운대학교 호텔조리식당경영학과 교수
- Cesar Ritz SHCC(Swiss Hotel & Catering College) 졸업
- 경기대학교 대학원 경영학과(서비스경영 전공) 졸업
- 청운대학교 대학원장
- 청운대학교 호텔관광대학장
- 청운대학교 사회서비스대학장
- 모범식당 선정위원

- (사)식생활교육홍성네트워크 상임대표
- 관광서비스표준(KS) 전문위원
- 국가서비스품질우수기업인증 심사원
- 한국서비스KS인증 심사원
- 한국전통주진흥학회 회장
- 한국외식경영학회 회장
- 한국호텔리조트학회 회장
- 한국전시컨벤션연구소 자문위원
- 국제기능올림픽(레스토랑서비스부문) 심사원
- 우수식당선정 실사위원(한국관광공사)
- 국가기술자격검정(조주사) 시험 출제위원
- 농어촌관광사업 등급결정위원
- 한국관광호텔업등급 심사원
- 품질분임조(서비스부문) 심사원
- 국가품질상 심사원

〈주요저서〉

- 호텔식당경영론
- 호텔식음료메뉴경영론
- 서비스마케팅
- 조리프랑스어실무
- English for Hotel & Restaurant Services, 외 다수

김계훈

- 현, 스위스그랜드호텔(구, 그랜드힐튼호텔) 식음료차장
- 경기대학교 대학원 호텔경영학과 졸업(관광학 박사)
- 경기대학교 대학원 호텔경영학과 졸업(관광학 석사)
- 청운대학교 호텔조리식당경영학과 겸임교수
- 한국관광대학 호텔조리과 겸임교수
- 경기대학교 ·남서울대학교 외래교수
- 스위스그랜드호텔(이태리식당 지배인, 일식당 지배인, 룸서비스 지배인, 카페 지배인, 연회과장, 등 역임)

〈자격사항〉

- 독일와인 아카데미 수료
- 커피 바리스타 자격증

정동주

- 현, 환대산업디자인 전문연구소 소장
- 경기대학교 대학원 호텔경영학과 졸업(관광학 박사)
- 경기대학교 관광전문대학원 졸업(관광학 석사)
- GRAND HILTON HOTEL(Quality Manager)
- SWISS GRAND HOTEL(F & B Manager)
- 신성대학교·인덕대학교·서정대학교 겸임교수
- 경기대학교·수원과학대학교·청운대학교·한국관광 대학교 외래교수
- 한국관광레저학회 사회이사
- 한국관광산업학회 산학협력위원

〈자격사항〉

- 직업능력 훈련교사 자격증
- 한국관광공사 품질인증요원

- 조주기능사자격증
- 커피 바리스타 자격증
- Certified Hotel Administrator(미국호텔협회총지배인)
- 서비스 평가사(Mystery Shopper) 2급

〈대표저서 및 연구실적〉

- 호텔 식음료 관리
- 환대서비스 매너
- 호텔 식음료 서비스관리론
- 호텔 식음료 서비스실무론
- 호텔기업의 서비스회복 수행과정이 BSC에 미치는 영향
- 지각된 대기시간 및 서비스시간이 감정반응과 서비스품질에 미치는 영향, 외 다수

호텔 케이터링 컨벤션 매니지먼트

초판 1쇄 인쇄 2020년 2월 10일
초판 1쇄 발행 2020년 2월 15일

저 자 원유석·조춘봉·김계훈·정동주
펴낸이 임순재
펴낸곳 (주)한올출판사
등 록 제11-403호
주 소 서울시 마포구 모래내로 83(성산동 한올빌딩 3층)
전 화 (02) 376-4298(대표)
팩 스 (02) 302-8073
홈페이지 www.hanol.co.kr
e-메일 hanol@hanol.co.kr
ISBN 979-11-5685-860-7